大学生礼仪实用教程

A PRACTICAL COURSE IN ETIQUETTE FOR COLLEGE STUDENTS

周　聃　蒋光辉｜主编
陈　娟　王　淼　喻　婷｜副主编

電子工業出版社
Publishing House of Electronics Industry
北京 • BEIJING

内 容 简 介

本书作为反映高职教育教学改革最新理念的新型实用教材，是根据企事业单位日常工作中所涉及的社交礼仪规范和沟通技巧而编写的，包括个人礼仪、媒介礼仪、会面礼仪、社交礼仪、职场礼仪、活动礼仪、跨文化礼仪共 7 章内容。每章均由学习目标、案例导入、基础知识和课后练习构成，其中基础知识又包括小故事、小贴士、小案例、小幽默、课堂训练等，适应了碎片化阅读的特点，提高了本书的可读性、趣味性、指导性和可操作性。

对比传统教材，本书采用活页式的体例结构，重构任务式实践课堂。每章都通过实践课堂将知识目标、能力目标和素质目标贯穿在“做中学”之中。教师精选课程案例来进行从教师到主持人的身份转换。“做中教”着力培养学生的创新思维，进一步贴合当下国家政策“大众创业，万众创新”的校园创客文化，全面提升学生的综合素质，用礼仪文化作为载体，促进学生新型创新创业。

本书将理论与实践有机融合，贴近时代、贴近社会、贴近实际，可作为高等职业学院和高等专科学校各专业学生提高礼仪素养的创新型教材，高等学院研学旅行、旅游管理、文秘、空乘、高铁乘务等专业的专业基础课教学用书，高等院校礼仪及沟通类公共基础课的教学用书，还可作为各企事业单位进行相关岗位培训的实用教材及各界人士的实用读物和自我训练手册。

图书在版编目（CIP）数据

大学生礼仪实用教程 / 周聃，蒋光辉主编. —北京：电子工业出版社，2022.8

ISBN 978-7-121-44184-4

Ⅰ. ①大… Ⅱ. ①周… ②蒋… Ⅲ. ①大学生－礼仪－教材 Ⅳ. ①G645.5

中国版本图书馆 CIP 数据核字（2022）第 154959 号

责任编辑：左 雅　　　　特约编辑：田学清
印　　刷：中煤（北京）印务有限公司
装　　订：中煤（北京）印务有限公司
出版发行：电子工业出版社
　　　　　北京市海淀区万寿路 173 信箱　　　　邮编：100036
开　　本：787×1092　　1/16　　印张：14.5　　字数：371 千字
版　　次：2022 年 8 月第 1 版
印　　次：2022 年 8 月第 1 次印刷
定　　价：59.00 元

凡所购买电子工业出版社图书有缺损问题，请向购买书店调换。若书店售缺，请与本社发行部联系，联系及邮购电话：（010）88254888，88258888。

质量投诉请发邮件至 zlts@phei.com.cn，盗版侵权举报请发邮件至 dbqq@phei.com.cn。

本书咨询联系方式：（010）88254580，zuoya@phei.com.cn。

前　言

德辉动于内，礼形诸于外。礼仪是人类文明发展的积淀，也是每个人都不可或缺的常识；礼仪是中华传统美德宝库中一颗璀璨的明珠，也是中华文化的精髓；礼仪是人际关系的通行证，也是当代大学生的必修课；礼仪是人生的一堂必修课，也是社会修罗场上的决胜棋。为帮助大学生修身、齐家并适应当下国际的开放格局，提升其在文化素养、自我管理、沟通合作等方面的能力，我们精心编写了本书。

本书以礼仪知识为核心，以文化素养、自我管理、沟通合作等内容为目标，通过知识讲解、案例说明、实践课堂等形式对大学生进行世界观、人生观、价值观的塑造，助力大学生在一定程度上养成洁身自好、礼敬他人、勤勉共事、开放包容的全面的礼仪素养。本书落实立德树人的根本任务，把思政教育融入礼仪知识这条主线中，贯穿大学生成长、成才的全过程，从大学生的角度回应他们所面临和可能面临的问题和困惑，引导他们顺利跨过迷茫期并稳步走向成熟。

全书共有个人礼仪、媒介礼仪、会面礼仪、社交礼仪、职场礼仪、活动礼仪和跨文化礼仪 7 章内容。本书的特色在于采用活页式的体例结构，重构任务式实践课堂，通过任务和评价环节进行知识拓展，以文科视角实践“工学结合”“专创融合”，培养学生具备扎实、稳健的岗前适应能力；每章都设计了课后练习供学生夯实知识根基和进一步巩固所学知识，提高了学习的实操性和趣味性。

本书由贵州轻工职业技术学院副教授周聃担任第一主编，由贵州轻工职业技术学院讲师蒋光辉（工学博士）担任第二主编；由贵州轻工职业技术学院文化与旅游系的资深教师陈娟，北京语言大学王淼（语言智能与教育方向博士），贵州汉行天下教育科技有限责任公司、贵州《国际中文教师证书》考试认证中心主任喻婷担任副主编。此外，本书的实践课堂部分由贵州轻工职业技术学院文化与旅游系的王月娥，怀卡托国际学院的严雨灵、程高阳、高云、刘洋洋、吴佳玲、熊凯娟、李瑶，轻工化工系的吴寅姣参与编写。在编写过程中，我们参考了国内外专家及学者的成果，在此一并表示衷心的感谢；同时感谢电子工业出版社的编辑为本书的编写和出版做了大量的协调工作，使得本书能够顺利出版。

由于编者的水平有限，书中难免存在疏漏、不足之处，恳请各位读者批评、指正。

编　者

2022 年 6 月

目 录

第一章　个人礼仪

夫君子之行，静以修身，俭以养德。非淡泊无以明志，非宁静无以致远。

——诸葛亮

世界上没有难看的人，只有不懂得如何让自己打扮得体的人。

——靳羽西

学习目标

能够进行仪容细节的修饰，做到仪容整洁；做到发型美观；能够根据自身面容的特点进行化妆，展现出富有魅力的妆容。

熟悉服饰选择的原则；掌握在不同场合搭配服装的技巧；明确服装与整体形象的关系。

能够以正确优美的站姿、坐姿、走姿、蹲姿塑造出良好的社交形象；能够正确遵循眼神、微笑、手势等礼仪规范要求，展现出大方、自然的个性形象。

案例导入

小张的形象

小张是一家商贸公司的业务员，他的口头表达能力不错，对公司的业务流程很熟悉，对公司的产品及服务的介绍也很得体，给别人朴实又勤快的印象，而且他在业务人员中的学历也是最高的，然而，他的业绩总是上不去。小张非常着急，却不知道问题出在哪里。小张的性格大大咧咧，穿衣服不修边幅，头发经常是乱蓬蓬的，双手指甲长长的（也不修剪），身上的白衬衣常常皱巴巴的并且已经变色了。他喜欢吃大饼卷大葱，吃完后却不知道去除口腔异味。小张的大大咧咧能被生活中的朋友包容，但在工作中常常过不了与客户接洽的第一关。其实小张的这种形象在与客户接触的第一时间就已经给客户留下了不好的印象，让客户觉得他是一个对工作不认真、没有责任感的人，所以他通常很难有机会和客户进一步交流，更不用说成功地承接业务了。

问题：小张在个人形象上存在哪些礼仪问题？

第一节　仪容修饰

仪容是指人的外表、外貌。在人际交往中，良好的仪容是个人形象的重要组成部分。在一个人给他人的第一印象中，仪容往往占据相当大的比例。你的个人卫生、妆容、发型等，都会影响你给他人留下的第一印象。因此，在人际交往中，我们一定要注意自己的仪容。

一、仪容的基本要求

【小故事】

林肯对长相的要求

一次，林肯总统面试了一位应征者，但没录取那位应征者。幕僚问他原因，他说："我不喜欢他的长相！"幕僚不理解，又问："难道一个人天生长得不好看，也是他的错吗？"林肯回答："一个人40岁以前的脸是由父母决定的，但40岁以后的脸应是由自己决定的。一个人要为自己40岁以后的长相负责。"

【点评】仪容礼仪在个人形象中有着非常重要的作用，我们应遵循整洁、美观、自然、协调等原则，掌握仪容修饰的技巧，使仪容礼仪真正起到美化形象、促进社交的作用。

1. 整洁

（1）保持面部干净。我们应当选择适合自己肤质的洗面奶早晚洁面，去除面部的油脂和毛孔中的污垢；同时要注意眼部卫生，及时去除眼角产生的分泌物；若戴眼镜，则要注意保持镜片洁净、光亮。

【小贴士】

正确地洗脸

正确地洗脸，保持皮肤的卫生是不可或缺的。正确的洗脸方法：水温不要太高，一般应低于35℃；从下往上、从里向外洗，这样可以促进皮肤的血液循环；使用温和的洗面奶，少用或不用香皂；洗脸的动作要轻柔。

（2）保持手部卫生。在人际交往中，我们经常要与人握手、用手传递东西、做手势等，因此要注重双手的清洁和养护：一是要勤洗手，保持双手洁净；二是要勤剪指甲，保持适当的长度。需要注意的是，女士不要涂颜色过于鲜亮的指甲油。

（3）保持口腔清爽。我们要注意清洁牙齿，每天早晚刷牙，还要勤漱口，去除口腔异味。在人际交往中，我们不应当众清理牙齿上的残留物，在与他人会面之前不食用葱、蒜等有刺激性气味的食物。

【小贴士】

去除口腔异味的方法

去除口腔异味的方法有3种：一是每天早晚坚持用淡盐水漱口；二是嚼口香糖，以便保持口气清新，但要注意，在人际交往中当着他人的面嚼口香糖既不文雅，又会失礼于人；三是养成不吃生蒜、生葱和韭菜等有刺激性气味的食物的良好习惯，以免在工作中担心自己说话"带味道"，或者使接近自己的人感到不快。

（4）适时梳洗头发。头发要勤洗勤理。一般每周应当洗头两三次，每月修剪一两次。男士的头发要没有汗味，保持干净整洁，发型要大方得体、不怪异。女士的头发要有自然光泽，发型要端庄、协调，刘海不要遮住眼睛和脸。

【小贴士】

洗发的注意事项

洗发时的水温过高或过低均对头发不利。专家证明，40℃左右的水温最适宜。洗发水的种类繁多，我们不宜跟风选择，而应当根据自己的发质，有针对性地进行选择。吹风机对人体有辐射且高温易伤头发，应当不用或少用。若要使用，则应至少距头部 15 厘米。

梳理头发是每天必做之事，而且应当不止一次。按照常规，在下述情况下，我们皆应自觉梳理一下自己的头发：一是出门上班前；二是换装上岗前；三是摘下帽子时；四是下班回家时；五是其他必要时。

在梳理自己的头发时，我们应注意以下 3 点：一是不宜当众梳理头发，因为梳理头发是私人事务；二是不宜直接用手梳理头发，最好随身携带一把梳子，不到万不得已，千万不要以手指去代替梳子；三是不宜随手乱扔断发和头屑，在梳理头发时，难免会产生少许断发和头屑，随手乱扔是缺乏教养的表现。

（5）保持脚部清洁。脚作为支撑人体的重要部位，每天都要进行运动。它会分泌出大量汗液，恶化脚底环境，为细菌繁衍提供温床，如不及时改善，则可能导致各种脚部疾病，如脱皮、脚癣、脚部溃烂等。所以，我们平时要注意洗脚，让其通气，擦些护脚霜，还要适当进行按摩，以便美化脚部的肌肤。

（6）注意洗澡。洗澡可以除去身上的油垢和汗味，使人精神焕发。我们应经常洗澡，每周最少洗一次，在参加重大礼仪活动之前还要加洗一次。

（7）保持衣服整洁。我们要勤换内衣，外衣也要定期清洗、消毒；要勤换鞋袜，保持鞋袜舒适、干净，不要在集会或演出等公众场合脱鞋。

除了上述要求，我们还要注意经常修剪不雅的体毛。男士要每天刮脸、修剪胡须，还要及时修剪鼻毛；女士在穿无袖的服装前，要修剪腋毛，否则露出腋毛会给人不雅的感觉。

2. 美观

美丽、端庄的仪容是形成良好的交际形象的基本要素之一。人们都希望自己在社交场合中是美观的，但有些人认为把发胶、摩丝喷在头上，把各种色彩涂抹在脸的相应部位就美了，于是我们有时候看到一些人“横眉冷对”、拥有“血盆大口”或者“油头粉面”的，这并不是美。

美观是从效果来说的。要使仪容达到美观的效果，我们首先必须了解自己的脸形及脸的各部位的特点；其次要清楚怎样化妆、美发和矫正才能使自己扬长避短，变拙陋为俏丽，使容貌更迷人。这些需要在把握脸部个性特征和拥有正确的审美观的前提下进行。

3. 自然

自然是美化仪容的最高境界，它使人看起来真实而生动，而不会像戴着一张呆板、生硬的面具。失去自然的效果就是假，假的东西就无生命力和美了。

有位化妆师说过，最高明的化妆是非常考究的，能让人看起来像没有化妆一样，并且化出来的妆与主人的身份匹配，能自然地表现人的个性与气质。次级的化妆是把人突显出来，让她醒目，引起众人的注意。拙劣的化妆让人一眼就能发现主人化了很浓的妆，而且是为了掩盖她的缺点或年龄的。最坏的一种化妆，是化妆后扭曲了主人自己的个性，又失去了五官的协调，如小眼睛的人化了浓眉等。

可见，化妆的最高境界是无妆、自然。因此，美好的仪容要依赖正确的技巧和合适的化妆品；要一丝不苟、井井有条；要讲究过渡、体现层次；要点面到位、浓淡相宜。这样才能使人感到自然、真实的美。

4. 协调

第一，妆面协调。妆面协调是指化妆部位的色彩搭配、浓淡协调，所化的妆针对脸部的个性特点，整体设计协调。

第二，全身协调。全身协调是指脸部化的妆与发型和服饰协调，力求取得完美的整体效果。

第三，角色协调。角色协调是指针对自己在社交中扮演的不同角色，采用不同的化妆手法和化妆品。例如，从事公关、礼仪、接待、服务等工作的人员，因为与他人接触的机会多，需要表现出一定的吸引力，所以应浓淡相宜。

第四，场合协调。场合协调是指化妆、发型要与所去的场合的气氛要求一致。日常办公应略施淡妆；出入舞会、宴会可化浓妆；参加追悼会应素衣淡妆。不同场合的不同化妆、发型，不仅会使化妆者内心保持平衡，还会使周围的人心理融洽。

二、美发

头发位于人体的“制高点”，俗话说“美丽从头开始”，发型构成了妆容美的重要内容。现代社会，发型不仅可以区分性别、美化容颜，还能反映一个人的道德修养、审美水平、知识层次。有时，人们可以通过一个人的发型准确地判断出他的职业、身份、受教育程度、生活状况和卫生习惯，更可感受出其是否身心健康及对生活和事业的态度。美观的发型能给人整洁、庄重、洒脱、文雅的感觉。

美观的发型能增强人们在社交中的自信心，陶冶人们的情操。不同的发型能带给人不同的感觉，因而不同气质、爱好、脸形、发质、年龄的人要针对自身情况，选择适合自己的发型，扬长避短。深受世界人民喜爱的著名影星奥黛丽·赫本的经典发型如图 1-1 所示。美发主要应注意以下几个方面。

图 1-1　著名影星奥黛丽·赫本的经典发型

1. 美发的基础——护发

要想拥有健康、秀丽的头发，我们平时就要进行保养和护理。如果不进行保养和护理，头发就会被损伤，影响头发的健康。只有拥有一头健康的头发，才能实现美发，健康是美的前提。

（1）发质。头发因不同种族、不同肤色、不同年龄、不同健康状况而有着不同的发质。健康的头发因其皮脂腺分泌量不同而大体上包括以下 4 种发质：中性发质、干性发质、油性发质和混合性发质。

【小故事】

气质魅力从头开始

华盛集团公司的卫董事长有一次要接受电视台的采访。为郑重起见，事前卫董事长特意向公司为自己特聘的个人形象顾问咨询，有无特别需要注意的事项。对方在专程赶来之后，仅仅向卫董事长提了一项建议：换一个较为儒雅而精神的发型，并且一定要剃去鬓角。对方的理由是，发型对一个人的上镜效果至关重要。果然，换了发型之后的卫董事长的形象焕然一新。他的发型使他显得精明强干，他的谈吐使他显得深刻稳健，二者相辅相成，使他给电视观众留下了良好的印象。

（2）护发用品。护发用品一般可分成以下三大类。

① 发乳。发乳适用于一般头发，对发质较软者尤为适用。它能保护头发，使之不易断裂和脱落，并保持自然光亮与润泽。发乳中的药性发乳可以去屑、止痒、防脱发。

②发蜡。发蜡又称头蜡，是以凡士林为原料制成的，所以黏度较高，适用于头发较多者和发质较硬者。量多和较硬的头发难以梳理成型，在使用发蜡后用吹风机吹发则易于梳理成型，保持头发整齐，同时还能减少水分对头发的软化作用，增加头发的光泽。

③喷雾发胶。喷雾发胶是一种使头发定型的用品。其使用方法：在使用吹风机吹干头发后，将喷雾发胶均匀地喷在头发上，从而使发型固定，不怕风吹或震动，可较长时间地保持发型不变。

（3）护发的方法。

① 焗油。焗油是最好的护发方法。有关专家研究发现，头发表层是由无数鳞片组成的，这种鳞状表层排斥头油、蛋白质、维生素、人参、当归等物质，只吸收与纤维质相关的特殊物质，而焗油膏中则含有这种头发易于吸收的营养物质。它们对于头发可以起到营养和修复作用，增加头发的弹性、柔软度和保湿性，使头发看起来光亮照人，如丝绸一般，并易于梳理。焗油一个月一次即可，可以自己焗，也可以到理发店焗。

② 养发。现代职业女性若想拥有一头秀发，则要注意养发，即在人体自身内部营养吸收及外部环境的适当调节上注意以下 4 点。

一是保持饮食中的营养均衡，提高自身的健康素质。多吃含蛋白质、铁、钙、锌、镁的食物，如鱼、橄榄油、坚果等。

二是多参加运动，坚持锻炼。有规律地进行运动可消除工作、学习、生活带来的压力。

三是掌握并运用正确的梳头和洗头方法，勿损伤头发；还要注意按摩和擦发，早晚用梳子梳发 3 分钟，既可以刺激头发的神经末梢，调节头部神经功能，促进内分泌和头发的新陈代谢，有利于头发的新生，又可以提高头皮的活力，防止产生头屑和脱发。

四是防止和减少自然环境中损伤头发的因素，如注意防干燥、防暴晒、防潮湿、防寒冷。在游泳后要及时用清水将头发清洗干净，让头发自然风干。夏天外出要用遮阳伞，冬天外出要戴防寒帽。

【小贴士】

发型的种类

1. 女士的发型

（1）马尾巴。马尾巴是一种将头发一把扎在脑后而不编结成辫的发型。由于其简单易行，因此用途极广。这种发型会使女士显得活泼可爱，但也会使背部不直的人看上去负荷过重。

（2）独辫子。独辫子是一种将长发在脑后编成一根辫子的发型，它给人怀旧的感觉。

（3）娃娃头。娃娃头又称童花头，它以齐眉的刘海和齐耳的短发塑造女士乖巧可人的形象，可使女士看上去更年轻。

（4）直发。直发是一种将齐肩或披肩的长发拉直的发型，可使女士显得青春靓丽。

（5）大波浪。大波浪是一种流行卷发发型，由于其发型纹理像大海的波浪一样，故而得名。大波浪发型柔软又不失淑女形象，既有轻盈飘逸的发型轮廓，又有妩媚迷人的视觉冲击，是深得时尚女士喜爱的发型。

此外，还有高发髻、男士头等。

2. 男士的发型

（1）西式发型。西式发型亦称西装头，泛指现代人三七分或四六分的露出后颈部的短发型，是正式场合最常采用的一种发型，可给人端庄和严谨的感觉。

（2）对分发型。对分发型是一种五五对开、额前头发比较长的发型。这种发型只适合前额宽大、脸形呈“国”字形的人，却是橄榄头形人的大忌。

（3）卷曲发型。卷曲发型可给人异国情调或自由、浪漫的感觉。

（4）板寸头。板寸头俗称平头，脑袋四周基本无发，只是头顶留有 1～2 厘米的短发，而且顶部呈水平面。这种发型给人刚毅和果敢的形象。

此外，还有刺猬发型、爆炸发型和光头等。但是对男职员来说，这些发型均不适宜。

2. 发型的选择

我们在对自身头发的发质、护发、保养有了一定的了解后，还要选择一个有魅力的且与自己的性别、发质、服装、身材、脸形等协调一致的发型，从而表现出与众不同的良好仪容——发型美。

【小故事】

松下幸之助与理发师

日本著名跨国公司松下电器的创始人、被称为“经营之神”的松下幸之助，以前从不修边幅，松下电器也不注重公司形象，因此发展缓慢。一次，松下幸之助到银座的一家理发店去理发，理发师看到他的形象后，毫不客气地对他说：“你毫不重视自己的容貌修饰，就好像把产品弄脏一样，你作为公司代表都如此，产品还会有销路吗？”一句话将松下幸之助问得哑口无言。他将理发师的劝告牢记在心，此后对自己的外在形象十分重视，生意也随之兴旺起来。当时，松下电器的产品享誉天下，与松下幸之助长期率先垂范，要求员工懂礼貌、讲礼节是分不开的。

（1）发型与性别。对男士来讲，头发的具体长度有着规定的上限和下限。所谓上限，是指头发最长的极限。按照常规，一般不允许男士在工作时长发披肩，或者梳起辫子，在修饰头发时要做到：前发不覆额，侧发不掩耳。男士不可以剃光头。

对女士来讲，在工作岗位上时，头发的长度不宜超过肩部、不宜挡住眼睛。长发过肩的女子在上岗之前，可以采取一定的措施，如将超长的头发盘起来、束起来、编起来，不可以披头散发。女士也不可以剃光头。

【小贴士】

男士发型的长度

男士的发型一般以头发顶部至发际线处的长度为依据，分为短发型、中长发型、长发型和超长发型。短发型一般留发较短，发式轮廓线在两鬓角处，给人精干年轻、充满活力的感觉。中长发型一般留发适中，发式轮廓线在耳轮以上，是大多数男性，特别是中年男性喜爱的发型。长发型留发较长，多被从事艺术类工作的男士采用，其发式轮廓线在后发际线上下，颇有艺术家的风采，但打理不好，容易给人不修边幅的感觉。超长发型留发很长，其发式轮廓线超过发际线，是追逐时尚、标新立异一族喜爱的发型。男士发型长度的确定方法如下。

① 左右梳理确定法。左右梳理确定法是指先将头顶区的头发梳到一侧，按侧区的标准长度修剪，再将头顶区的头发梳至另一侧，按另一侧区的标准长度修剪，最后将顶区中心的头发垂直提起，将多余的长发剪去的方法。这种方法适用于发丝后梳流向与旋转流向的男士发型长度的确定。

② 中心点定位设定法。中心点定位设定法是指以中心点至肩尾的长度为基准建立设计线，按要求修剪顶区层次的方法。这种方法适用于一般按常规修剪的男士发型长度的确定。

③ 分梳设定法。分梳设定法是指以自然分界线为准，将头发自然梳至两个侧区，按侧区的标准长度进行修剪的方法。这种方法适用于喜爱顶部留发较长或顶部头发较少的男士发型长度的确定。

（2）发型与发质、服装。一般来说，直而硬的头发容易修剪得整齐，故设计发型时应尽量避免花样复杂，应以修剪技巧为主，做成简单而又高雅、大方的发型。例如，梳理成披肩长发，会给人一种飘逸秀美的悬垂美感；用大号发卷梳理成略带波浪的发型或梳成发髻等，会塑造一种雍容、典雅的高贵气质。

细而柔软的头发比较伏贴，容易打理成型，可塑性强，适合做小卷曲的波浪式发型，显得蓬松自然；也适合做俏丽的短发，以便充分体现个性美。

在现代美容中，一个人的发型与服装有着十分密切的关系。发型与服装相配，才能显得协调、大方。一个高贵典雅的发髻配上一套牛仔服就会显得不伦不类。因此，只有和谐、统一，才能真正体现美。

【小贴士】

发型与季节的配合

一年四季，由于气候的变化，人们的着装随之变化，发型也应随着季节的变化而变化。

① 春季草木复苏，生机盎然，气候适宜，发型可根据自己的喜好加以选择，色彩可以丰富多彩，表现出积极进取、精力充沛的一面，长短、薄厚均可，不受限制。但发型一定要展示美的风范，要有流畅的线条和优美的造型。

② 夏季天气炎热，人们的穿着也很简单，一般的服装都是开领、短袖的，并露出颈部，发型多用短发或超短发，给人凉爽、整洁、利落的感觉；长发可以盘起或编起，尽量露出脖颈，也可采取束发措施。发型外轮廓呈圆形，前高后低，额前呈花瓣形，两侧及顶部的头发呈直线状比较时尚。

③ 秋季天气凉爽，草木枯黄，给人萧条的感觉，人们的着装也较随意，发型可以采用稳重、典雅的造型，也可以采用时尚、前卫的造型。因为秋天是一个硕果累累、色彩斑斓的季节，因此色彩可以任意选择。

④ 冬季天气寒冷，人们的穿着厚重，常常戴围巾、帽子，发型很难保持长久，所以发型应尽量简洁、易梳理。发型要偏长、偏厚和蓬松些，以给人温暖的感觉。留发宜长，可以是大波浪、中波浪，也可以是长直发，发色以偏暖色为宜。

（3）发型与身材。发型不应只是简单地起增加或减少身高的作用。发型和身材应该是协调一致的。有时单看某一款发型很漂亮，可是整体一看就感到美中不足了，原来是头发太短或太长，导致头长和身高比例失衡，或头宽与身宽比例不相宜。人体美学测量学的研究显示，头长和身高的比例应该为1∶7.5～1∶8。只有遵循形式美法则，才能使发型具有增加体型美或弥补体型缺陷的效果。

如果上身比下身长，或上下身等长，那么可选择长发，以遮盖其上身；如果肩宽臀窄，那么可选择披肩发或下部头发蓬松的发型，以发盖肩，以便使肩部看起来窄一些；如果颈部细长，那么可选择长发，不宜采用短发，以免使脖颈显得更长；如果颈部短粗，那么可选择中长发或短发，以减弱颈粗的感觉。在进行发型选择时，我们必须根据自己的身材，选择一个与之相称的发型。

【小贴士】

发型与职业

根据职业的需要，设计一个理想的发型对每个人都非常重要。以下是几种常见职业的发型选择。

① 教师或机关人员的发型选择。教师或机关人员的发型要简洁、大方、朴素、明快，最好选择短发或在烫后稍加修理。若选择中长发，则可在自然蓬松的基础上以适宜的发卡装饰，给人以淡雅、端庄的感觉。

② 公务人员或秘书的发型选择。由于公务人员或秘书要参与的社会活动较多，最好将头发留得长一些，以便能经常变换发型。公务人员或秘书可以将头发烫成波浪或剪成披肩直发，这些发型稍加修饰或变动，即可适应多种场合。

③ 运动员或学生的发型选择。根据这类人员的职业特点，发型可以做成轻松、活泼的短发；若留长发，则宜扎成马尾状，看起来十分可爱、阳光，又易于梳理。

（4）发型与脸形。发型与脸形的配合要点主要是突出优点和遮盖缺点，达到美化面容的目的。发型与脸形适配一览表如表1-1所示。

表1-1 发型与脸形适配一览表

脸形	主要不足	适合的发型	效果
三角形	面颊与额较前额宽	短发，头发尽量梳高，并覆盖前额和太阳穴，紧贴双耳	使额与前额平衡
圆形	苹果般的面孔和丰润的下巴	避免从中间分开头发，把头发都梳到一边，并盖住耳朵	由于头发不对称，可使脸看起来长些
方形	太显刚毅	头发不宜中间分开，特别是刘海可向一侧吹起一个高坡，向后平掠，贴着耳朵	脸的轮廓变得柔和
倒三角形	下巴显尖削	额前覆盖些头发，头发可在耳后散下	使下巴显得丰润些

【小贴士】

用发型弥补面部缺陷的方法

① 遮盖法。以头发组成适当的线条或块面来弥补脸形的不足，主要是在视觉上把原来比较突出而不够完美的部分遮盖住，以便冲淡突出的部分。

② 衬托法。将顶部和两侧的部分头发梳得蓬松或紧贴，以增加或减少某部分的块面，改变其轮廓。例如，针对圆形脸，可将顶发向上梳得高而挺，将下颌两侧紧缩些，以拉长脸形。当脸形扁平时，发型的起伏要大，以便增加脸形的立体感等。

③ 填补法。利用头发或饰物来填补不足的部位。例如，当头部有瘪塌部分时，可用蝴蝶结、发夹、插花或衬假发来填补。

④ 增美法。当脸形和肤色都很美时，则要求发型不能破坏自然美，而应该衬托或者增加自然美。

3. 美发的方法

【小案例】

毁了生意的“鸡窝头”

爱美之心人皆有之。礼仪专家金正昆认为现代职业女性可采用以下 4 种方法来美发，以便使自己的发型亦庄亦雅、亦美亦潮而不落俗套。

（1）烫发。现代人运用物理的方法或化学的方法，将头发做成各式各样的符合个人要求的形状的方法叫作烫发。如今五花八门的烫发术语使人眼花缭乱，所以我们首先要对自己的年龄、职业、脸形、发质等因素进行综合分析，再做出是否烫发和烫何种样式的选择，切勿盲从。

（2）做发。人们用发油、发乳、发胶、摩丝等美发用品，将头发塑造成各种形状，以达到显示个性的目的的方法为做发。现代职业女性的发型不宜做得太夸张，而应注重塑造端庄、稳重的良好的职业形象。

（3）染发。现代人比较崇尚潮流，往往通过染发将自己的头发染成各种颜色，以突出个人的兴趣爱好和个性特点。现代职业女性染黑发无可厚非，但一般不适宜将头发染得太夸张。如果年轻的职业女性需要染其他颜色的头发，那么可选择栗色、酒红色、咖啡色等颜色，这样，既可显得活泼和有个性，又不失大方、高雅的气质。

（4）戴假发。头发有先天或者后天缺陷的人，可选择戴假发来弥补缺陷。选择假发也要考虑个人的年龄、职业、身材、肤色等因素，既不能过分夸张，又不能过分俗气。假发应选择仿真度较高的、质量较好的，切不可为了贪图便宜而使用那些太假、太俗气的假发。

总之，人的脑袋是一个人的“制高点”，是给他人留下第一印象的第一道风景线，我们只有“从头做起”，才能真正地通过发型向他人传递性格、爱好、文化修养等信息，也才能使自己的职业形象从头开始达到自然、和谐。

三、化妆

1. 化妆前的准备

（1）束发。化妆前，先用宽发带或毛巾将头发束起来或包起来，使脸部轮廓更加清晰，防止散发妨碍化妆，也可以避免化妆时弄脏头发。

（2）洁肤。用适合自己肤质的洗面奶去除脸上的油污、灰尘和汗渍，注意最好用温水清洁面部。

（3）护肤。将适合自己肤质的爽肤水、乳液和面霜轻轻拍在面颊上，做好基础的保湿工作，以便使皮肤滋润。为防止眼部皮肤干燥，可以取适量眼霜，用无名指由内向外轻抹在眼睛周围，并适当进行按摩。若化妆前的皮肤状态不佳，则可利用 15～20 分钟的时间敷一张面膜，取下面膜后皮肤会变得光洁、滋润，非常容易上妆。

（4）涂抹隔离霜。为有效保护皮肤，抵挡外界空气污染、紫外线辐射等，建议护肤后涂抹隔离霜。目前，市场上的很多隔离霜还有修正肤色的作用，可以调整不均匀的肤色，能为皮肤呈现良好的状态打下基础。

【小贴士】

对号入座选择隔离霜的颜色

① 粉色隔离霜：可改善苍白的肤色。

② 绿色隔离霜：可改善因敏感而泛红的肤色。

③ 紫色隔离霜：可改善偏黄的肤色。

④ 黄色隔离霜：可改善暗淡而无光泽的肤色。

2. 化妆的步骤

【小故事】

百变公主

小李是一名刚刚走上工作岗位的大学毕业生，对新的职场生活充满了憧憬与期待。为了尽快地融入职场，她在家人的支持下添置了不少行头，有职业装、化妆品、配饰等，可以说应有尽有。可是每天早上上班前的化妆是让她最痛苦的事情，一是花费时间多，二是她不知道自己适合化什么样的妆，每次都弄得很花，有时自己感觉很尴尬。有一次她还被一名男同事笑话是“百变公主”。还有一次她使用了咖啡色的眼影，吓坏了同事。她自己也很苦恼，本来想用深色眼影让自己的脸看起来更立体，为什么却适得其反了呢？

化妆前要认真掌握化妆的方法。化妆大体上包括打粉底、画眼线、施眼影、描眉形、上腮红、涂唇彩、喷香水等步骤。每个步骤均有一定之法，必须认真遵守。

（1）打粉底。打粉底又称敷底粉或打底。它是以调整面部皮肤颜色为目的的一种基础化妆。在打粉底时，有 4 点需特别注意：一是要事先清洗面部，并且拍上适量的爽肤水、乳液、面霜等；二是选好粉底的颜色，通常，不同的肤色应选用不同颜色的粉底，粉底的颜色最好与自己的肤色相近，而不宜使二者反差过大，否则会看起来失真；三是在打粉底时一定要借助于化妆棉，而且要做到取用适量、涂抹细致、薄厚均匀；四是切勿忘记颈部，在颈部打上一些粉底，才不会使自己的面部与颈部“泾渭分明”。

【小贴士】

粉底的种类

（2）画眼线。从外眼角向内眼角方向沿着睫毛根部描画眼线，上眼睑一般画 2/3 长，下眼睑一般画 1/3 长，颜色外重里淡，并且线条宜细不宜粗。眼线可增加眼睛的神采与魅力，使眼睛显得深邃、水灵动人。下眼线的描画可实可虚，写真地描画基本合乎原眼形，或稍加修饰晕染；夸张手法强调勾画眼形效果，局部可高出或长于原眼形，甚至可以向外斜上飞扬，从而获得一种夸张的装饰效果。画眼线一般有以下两种方法。

① 用眼线笔描画。应当注意选用软芯防水、容易下色的眼线笔，可以把笔尖削成扁平的鸭嘴样，这样描画起来可粗可细，比较方便。若不下色，则可以先用笔尖蘸少许油膏或面霜滋润笔芯再描画。眼线笔用色柔和、自然，适用于化生活妆。

② 用眼线粉描画。可以先用眼线刷蘸少许水再蘸眼线粉（也有不蘸水直接刷上眼线粉的）。描画时手要稳，下笔用力要均匀。眼线粉的颜色艳丽，适用于化晚宴妆或表演性质的浓妆。

不论用哪种方法画眼线，都建议在画好之后用眉粉或眼线粉轻轻走一遍，这样不仅可以起到定妆作用（遇到泪水或汗渍不易晕开），还会使眼线更加柔和、亮丽。韩式化妆法就常常先用眼线笔画好眼线，再用眉粉或眼线粉定妆。

自己画眼线时，可将臂肘部支撑在台面上起稳定作用，用小手指支住面颊，只有执笔的手稳定，才能画出光洁、平直的线条。

【小贴士】

假睫毛、美目贴的使用方法

（3）施眼影。施眼影的主要目的是强化面部的立体感，以凹眼反衬隆鼻，并且使化妆者的双眼显得更为明亮、传神。在施眼影时，有两大问题需注意。一是要选对眼影的颜色。颜色过于鲜艳的眼影，一般仅适用于化晚妆，而不适用于化工作妆。对中国人来说，在化工作妆时选用浅咖啡色的眼影，往往效果较好。二是要施出眼影的层次感。在施眼影时，最忌没有厚薄、深浅之分。若注意使之由浅而深、层次分明，则有助于强化化妆者眼部的轮廓。

【小贴士】

眼影的水平修饰法

（4）描眉形。一个人眉毛的浓淡与形状，对其容貌发挥着重要的烘托作用。任何有经验的化妆者都会将描眉视为其化妆时的重中之重。在描眉时，有 4 点需要注意：一是要进行修眉，以专用的修眉刀刮除那些杂乱无序的眉毛；二是要描出的整个眉形必须与化妆者的性别、年龄、脸形协调；三是在具体描眉形时，要对逐根眉毛进行细描，而忌讳一画而过；四是在描眉之后应使眉形具有立体感，所以在描眉时通常要在具体手法上注意两头淡、中间浓，上边浅、下边深。

【小贴士】

重要眉形的画法

（5）上腮红。上腮红是指在面颊处涂上适量的胭脂。在化工作妆时上腮红，有 4 点需要注意：一是要选择优质的腮红，若其质地不佳，则难有良好的化妆效果；二是要使腮红与唇膏或眼影属于同一色系，以体现妆面的和谐之美；三是要使腮红与面部肤色过渡自然，正确的做法应是，以小刷蘸取腮红，先上在颧骨下方，即高不及眼睛、低不过嘴角、长不到眼长的 1/2 处，再略做延展晕染；四是要扑粉进行定妆，在上好腮红后，应以定妆粉进行定妆，以便吸收汗、皮脂，并避免脱妆，在扑粉时不要用量过多，并且不要忘记在颈部也扑上一些。

腮红除了能提升气色、和谐妆容，还可以修饰脸形。腮红修饰脸形的要点如表 1-2 所示。

表 1-2　腮红修饰脸形的要点

脸形	特点	修饰要点
方形	上下额角都比较宽，线条过于硬朗，比较男性化	使用深色系腮红，在笑肌处以打圈方式涂刷腮红
圆形	脂肪丰厚，线条柔和，呈圆形，易给人胖嘟嘟、可爱之感	从笑肌下方到太阳穴处用深色腮红以打圈方式涂刷，多刷几遍，可使脸部视觉变瘦，减少圆润感，使脸变小和更有立体感
长形	双颊脂肪不够丰满，脸部瘦而长，一般下巴部位过长	适合横向腮红，将暖色调腮红平行扫在笑肌、发际线和下巴位置，可增加脸形的立体感

（6）涂唇彩。在化妆时，唇部的地位仅次于眼部。涂唇膏，既可改变不理想的唇形，又可使双唇更加娇媚迷人。涂唇膏时的主要注意事项有 3 个。一是要用唇线笔描好唇线，确定理想的唇形。唇线笔的颜色要略深于唇膏的颜色。在描唇形时，嘴应自然放松张开，先描上唇，后描下唇。在描唇形时，应从左右两侧分别沿着唇部的轮廓线向中间画。上唇嘴角要描细，下唇嘴角则要略粗。二是要涂好唇膏，在用唇线笔描好唇形后，才能涂唇膏。唇膏既可以选彩色的，又可以选无色的，但都应安全无害，并要避免选用鲜艳古怪之色。女性一般宜选红色、橙色或粉色的唇膏，男性则宜选无色唇膏。在涂唇膏时，应从两侧涂向中间，并要使之均匀而又不超出早先用唇线笔画定的唇形。三是要仔细检查，在涂毕唇膏后，要用纸巾吸去多余的唇膏，并细心检查一下牙齿上有无唇膏的痕迹。

【小贴士】

唇部化妆的协调

（7）喷香水。

① 香水的使用技巧。香精的浓度越低，香水涂抹的范围越广。一般来说，浓香水应以点搽式或小范围喷洒式用于脉搏跳动处，如耳后、手腕内侧、膝后。香水、香露、古龙水、淡香水因为香精浓度不是很高，不会破坏衣服纤维，所以可以自由地喷洒，如喷洒在脉搏跳动处、衣服内里、头发上或空气中。

【小贴士】

香水的类别

香水的类别如表 1-3 所示。

表 1-3　香水的类别

类别	香精的浓度/%	酒精含量/%	保持时间/小时
浓香水	15～30	30	5～7
淡香精	10～15	20～30	5
香露	5～10	10～20	3
古龙水	2～5	＜10	1～2
淡香水	＜2	0	1

在体温高的部位涂抹香水的效果比较好。身体内侧的温度比身体外侧的温度高。另外，香气向上升，涂抹在下半身比涂抹在上半身更能获得理想的效果。

不要在阳光照射到的地方涂抹香水，因为酒精在阳光的暴晒下会在肌肤上留下斑点。此外，紫外线也会使香水中的有机物发生化学反应，引起皮肤过敏。

香水可以被喷洒在干净或刚洗好的头发上。若头发上有尘垢或者油脂，则会令香水变质。香水不应被喷洒在干枯和脆弱的头发上，以避免对头发造成伤害。

香料为有机物，易与金、银、珍珠发生反应并使之褪色、受损，因此香水不能被直接喷洒于首饰上，可先喷洒香水再戴首饰。

不要将香水喷洒在皮毛上，这样不仅会损害皮毛，还会使皮毛的颜色发生改变。将香水喷洒在羊毛、尼龙的衣料上不容易留下斑点，不过香味留在纯毛衣料上会较难消散。

② 香水的用法。

● 涂抹。将香水涂抹在手腕、颈部、耳后、臂弯等有脉搏跳动的部位，这样香味可随着脉搏跳动、肢体转动而飘溢散发；将香水涂抹于腰部、髋关节，可以让余香更持久；将香水涂抹于脚踝处，可使香味飘散得更自然。

【小贴士】

香水使用“七点法”

将香水分别喷于左右手腕静脉处，用双手中指及无名指轻触对应手腕静脉处，随后轻触双耳后侧、后颈部；轻拢头发，并于发尾处停留稍久；用双手手腕轻触对应的手肘内侧；使用喷雾器将香水喷于腰部左右两侧；用左右手指分别轻触腰部喷香水处，用沾有香水的手指轻触左右腿膝盖内侧、脚踝内侧，“七点法”到此结束。注意所有轻触动作都不应有摩擦，否则香料中的有机物可能会发生化学反应，破坏香水的原味。

- 喷洒。我们可以将香水喷洒在衣服上，一般多喷洒于内衣、外衣内侧、裙下摆及衣领后面；还可以将香水向空中轻轻喷洒几下，在头顶形成一片香雾，随后立于香雾中，让香气轻轻撒落在身上，散发出怡人的气息。

3. 化妆的注意事项

（1）进行妆后检查。我们在完成上述化妆步骤后要进行妆后检查，可从以下几个方面着手。

① 检查左右是否对称。检查眼、眉、腮、唇、鼻侧等两边的形状、长短、大小、弧度是否对称，色彩浓淡是否一致。

② 检查过渡是否自然。检查脸与脖子、鼻梁与鼻侧、腮红与脸色、眼影、阴影层次等过渡是否自然。

③ 检查整体与局部是否协调。检查各局部是否缺漏、碰坏、符合整体要求，浓淡是否达到应有的效果，整个妆面是否协调统一。

④ 检查整体是否完美。化妆要忌“手镜效果”，即把镜子贴近脸部检查。虽然这样能看清细小的部分，但他人一般是在 1 米之外与你面谈或打招呼的，所以你要在镜前 50 厘米处审视自己，对脸部整体的平衡做出正确的判断。

【小贴士】

如何卸妆

① 卸除睫毛膏。将假睫毛取下，如果你戴了假睫毛或隐形眼镜，那么一定要先将其取下。将化妆棉用眼部专用卸妆液沾湿后对折，闭上双眼，两手各用两根手指夹住化妆棉并上下压住睫毛，夹紧包住，注意，不要忽略睫毛根处。等待 3～5 秒，让化妆棉上的眼部专用卸妆液将睫毛上的睫毛膏完全溶解。轻轻地移动化妆棉，以便将睫毛膏拭去。通常，睫毛膏无法一次完全去除，你可以重复上面的步骤，直至完全去除为止。

② 卸除眼影及眼线。取一片化妆棉，同样以眼部专用卸妆液将其沾湿。闭上眼，将化妆棉用食指、中指与无名指夹紧，覆盖于眼皮上两三秒。将化妆棉轻轻地往眼尾拉，以便拭去眼皮上的眼影。如果因为使用了防水眼线而没有去除干净，那么可再重复操作。

③ 卸除不沾杯唇膏。用面纸按压嘴唇，吸掉唇膏里的油分。用两片蘸满卸妆液的棉片轻敷嘴唇，微笑使唇纹舒展。由外围向唇部中心垂直卸除，不要来回搓。打开嘴角，将棉片对折，清理容易遗落的残妆。

④ 卸除面部妆容。将卸妆产品适量涂抹于脸上，用指腹轻轻按摩脸部，让卸妆产品将脸上的彩妆充分溶解。细小的地方，如鼻梁两侧、嘴角、发际线等处也要彻底卸妆。用面纸将脸上所有的东西都拭去，若一次卸不干净，则重复同样的步骤。

（2）不忽视颈部的修饰。在做好发型和面部化妆后，我们要使面部的色彩和身体的色彩很好地衔接，使化妆风格与服饰协调一致，还要使颈部的可见部分和面部的妆色和谐，所以必须对颈部进行修饰。对于颈部修饰，可用比基础底色深一度的粉底轻轻涂抹衣领以上的暴露部位，并用定妆粉进行定妆。中老年人的颈部多有皱纹，在化妆前应充分保湿，尽量不用定妆粉进行定妆，直接用餐巾纸吸干即可。当皱纹太多需要遮盖时，需先粘贴一层薄化妆纱

（牵引纱）将皱纹进行遮盖，再打粉底。

（3）化妆应力求柔和、协调。为了达到自然美的目的，化妆应尽量做到柔和、协调，并做到细施轻匀，既要有形与色的渲染，又要富于自然气息，使他人难以看出明显的涂抹痕迹和晕染界线。特别是眼影、腮红部位的晕染更要注意这一点。

（4）要讲究色调的统一和颜色的适中。化妆基础底色的色彩要与肤色相似，要讲究色调的统一和颜色的适中。例如，肤色白的人应选用比肤色略深一号的粉底，腮红和口红也应选用浅色的；肤色较深的人应选用玫瑰色蜜粉或较其肤色略深一号的蜜粉，采用深色的腮红和口红等，与肤色的反差不能太大。化生活妆切忌颜色的堆砌，如果在脸上厚厚地涂一层基础底色，看上去像戴着面具，就没有美感可言了。因此，切忌在原有化妆的基础上再涂抹化妆品，否则会显得不干净或不伦不类。

（5）化妆的浓淡应视实际场合而定。白天是人们工作的时间，宜化淡妆，轻点朱唇淡扫眉，妆色应健康、明朗、端庄。工作场合对女性的化妆要求是淡妆上岗。在国外，在正式场合不化妆会被认为对对方不尊重，是不礼貌的行为。晚宴妆、舞会妆宜化得浓艳些。在外出旅游或参加剧烈运动时，最好不要化浓妆，否则在自然光线下会显得很不自然。

【小贴士】

古诗欣赏

饮湖上初晴后雨

苏轼

水光潋滟晴方好，山色空蒙雨亦奇。
欲把西湖比西子，淡妆浓抹总相宜。

（6）化妆的色彩要与季节、场合相适宜。在不同的季节和时间应选用不同的色彩。例如，在炎夏酷暑时，应采用冷色系的化妆品，化妆后让人产生清新、凉快之感；冬天天气寒冷，宜采用色彩鲜艳的暖色调化妆品，鲜艳的色彩会使人感到温暖；晚妆要浓而艳丽，色彩丰富，增强立体感，使妆容显得明艳且轮廓分明。

（7）化妆要因人而异。化妆要充分重视个体的性别、年龄、职业情况，尤其重视个性特点及其社会角色因素。化妆的目的是美化个体，化妆得当可以增加个人魅力。将目前最流行的化妆品和化妆方法应用到肤色完美、相貌出色的模特身上可以产生最迷人的效果，而把同样的化妆品及化妆方法应用在一般人身上可能会产生不伦不类的效果。完美的化妆应该是配合个体自身的条件，创造出属于自身独特风格的美，让个体建立起对自己容貌的信心，让塑造出的美丽成为个体自身的美。

（8）化妆要扬长避短。每个人都要了解自己的短处，但又不能总盯着自己的短处，而应当以化妆来掩盖短处，还要注意突出自己的优点。采取扬长避短的方法效果往往更好。

（9）化妆要与服饰相配合。尤其是当化妆的色彩要与肤色、服装、饰物等处于同一个中心要素之中时，要考虑到质感、厚感、光感、线感等诸多方面的协调性，充分强调化妆的整体协调效果。

【小贴士】

化妆的禁忌

化妆有很多禁忌，很多都是日常生活中我们不经意的化妆习惯，千万别小看这些习惯，如果不注意，就会有损形象。

① 切忌在公共场合化妆。在众目睽睽之下化妆是非常失礼的，这样做有碍于他人，也不尊重自己。

② 女士不能当着男士化妆。如何让自己更加妩媚，应是女士的私人问题，即便是丈夫或男朋友，这点距离也是要有的，从某种意义上说，“距离”就是美。

③ 不能非议他人的妆容。由于个人文化修养、皮肤及种族的差异，每个人对妆容的要求及审美是不同的。不要总认为只有自己的妆容才是最好的。在和他人交往的过程中，即便是好朋友，也不要主动去为别人化妆、改妆及修饰，这样做就是强人所难和热情过度。

④ 不要借用别人的化妆品。如果确实忘了带化妆品而又需要化妆，那么除非别人主动给你提供方便，否则千万不要用别人的化妆品，因为这是极不卫生的，也是很不礼貌的。

⑤ 男士不宜使用过多的化妆品。目前，男士化妆品越来越多，但男女有别。男士不能使用过多的化妆品，否则会给人带留下不良的印象，更不能让人产生男扮女装的感觉。

4. 不同脸形的化妆

脸部化妆一方面要突出面五官最美的部分，使其更加美丽；另一方面要掩盖缺陷或弥补不足的部分。经过化妆品修饰的美有两种：一种是趋于自然的美，另一种是艳丽的美。前者是通过恰当的淡妆来实现的，它给人大方、悦目、清新的感觉，最适合在家或平时上班时使用。后者是通过浓妆来实现的，它给人庄重、高贵的感觉，可出现在晚宴、演出等特殊的社交场合。无论是淡妆还是浓妆，都要利用各种技术，恰当地使用化妆品，通过一定的艺术处理，来达到美化形象的目的。

（1）椭圆形脸的化妆。椭圆形脸可谓公认的理想脸形，化妆时宜注意保持其自然形状，突出其可爱之处，不必通过化妆去改变脸形。

打粉底：将浅色粉底涂在脸的中部，使面部显得丰满；将阴影色涂在额部上缘靠近发际的部位和下颌部位，以便减弱纵长的感觉，使之显得圆润、丰满；将提亮色涂在鼻子中部，鼻侧影不宜过长，在鼻头的下端涂阴影色。

修眉毛：可顺着眼睛的轮廓修成弧形，眉头应与内眼角齐，眉尾可稍长于外眼角。

上腮红：应涂在颊部颧骨的最高处，再向上、向外揉化开去。

涂唇膏：除嘴唇唇形有缺陷外，尽量按自然唇形涂抹。

正因为椭圆形脸无须太多的掩饰，所以化妆时一定要找出脸部最动人、最美丽的部位，而后使之突出，以免给人平平淡淡、毫无特点的印象。

（2）长形脸的化妆。拥有长形脸的人，在化妆时力求达到的效果应是增加面部的宽度。

打粉底：若双颊下陷或者额部窄小，则应在双颊或额部涂以浅色调的粉底，造成光影，使之变得丰满一些。

修眉毛：应令其成弧形，切不可有棱有角的；眉毛的位置不宜太高，眉毛尾部切忌高翘。

上腮红：应注意离鼻子稍远些，以便在视觉上拉宽面部；在涂抹时，可沿颧骨的最高处与太阳穴下方所构成的曲线部位，向外、向上抹开去。

涂唇膏：将唇峰向外勾画，以便使嘴唇看起来圆润、饱满，嘴唇底部可勾画得略微宽些。

（3）圆形脸的化妆。圆形脸给人可爱、玲珑之感，将其修正为椭圆形并不难。

打粉底：可在两颊造出阴影，使圆形脸瘦削一点；选用暗色调粉底，从额头靠近发际线处起向下窄窄地涂抹，至颧骨下可加大涂抹的面积，使脸部亮度自颧骨以下逐步集中于鼻子、嘴唇、下巴附近部位。

修眉毛：可修成自然的弧形，可做少许弯曲，不可太平直或有棱角，也不可过于弯曲。

上腮红：可从颧骨起始处涂至下颌部，注意不能简单地在颧骨突出部位涂成圆形。

涂唇膏：可在上嘴唇涂成浅浅的弓形，不能涂成圆形的小嘴状，以免有圆上加圆之感。

（4）方脸形的化妆。方脸形的人以双颊骨突出为特点，因而在化妆时要设法加以掩蔽，增加柔和感。

打粉底：可用暗色调粉底在颧骨最宽处造出阴影，令其方正感减弱；下颌部宜用大面积的暗色调粉底造出阴影，以改变面部的轮廓。

修眉毛：应修得稍宽一些，眉形可稍带弯曲，不宜有角。

上腮红：宜与眼部平行，切忌涂在颧骨最突出处，可抹在颧骨稍下处并往外揉开。

涂唇膏：可涂丰满一些，强调柔和感。

（5）三角形脸的化妆。三角形脸的特点是额部较窄而两腮较宽，整个脸部呈上窄下宽状。化妆时应将下部宽角“削”去，把脸形变为椭圆形。

打粉底：可用较深色调的粉底在两腮部位涂抹、掩饰。

修眉毛：宜保持自然状态，不可太平直或太弯曲。

上腮红：可由外眼角处起始，向下抹涂，将脸部上半部分拉宽一些。

涂唇膏：上唇宜描得高些，且加宽唇角，并将下唇的中央部位加宽；勿将唇形描小，否则会强调出脸部的宽度；在描画时应以带有光泽的唇膏将唇部描得丰满些。

（6）倒三角形脸的化妆。倒三角形脸的特点是额部较宽大而两腮较窄小，呈上宽下窄状。人们常说的瓜子脸、心形脸就是这种脸形。在化妆时，其诀窍与三角形脸相似，但需要修饰的部分正好相反。

打粉底：可将较深的粉底涂在过宽的额头两侧，将较浅的粉底涂抹在两腮及下巴处，造成掩饰上部、突出下部的效果。

修眉毛：应顺着眼部轮廓修成自然的眉形，眉尾不可上翘，描时从眉心到眉尾宜由深渐浅。

上腮红：应涂在颧骨最突出处，而后向上、向外揉开。

涂唇膏：宜用颜色稍亮些的唇膏，以加强柔和感，唇形宜稍宽厚些。

【小故事】

换妆

吴菲，某高校文秘专业的高才生，毕业后就职于一家公司做文员。为适应工作需要，她毅然放弃了“清纯少女妆”，化起了整洁、漂亮、端庄的“白领丽人妆”：不脱色粉底，修饰自然、稍带棱角的眉毛，与服装色系搭配得当的偏浅色的眼影，紧贴上睫毛根部描画的灰棕色眼线，黑色自然型睫毛，再加上自然的唇形和略显浓艳的唇色。虽化了妆，却好似没有化妆，整个妆容清爽自然，尽显自信、成熟、干练的气质。但在公休日，她又给自己来了一个“大变脸”，化起了久违的“清纯少女妆”：粉蓝或粉绿、粉红、粉黄、粉白等颜色的眼影，彩色系列的睫毛膏和眼线，粉红或粉橘的腮红，自然系的唇彩或唇油，看上去娇嫩欲滴、鲜亮淡雅，让人整个身心都倍感轻松。

心情好，工作效率自然就高。一年来，吴菲以自己得体的外在形象、勤奋的工作态度和骄人的业绩，赢得了同事的好评。

【点评】有人说：“化妆不只是技术，还是一门艺术、一种生活。”这句话一点也不错，吴菲的两种妆容正是这句话的体现，得体的妆容给她带来美丽、风采和自信。

【课堂训练】

根据自己的脸形、五官特征和皮肤状态，找到自己化妆时必须掩盖和修饰的部分并找到相应的方法。

第二节　服饰选择

服饰是人形体的外延，包括上衣、裤子、裙子、帽子、袜子、鞋、手套及各类服饰物，它们一同起着遮体御寒、美化人体的作用。服饰又是一种无声的语言，传递着一个人的个性、身份、涵养及其心理状态等多种信息。一个人穿戴什么样的服饰，直接关系到别人对其个人形象的评价。事实证明，服饰只有与穿戴者的气质、个性、身份、年龄、职业，以及穿戴的环境和时间协调一致，才能真正达到美的境界。古希腊“和谐就是美”的美学观点在服饰美中得到了充分体现。

一、服饰选择的原则

1. 与场合协调原则

人置身于不同的环境、不同的场合就应该穿戴不同的服饰，要注意所穿戴的服饰与社交场合的协调。人们所涉及的场合主要有 3 种：公务场合、社交场合、休闲场合。

公务场合的着装以庄重、保守为基本要求，一般着正装，男士穿西装，女士穿西装套裙，特殊行业穿制服，不宜着时装、便服。

社交场合的着装以时尚有个性的服装为首选，不宜穿过分保守的服装，以穿礼服、时装、民族特色服装为佳。

休闲场合的着装以舒适、自然为基本要求，可以根据自己的爱好和体形，选择牛仔装、运动装、休闲装、便服等，此时着正装会显得很不协调。

2. 与社会角色协调原则

在社会生活中，我们每个人都扮演着不同的角色。社会心理学家认为，不同的社会角色适用不同的社会行为规范。在服饰的穿戴方面自然也不无规矩，因此一个人的着装应与组织的公众形象，以及自己的职业、职级、性别协调。

3. 与自身条件相协调

人们追求服饰美，就是要借服饰之美来装扮人自身，即利用服饰的质地、色彩、图案、造型和工艺等因素来美化自己。我们在了解服饰诸因素的同时，必须充分了解自身的特点，只有这样，才能达到扬长避短的目的。

4. 与穿戴时节协调原则

只注重场合、社会角色和自身条件而不顾时节变化的服饰穿戴自然也是不可取的。例如，在夏季人们应当以凉爽、简洁、轻柔为着装格调，在使自己凉爽舒适的同时，应当给予他人视觉和心理方面的良好感觉，层叠褶皱过多、色彩浓重的服饰就不适宜。

以上是服饰选择的基本原则，除此之外，我们还应特别注意保持服饰的整洁。整洁是服饰美的根本。

【小案例】

事与愿违

郑伟是一家大型国有企业的总经理。有一次，他获悉一家著名的德国企业的董事长正在本市进行访问，并有寻求合作伙伴的意向。于是他想尽办法，请有关部门为双方牵线搭桥。

让郑伟欣喜若狂的是，对方也有兴趣同他所在的企业进行合作，而且希望尽快与他见面。到了双方会面的那一天，郑伟对自己的形象刻意进行了一番修饰，他根据自己对时尚的理解，上穿夹克衫，下穿牛仔裤，头戴棒球帽，足蹬旅游鞋。无疑，他希望自己能给对方留下精明强干、时尚新潮的印象。然而事与愿违，让郑伟自我感觉良好的这一身时尚的行头却偏偏坏了他的大事。

【问题】郑伟的错误在哪里？郑伟的德国同行对此会有何评价？

二、男士西装的穿着

1. 男士西装的选择

（1）选择合适的款式。西装的款式可分为英国、美国和欧洲三大流派。尽管西装在款式上有流派之分，但是各流派之间的差异并不大，只是在后开衩的部位、扣子的排数、领子的宽窄等方面有所不同。不过，在胸围、腰围的大小，以及肩的宽窄上还是有所变化的。因此，我们在选择西装时，要充分考虑自己的身高、体形，如较胖的人最好不要选择瘦型短西装，而较矮的人最好不要穿上衣较长、肩较宽的双排扣西装。

（2）选择合适的面料和颜色。西装的面料要挺括一些。正式礼服的西装可采用深色（如黑色、深蓝、深灰等）的全毛面料制作。日常穿的西装颜色可以有所变化，面料也可以不必讲究，但必须熨烫挺括。如果穿着皱巴巴的西装，就会损害自己的交际形象。

（3）选择合适的衬衣。男士在穿着西装时，一定要穿带领的衬衣。花衬衣配单色的西装效果比较好，单色的衬衣配条纹或带格西装比较合适，方格衬衣不应配条纹西装，条纹衬衣也不要配方格西装。

（4）选择合适的领带。在社交场合穿西装必须打领带，领带的颜色、花纹和款式要与所穿的西装协调。领带的面料以真丝为最优。

【小贴士】

领带的来历

领带起源于英国男子衣领下的专供擦嘴的布。在第一次工业革命前，英国也是一个落后的国家，人们吃肉时用手抓，并大块大块地捧到嘴边去啃，而成年男子流行留络腮胡子，在啃大块肉时就会把胡子弄脏，于是就用袖子去擦。为了对付男子这种不爱干净的行为，妇女们在男子的衣领下挂了一块布，专供他们擦嘴用，久而久之，衣领下面的这块布就成了英国男式上衣传统的附属物。在工业革命后，英国发展成为一个发达的资本主义国家，人们对衣食住行都很讲究，挂在衣领下的布就演变成了领带。

2. 男士西装的穿着要求

（1）合体的上衣与衬衣。合体的西装上衣应长过臀部，四周下垂平衡，当手臂伸直时，上衣的袖子恰好过腕部，领子应紧贴后颈部。

男士在穿西装时必须穿长袖衬衣，衬衣最好不要过旧，领子一定要硬扎、挺括，外露的部分一定要平整、干净。衬衣下摆要掖在裤子里，领子不要翻在西装外，衬衣的袖子应长于西装的袖子。衬衫领子应稍露出外衣领。衬衫的袖口也应长出外衣袖口 1～2 厘米。

（2）内衣不可过多。穿西装时切忌穿过多的内衣。衬衣内除了背心之外，最好不要再穿其他内衣。如果确实需要穿内衣，那么一定不要将内衣的领圈和袖口露出来。如果天气较冷，那么可以在衬衣外面穿一件毛衣或毛背心，但毛衣一定要紧身，不要过于宽松，以免穿上显得臃肿，影响穿西装的效果。

（3）打好领带。正式场合的领带以深色为宜，非正式场合的领带以浅色、艳丽为宜。领带的颜色一般不宜与服装颜色完全一样（参加凭吊活动穿黑西装系黑领带除外），以免给人呆板的感觉。具体做法：领带的底色可与西装的颜色属于同色系或是邻近色，但二者颜色的深浅和明暗应不同，如米色西装配咖啡色领带；领带与西装同是暗色，但颜色形成对比，如黑西装配暗红色领带；一色的西装配花领带，花领带上的一种颜色尽可能与西装的颜色相呼应。

领带主要有 5 种打法，如图 1-2～图 1-6 所示。

① 平结。平结为男士选用最多的领结打法之一，几乎适用于各种材质的领带。要领：领结下方所形成的凹洞，需让两边均匀且对称。

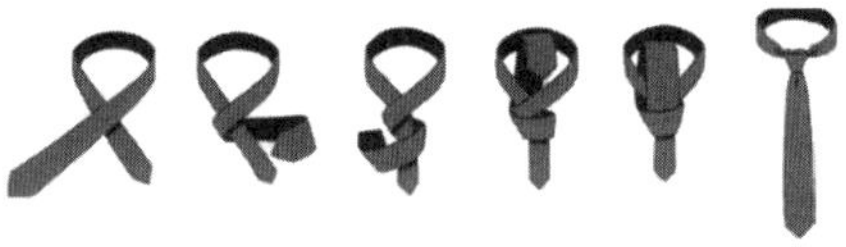

图 1-2　平结

② 交叉结。交叉结是适合单色素雅、质料较薄的领带选用的领结。喜欢展现流行感的男士不妨多加使用。

图 1-3　交叉结

③ 双环结。双环结能营造时尚感，适合年轻的上班族选用。完成后的特色就是第一圈稍露出第二圈之外，千万不要刻意盖住。

图 1-4　双环结

④ 温莎结。温莎结适用于宽领的衬衫。该领结应多往横向发展，应避免材质过厚的领带，领结也勿打得过大。

图 1-5　温莎结

⑤ 双交叉结。双交叉结很容易给人一种高雅且隆重的感觉，适合在正式场合选用。该领结应多被运用在素色且丝质领带上，若搭配大翻领的衬衫，不但适合，而且有种尊贵感。

图 1-6　双交叉结

领结需靠在衣领上，但不能勒住脖子，也不能太往下，太往下会显得松松垮垮、不精神。在打好领带后，领带垂下的长度应触及腰带，超过腰带或不及腰带都不符合要求。领带应用领带夹固定。在穿着单排扣的西装时，由于不扣纽扣的时间较多，人们在做动作时容易使领带飘起来，因此可以夹领带夹。领带夹应当夹在衬衣纽扣从上往下数第四或第五粒处。别针可以夹在西装左衣领上，约与第三粒衬衣纽扣平齐。若领带夹要与别针一起使用，则应选用同款同色的。

【小故事】

领带的问题

某家大型企业面向北京各高校发出了招聘业务员的启事，希望能招到具有专业知识的有志青年，充实企业的第一线。根据收到的求职材料，企业招聘人员约了一位经济管理专业的男生来面试。这位男生身材微胖，个头不高。面试时，他面容修饰一新，衣着也十分正式——穿西装、打领带，但可能是为了舒服，他的领带松松垮垮地挂在脖子上，衬衣最上面一粒扣子也解开了。这一形象使他没有通过面试。人事总监说：“我认为你不可能仅仅由于打了一条领带而得到一个职位，但我可以肯定的是，打错了领带会使你失去一个职位。”

（4）裤子合体。西装的裤子要合体，要有裤线，裤长要触及脚面并余 1～2 厘米。西装裤兜内不宜放重物。

（5）鞋袜整齐。穿西装一定要穿皮鞋，而不能穿布鞋或旅游鞋。皮鞋的颜色要与西装协调。皮鞋应被擦亮，不要蒙满灰尘。穿皮鞋还要配上合适的袜子，袜子的颜色应与西装的颜色相同或者相近，切忌选配浅色的袜子。搭配正装的袜子应选用与西装外套同色系的深色棉袜，以干净、完整、合脚为宜。男士为避免在坐下时露出腿毛，应当穿黑色或者深蓝色的不透明中长筒袜。

（6）扣好扣子。西装不同，其扣子的系法也不同。

【小贴士】

西装纽扣的系法

穿单排一粒扣西装，扣与不扣均可。穿单排两粒扣西装，扣子全部不扣表示随意、轻松；只扣一面上粒表示庄重；全扣则不合适。穿单排三粒扣西装，扣子全部不扣表示随意、轻松；只扣中间一粒表示正统；扣上面两粒表示庄重；全扣也是不对的。穿双排扣西装，可全部扣，亦可只扣上面一粒，表示轻松 、时尚，但不可不扣。穿三件套西装，应扣好马甲上所有的扣子，外套的扣子不扣。

关于男士西装纽扣的扣法还有“站时系扣，坐时解扣”的说法。男士在站立时，要把西装纽扣扣好，这样在讲话、做手势时，西装才不会随着肢体乱跑，整体线条看起来更干净利落。在坐着的时候，男士必须解开西装纽扣，如此西装才能随着身体的弧度，自然服帖地顺势而下，线条看起来比较流畅，也不会让人有被束缚的感觉。

图 1-7 标准的男士西装穿着

（7）配好公文包。男士公文包的面料以真皮为宜，牛皮、羊皮制品最佳；色彩以深色、单色为宜，黑色和棕色最佳；样式以简洁大方为宜，最标准的是手提式长方形的公文包。公文包的大小应保证能够放入 A4 纸或者最好能放得下小型笔记本电脑。

现代社会，随着笔记本电脑的普及和无纸化办公的发展，电脑包大有取代公文包的趋势。在平时的商务活动中，在电脑包中放一个笔记本电脑，外层再放些文件，也是合适的。

（8）穿着程序规范。西装穿着程序可以说是一种礼仪规范，如果等穿戴完毕再梳头，就可能会使头皮屑、脱落的头发掉在西装上，极不雅观。西装穿着的规范程序：梳理头发—更换衬衣—更换西裤—穿皮鞋—打领带—穿上装。

在日常工作及非正式场合的社交活动中，男士可穿西服便装。西服便装的上下装不要求严格配套一致。颜色可上浅下深，面料也可以上柔下挺。可以衬衫、领带配西裤，也可以不打领带、不穿衬衫，而穿套头衫或毛衣。

标准的男士西装穿着如图 1-7 所示。

【小贴士】

男士穿西装高水准三要求

① 三色原则：全身不要超过 3 个颜色，颜色要尽量少，但别完全一样。

② 三一定律：鞋子、腰带、公文包一个颜色；最好皮鞋是黑色的，以表示庄重。

③ 三大禁忌：男士有两种袜子不能穿——尼龙袜和白色袜子；穿夹克打领带等同于外国的穿裤衩和背心；左边袖子上的商标不拆代表未启封。

三、女士服装的穿着

1. 女士西装套裙

【小故事】

女王的着装

1986 年，英国女王伊丽莎白二世访问我国，走出机舱门第一个亮相，穿的是正黄色西装套裙，戴正黄色帽子，在阳光下显得非常绚丽、典雅。这位女王喜欢红色和天蓝色，很少穿黄色衣服。但在我国几千年的历史上，黄色是皇帝的专用色，女王来我国访问穿正黄色裙装，既体现了自己高贵的气质，又显示了她作为一国君主的尊严与威仪，还表现出尊重我国传统文化的友好姿态。

女士服装应讲究配套，款式较简洁，色彩较单纯，以充分表现女士的精明强干、落落大方。

（1）选择合适的西装套裙。

① 面料。面料最好是纯天然质地且质量上乘的。上衣、裙子及背心等应选用同一种面料。在外观上，西装套裙所用的面料讲究的是匀称、平整、滑润、光洁，不仅应有弹性、手感好，还应当不起皱、不起毛、不起球。

② 颜色。颜色应当以冷色调为主，从而体现出穿着者的典雅、端庄与稳重。一套西装套裙的全部颜色不要超过两种，否则会显得杂乱无章。

③ 图案。按照常规，商界女士在正式场合穿着的西装套裙可以不带任何图案。

④ 点缀。西装套裙不宜添加过多的点缀。一般而言，以贴布、绣花、花边、金线、彩条、亮片、珍珠、皮革等点缀或装饰的西装套裙都不适宜商界女士穿着。

⑤ 尺寸。上衣不宜过长，裙子不宜过短。裙子下摆恰好达小腿最丰满处，是最标准、最理想的裙长。紧身式上衣显得较为正统，松身式上衣看起来则更加时髦。

⑥ 造型。H 字形上衣较为宽松，裙子多为筒式；X 字形上衣多为紧身式，裙子大多为喇叭式；A 字形上衣为紧身式，裙子则为宽松式；Y 字形上衣为松身式，裙子多为紧身式，并以筒式为主。

【小贴士】

西装套裙的款式

⑦ 款式。西装套裙款式的变化主要体现在上衣和裙子方面。上衣的变化主要体现在衣领方面，除常见的平驳领、驳领、一字领、圆领之外，还有青果领、披肩领、燕翼领等。裙子的样式常见的有一步裙、筒式裙等，款式端庄、线条优美；百褶裙、旗袍裙、A 字裙等，飘逸洒脱、高雅、漂亮。

（2）选择与西装套裙配套的衬衫。与西装套裙配套的衬衫，有不少讲究。从面料上讲，主要要求轻薄而柔软，如真丝、麻纱、府绸、罗布、涤棉等都可以作为衬衫的面料。从色彩上讲，则要求雅致而端庄，不失女士的妩媚。除了作为基本色的白色，其他颜色，包括流行色，只要不是过于鲜艳，并且与所穿西装套裙的色彩不相互排斥，均可作为衬衫的颜色，不过，还是以单色为最佳选择。同时还要注意，衬衫的颜色应与西装套裙的颜色协调，要么外深内浅，要么外浅内深，以便形成深浅对比。

（3）选择与西装套裙配套的内衣。一套内衣往往由胸罩、内裤、腹带、吊袜带、连体衣等构成。内衣应当柔软贴身，并且起着支撑和烘托女士线条的作用。鉴于此，女士在选择内衣时，最关键的是要选择大小合适的内衣。

内衣所用的面料，以纯棉、真丝等为佳。它的颜色可以是常规的白色、肉色，也可以是粉色、红色、紫色、棕色、蓝色、黑色。不过，一套内衣最好同为一色，而且其各个组成部分宜为单色。就图案而论，穿着者可以根据个人爱好加以选择。

内衣的款式甚多。女士在进行选择时特别应当关注的是，在穿上内衣之后，不应当使它的轮廓在西装套裙之外展现出来。

（4）选择合适的鞋袜。搭配西装套裙的皮鞋以黑色的船形皮鞋为首选，有时也可根据西装套裙的颜色搭配白色皮鞋，但要把握的是，皮鞋的颜色最好比裙子下摆的颜色深一些或与裙子的颜色一致。搭配西装套裙的皮鞋的鞋跟以 3 厘米左右的细跟为最佳选择。鱼嘴鞋、凉鞋、坡跟鞋和皮靴都不能用来搭配西装套裙。

搭配西装套裙的袜子必须是肉色丝袜，且最好是连裤袜或长筒袜，要保证袜口一定在裙子里面，如果露出来，就会变成被人笑话的“三截腿”。白色、花色和其他鲜艳颜色的丝袜及带网眼的丝袜，均不适合在职场中穿着。值得注意的是，容易挂丝是所有丝袜的共性，在穿着丝袜前将其放在冰箱中，就不易挂丝破损。细心的职业女性会在办公室或包里常备一双丝袜，以免出现挂丝的尴尬。

（5）选择合适的皮包。搭配西装套裙的皮包以简洁、大方、实用为宜。女士上班用的皮包款式要与自己的身材和谐。例如，身材高大的女士不适合选择精致、小巧的工作包；反之，身材小巧的女士也不要使用过大、过于笨重的包。

（6）其他配饰的选择。职业女性在穿着西装套裙时，常用的配饰有项链、戒指、耳环、丝巾等，搭配的主要要求是质地统一、合乎身份、以少为宜。

① 项链。项链在西装套裙的搭配中起着点缀作用，所以女士要选择质地上乘、设计精致的项链。同时，项链要适合自己的身材，脖子短粗者可以选择细长型项链，以便增加脖子的修长感；脖子细长者则宜选择多层次、较粗的项链。

②戒指。戒指应根据自己的年龄和手指的粗细选择，还要考虑西装套裙的款式和色调，如端庄的西装套裙就不宜搭配夸张的戒指。

③耳环。搭配西装套裙的耳环不宜夸张、复杂，应当根据自身的肤色和脸形、西装套裙的颜色和风格进行选择，以简洁的耳钉和小巧精致的吊坠耳环为最佳选择。

④丝巾。丝巾搭配西装套装主要起装饰和美化的作用，它可以为素雅暗淡的西装套装增加一抹亮色。丝巾面料以真丝为主，颜色可以亮丽鲜艳，以便使人看起来精神焕发。

标准的女士西装套裙穿着如图 1-8 所示。

图 1-8　标准的女士西装套裙穿着

【小贴士】

女士着装禁忌

无论是着正装还是着休闲装，女士都要讲究文明着装。根据礼仪规范，女士着装要注意以下3个方面的禁忌。

一忌过分裸露。一般来说，凡可以展示性别特征、个人姿色的身体部位，或者令人反感、有碍观瞻的身体隐私部位，均不得有意暴露在外。胸部、腹部、背部、腋下、大腿是公认的着装时不准外露的五大禁区。在特别正式的场合，脚趾与脚跟同样也不能外露。

二忌过分透薄。如果着装过于单薄或透亮，就会让人十分难堪。女士尤其要高度重视这一问题，否则在社交中很容易使别人产生错觉，甚至会受到轻薄之徒的性骚扰。

三忌肥瘦不当。一般来说，女士着装无论什么款式，大小都必须合身。若着装过于肥大，则会让人显得无精打采和懒散；若着装过于瘦小，则不仅会让人觉得拘谨、小气和不自然，还会给自己的行动带来诸多不便。

2. 女士连衣裙

连衣裙是上衣和裙子的结合体，不但能显示女士特有的恬静与妩媚，而且穿着便捷、舒适。连衣裙也可与西装外套等组合搭配，以便提高服装的使用率。连衣裙的造型丰富，有前开襟、后开襟、全开襟和半开襟的；有紧身、宽松、喇叭形、三角形、倒三角形的；有无领、有领的；有方领、尖领、圆角领的；有超短、过膝、拖地的等。各种连衣裙为各种身材的女士在不同场合的穿着提供了大量的选择。

连衣裙的穿着虽以个人爱好、流行时尚来定，但社交场合的连衣裙还应以大方、典雅为宜。单色连衣裙在大多数场合的效果都很好，点、条、格等面料的连衣裙图案也要力求简洁。穿连衣裙要注意避免 3 点：一是受潮流的影响，太流行或趋于怪异，变得俗不可耐或荒诞不经；二是不顾及环境而穿着领口过低、过紧、面料过透的连衣裙，使人感到极不雅观。正所谓“酌奇而不失其真，玩华而不坠其实”。

3. 女士旗袍

旗袍是公认的最能体现女士曲线美的一种服装，它源自满族旗袍。我国是有着几百年旗袍历史的国家，近年来旗袍带着一股从未有过的震撼力在影响着世界各地女士的穿着，它像一种特殊的世界语言，迅速被各种族的人们接受，打破了只有东方女士才适合穿着的传统论断，因而旗袍也可作为社交中的礼服。旗袍作为礼服，一般采用紧扣的高领、贴身、身长过膝、两旁开衩、斜式开襟、袖口至手腕上方或肘关节上端的款式，面料以高级呢绒绸缎为主，配以高跟鞋或半高跟鞋。

【小故事】

总统夫人与旗袍

1984 年春，里根总统及其夫人在访华时，挑选面料做旗袍。她先看中一种金色的织锦缎，但考虑到没有带金色的皮鞋与之配套，便改选一种以深红色为底色的中国织锦缎旗袍。在里根总统的告别招待会上，她穿上这件深红底色的中国织锦缎旗袍，配上一双深色的高跟鞋，显得特别雍容华贵。

【课堂训练】

（1）请男性职业人员在每天出门前对照“男士仪容仪表自我检测”仔细审视自己，看看自己哪些方面需要改进，以便养成良好的习惯。

男士仪容仪表自我检测

衬衣领口整洁，纽扣已扣好。

耳部清洁干净，耳毛不外露。

领带平整、端正。

衣、裤袋口平整伏贴。衬衣袖口清洁，长短适宜。

手部清洁，指甲干净整洁。

衣服上没有脱落的头发和头皮屑。

裤子熨烫平整，裤缝折痕清晰。裤腿长及鞋面。拉链已拉好。

鞋底与鞋面都很干净，鞋跟无破损，鞋面已擦亮。

（2）请女性职业人员在每天出门前对照“女士仪容仪表自我检测”仔细审视自己，看看自己哪些方面需要改进，以便养成良好的习惯。

女士仪容仪表自我检测

服饰端庄：不太薄、不太透、不太露。

领口干净，脖子修长，衬衣领口不过于复杂和花哨。

饰品不过于夸张和突出，款式精致、材质优良，耳环小巧、项链精细，走动时安静无声。

公司标志佩戴在规定的位置，私人饰品不与之争夺他人的注意力。

衣袋中只放小而薄的物品，衣装轮廓不走样。

指甲精心修理过，不太长、不太怪、不太艳。

裙子长短、松紧适宜。拉链拉好，裙缝位正。

衣裤或裙子及上衣的表面无明显的内衣轮廓痕迹。

鞋洁净，款式大方、简洁，没有过多的装饰与颜色，鞋跟不太高、不太尖。

衣服上没有脱落的头发和头皮屑。

丝袜无勾丝、无破洞、无修补痕迹，包里有一双备用丝袜。

第三节　仪态设计

仪态又称体态，是指人的身体姿态和风度。身体姿态是身体所表现的样子，风度则是内在气质的外在表现。人的一举手、一投足、一弯腰乃至一颦一笑，并非偶然、随意的，这些行为举止自成体系，像有声语言那样具有一定的规律，并具有传情达意的功能。人们可以通过自己的仪态向他人传递自己的学识与修养。

在社交中，仪态是极其重要且有效的交际工具，它用一种无声的语言向人们展示一个人的道德、学识、文化品位等方面的素质和能力。用优良的仪态礼仪表情达意，往往比语言更让人感到真实、生动。因此，我们在现代交际中必须举止优雅，做到仪态美。

一、体态

1. 站姿

俗话说：“站如松。”站姿是人类的一种象征，男子的站姿应如劲松，具有男子汉刚毅英武、稳重有力的阳刚之美；女子的站姿应如静松，具有女子轻盈典雅、亭亭玉立的阴柔之美。正确的站姿是有自信心的表现，会给人留下美好的印象。

（1）标准的站姿。标准的站姿，从正面看，全身笔直，精神饱满，两眼正视（而不是斜视），两肩平齐，两臂自然下垂，两脚跟并拢，两脚尖张开一定的角度，使身体中心落于两腿正中；从侧面看，两眼平视，下颌微收，挺胸收腹，腰背挺直，手中指贴裤缝，整个身体庄重挺拔。

标准站姿的要领：一是平，即头平正、双肩平、两眼平视；二是直，即腰直、腿直，后脑勺、背、臀、脚后跟成一条直线；三是高，即重心上拔，看起来显得高。标准的站姿如图 1-9 和图 1-10 所示。

图 1-9　标准的站姿（正面）

图 1-10　标准的站姿（侧面）

【小贴士】

站姿与性格

双腿并拢站立者，给人的印象是可靠、意识健全、脚踏实地且忠厚老实，但有时显得有点冷漠。

两腿分开尺余，脚尖略朝外偏的站姿，说明站立者果断、任性、富有进取心、不装腔作势。

双腿并拢站立，一脚稍后，两足平置于地面上，说明站立者有雄心、性格暴躁、积极进取、极富冒险精神。

站立时一脚直立，另一脚弯置其后，以脚尖触地，说明站立者情绪不稳定、变化多端、喜欢刺激与挑战。

（2）不同场合的站姿。在升国旗、奏国歌、接受奖品、接受接见、致悼词等庄严的场合，我们应采取严格的基本站姿，而且神情要严肃。在发表演说、做新闻发言、做报告时，为了减少身体对腿的压力，减轻长时间站立导致的双腿的疲惫感，我们可以将双手支撑在讲台上，双腿轮流放松。在主持文艺活动、联欢会时，我们应将双腿并拢站立，女士最好站成丁字步，让站立姿势更加优美。在站丁字步时，上体前倾，腰背挺直，臀微翘，双腿叠合，玉立于众人间，富于女性魅力，如图 1-11 所示。门迎、侍应人员往往站的时间很长，双腿可以平分站立，双腿分开距离不宜

图 1-11　丁字步

超过肩宽。双手可以交叉或前握垂放于腹前，也可以在背后交叉，将右手放到左手的掌心上，但要注意收腹。礼仪小姐的站立要比门迎、侍应人员更趋于艺术化，一般可采取立正的姿势或丁字步。当双手端执物品时，上手臂应靠近身体两侧，但不必夹紧，下颌微收，面含微笑，以便给人优美、亲切的感觉。

【小贴士】

站姿练习

要形成正确的站姿，不仅要掌握基本理论要求，还要进行科学的训练。练习者从最初的基本状态，到形成正确的站姿，需要进行耐心、认真和持之以恒的练习。

① 对镜练习。练习者在明确站姿要求的基础上面对镜子进行训练，从镜子中观察自己的姿态是否准确、优美，在必要时可请他人进行协助和指导。练习者在找到标准站姿的感觉后，要坚持每次20分钟左右的训练，以便巩固动作技能，形成习惯性的正确站姿。

② 靠墙站立练习。靠墙站立练习要求五点成一条线，即脚后跟、小腿、臀部、双肩、后脑勺都要紧贴墙壁，如图1-12所示。每次练习时间应控制在20～30分钟，直至延长至40分钟。

③ 工具辅助练习。在前两项练习的基础上，练习者可增加练习难度，使用工具辅助练习，工具为书。练习者要将一本厚度适中的书放在头顶中心位置，为使书不掉下来，头、躯须挺直，自然保持平衡，如图1-13所示。这种训练方法可以纠正低头、仰脸、晃头及左顾右盼等不良习惯。每次练习时间应控制在20～30分钟。

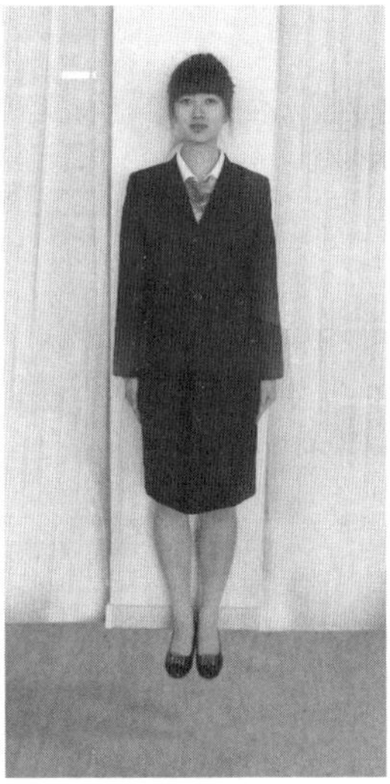

图1-12　靠墙站立练习

图1-13　头顶书练习站姿

2. 坐姿

俗话说：“坐如钟。”坐姿是人们在人际交往中采用最多的一种姿势，它是一种静态姿势。优雅的坐姿给人一种端庄、稳重、威严的美。

（1）标准的坐姿。在入座时，我们要坚持尊者为先的原则，不要争抢；通常侧身走近椅子，从椅子的左侧就座，如果背对椅子，就要先站好，保持标准的站姿，再将右腿后退一点，用小腿确定椅子的位置，上身正直，目视前方入座。入座时声音要轻，动作要缓。在入座过程中，腰、腿部的肌肉要稍有紧张感。女士在着裙装入座时，要用双手从后拢平裙摆，不可在入座后整理衣裙。

在坐着时，上身正直而稍向前倾，头、肩平正，腰部内收，通常只坐椅子的 1/2～2/3 处，两臂贴身下垂，两手可以搭放在椅子扶手上，在无扶手时，女士将右手搭在左手上，放于腹部或者轻放于双腿之上；男士将双手掌心向下，自然放于膝盖上。男士的膝盖可以自然分开，但不可超过肩宽；女士的膝盖不可以分开。女士要注意使膝盖与脚尖的距离尽量拉远，以使小腿部分看起来修长，当脚背用力挺直时，脚尖与膝盖的距离最远，可在视觉上产生延伸的效果，使小腿部分看起来修长、腿部线条优美。当与他人进行交谈时，我们要注意不能只是转头，而应将整个上身朝向对方，以示对其的重视和尊敬。

我们在离座时要先以语言或动作向周围的人示意，方可站起，突然一跃而起会使周围的人受到惊扰；同入座时一样，要注意按次序进行，尊者为先；起身时不要弄出响声，站好后才可离开，同样要从左侧离座。

人在坐着时，由臀部支撑上身，减少了两腿的承受力。由于身体重心下降，上身适当放松，可减轻心脏的负担。因此，坐姿是一种可以维持较长时间的姿势。它既是一种主要的休息姿势，又是一般的工作、劳动、学习姿势，还是社交、娱乐的常见姿势。因此，坐姿要求端正、大方、舒展。标准的坐姿如图 1-14 和图 1-15 所示。

图 1-14　标准的坐姿（正面）

图 1-15　标准的坐姿（侧面）

【小贴士】

坐姿练习

坐姿的常用方式较多，在基本坐姿练习的基础上，练习者可以根据具体情境进行练习，同时加强入座和离座的练习，使整体就座过程连续、流畅，更富感染力。

① 重视基本坐姿练习。在明确坐姿的基本要求和进行站姿练习的基础上，练习者可以进行坐姿练习。在练习过程中，练习者可以采用对镜规范练习、工具辅助练习（如头顶书）等方式。初级练习，每次的练习时间都应保持在 20～30 分钟，以后可随技能的掌握水平，逐渐减少连续练习时间。

② 运用具体情境练习。为提高练习的兴趣、调动学习的积极性，练习者可模拟具体情境进行练习，如招聘会、见面会、校友会等，把坐姿与情境相结合，自行设计并保持坐姿。每次练习时间都应控制在 10～15 分钟，可分多次进行。

③ 加强入座和离座练习。在进行坐姿练习时，往往较重视姿态练习，而忽略过程练习，

因此练习者会表现出动作过程不完整或缺失的现象。入座和离座应分别进行单一动作练习，每次练习时间都应控制在 5～10 分钟。练习者可在完成单一练习后合成动作，保持动作的连贯性和准确性，以达到使坐姿优雅、庄重的目的。

（2）不同场合的坐姿。在谈判、会谈等比较严肃的场合，我们应正襟危坐，但不要过于僵硬。其要求为上体正直，端坐于椅子中部，注意不要使全身的重量只落于臀部，将双手放在桌上、腿上均可，双脚的摆放同标准的坐姿。在倾听他人教导、接受他人指点时，如果对方是长者、尊者、贵客，那么我们除了要坐得端正，还应坐在椅子、沙发的前半部或边缘，身体稍向前倾，以便表现出一种谦虚、迎合、重视对方的态度。在比较轻松、随便的非正式场合，我们可以坐得轻松、自然一些，可适当放松全身肌肉，也可不时变换坐姿，以做休息。

【小贴士】

使用电脑时的坐姿

3. 走姿

俗话说：“行如风。”这说的是走姿，走姿始终处于动态之中，体现了人类的运动之美和精神风貌。男士的走姿要刚健有力、豪迈稳重、有阳刚之气，女士的走姿要轻盈自如、含蓄飘逸、有窈窕之美。

（1）标准的走姿。有人编了走路的动作口诀，体现了走姿的要领：双眼平视臂放松，以胸领动肩轴摆，提髋提膝小腿迈，跟落掌接趾推送。标准的走姿如下：上身基本保持站立的标准姿势，挺胸收腹，腰背笔直，两臂以身体为中心，前后自然摆动；前摆约 35°，后摆约 15°，手掌朝向体内；起步时身子稍向前倾，重心落在前脚掌上，膝盖伸直，脚尖向正前方伸出，行走时双脚踩在一条线的两侧。在正确地行走时，上体的稳定与下肢的频繁规律运动形成对比和谐，干净利落、鲜明均匀的脚步形成节奏感，前后、左右行走动作的平衡对称，都会呈现行走时的形式美。男士走路时两步之间的距离要大于自己的一个脚长，女士穿裙装走路时两步之间的距离要小于自己的一个脚长。在正常情况下，步速要自然舒缓，显得成熟、自信，男士行走的速度标准为每分钟 108～110 步，女士以每分钟 118～120 步为宜。

【小贴士】

不同走姿所反映的心理特征

心理学家史诺嘉丝发现，走路大步，步子有弹性及摆动手臂，显示一个人自信、快乐、友善及富有雄心；走路时拖着步子，步伐小或速度时快时慢则相反。喜欢支配别人的人，走路时倾向于脚向后踢高；性格冲动的人，就像鸭子一样低头急走；而拖着脚走路的人，通常是不快乐或内心苦闷的；女士走路时手臂摆得高，则显示出她精力充沛和快乐。

（2）不同场合的走姿。参加喜庆的活动，步态应轻盈、欢快、有跳跃感，以反映喜悦的心情；参加吊丧活动，步态要缓慢、沉重、有忧伤感，以反映悲哀的情绪；参观展览、探望病人，由于环境安谧，不宜发出声响，因此脚步应轻柔；进入办公场所、登门拜访，脚步应轻而稳；走入会场、走向话筒、迎向宾客，步伐要稳健、大方、充满热情；在婚礼、迎接外宾等重大正式场合，脚步要稳健，节奏稍缓；办事联络，往来于各部门之间，步伐要快捷又稳重，以体现办事者的高效率、干练；陪同来宾参观，要照顾来宾的行走速度，并善于引路。

（3）穿职业装的走姿。

① 穿西装的走姿。由于西装以直线为主，因此穿着者应当走出挺拔、幽雅的风度。在穿西装时，后背保持平正，两脚立直，走姿的步幅可略大些，手臂放松、伸直摆动，手势简洁大方。行走时男士不要晃动，女士不要左右摆髋。

② 穿西装套裙的走姿。西装套裙多以半长筒裙与西装上衣搭配，所以穿着者应该尽量表现出西装套裙干练、洒脱的风格特点。在穿西装套裙时，穿着者应步履轻盈、敏捷、活泼，步幅不宜过大，可用稍快的步速节奏来调和，以使走姿活泼、灵巧。

③ 穿旗袍的走姿。旗袍作为东方晚礼服的杰出代表，在世人眼里拥有经久不衰的美丽。因此，很多服务行业通常将其作为迎宾、引位或者中式宴会厅的职业装。旗袍应表现出东方女性温柔、含蓄的柔美风韵，以及身体的曲线美。因此，穿中式旗袍要求身体挺拔，胸微含，下颌微收；塌腰撅臀是着旗袍的大忌。旗袍必须搭配高跟或中跟皮鞋才能走出这款服装的韵味。在行走时，穿着者应走交叉步直线，步幅要适中，步子要稳，双手自然摆动，髋部可随着身体重心的转移稍加摆动，但上身绝不可跟着晃动。总之，穿旗袍应尽力表现出一种柔和、妩媚、含蓄、典雅的东方女性美。

④ 穿高跟鞋的走姿。女士在正式场合经常穿着黑色高跟鞋，在行走时要保持身体平衡。其具体做法如下：直膝立腰、收腹收臀、挺胸抬头。为避免膝关节前屈导致臀部向后撅的不雅姿态，女士在行走时一定要把踝关节、膝关节、髋关节挺直，只有这样才能保持挺拔向上的形体。行走时的步幅不宜过大，每一步都要走实、走稳，这样走姿才会有弹性并富有美感。

【小贴士】

走姿练习

我们必须经过科学的训练，才可以形成良好的走姿。

① 分步骤基本练习。练习者在初级练习阶段应采用分解式练习，把走姿分成 3 个过程进行练习：提、迈、落。提是指将行进腿的大腿向上提 45°，形成膝盖上提、脚尖向下的姿势，如图 1-16 所示；迈是指行进腿以膝盖为轴，大腿保持不动，小腿向前伸长，脚尖稍离地，如图 1-17 所示；落是指行进腿落地，后脚推前脚，重心前移，如图 1-18 所示。

图 1-16　提

图 1-17　迈

图 1-18　落

在练习时，练习者可先分解练习，再整合动作。节奏可以由三拍过渡至两拍，速度由慢到快。

② 工具辅助练习。为保持走姿的平稳性，练习者可用书作为工具辅助练习。练习者在行进中将一本厚度适中的书放在头顶中心位置，头、躯干挺直，自然保持平衡。这种练习方法可以纠正身体出现的不良习惯，如身体左右摇摆、头部晃动等。每次的练习时间都应控制在20分钟左右。

③ 音乐体验练习。在走姿基本正确后，练习者可以配合音乐进行练习。音乐可采用慢速和中速节奏。这种练习方法不仅可以起到调节情绪的作用，还可以增强动作的韵律感和表现力，培养练习者的艺术素养。

4. 蹲姿

俗话说："蹲要雅。"蹲姿是人的身体在低处取物、拾物、整理物品、整理鞋袜时所呈现的姿势，是人体静态美与动态美的综合。蹲姿要动作美观、姿势优雅。

图1-19 标准的蹲姿

（1）标准的蹲姿。标准的蹲姿有如下要求：要讲究方位，当需要拣拾低处或地面上的物品时，可走到物品的左侧；当面对他人下蹲时，要侧身相向；当需要整理鞋袜或于低处整理物品时可面朝前方，两脚一前一后，一般情况是左脚在前，右脚在后，目视物品，直腰下蹲；在直腰下蹲后，方可弯腰捡低处或地面上的物品，以及整理鞋袜或在低处工作；在取物或工作完毕后，先直起腰部，使头部、上身、腰部在一条直线上，再稳稳站起；行蹲姿时，男士两腿间可留有适当的缝隙，女士则要两腿并紧，在穿旗袍或短裙时需更加留意，以免尴尬。标准的蹲姿如图1-19所示。

（2）蹲姿的种类。

① 高低式。这是常用的一种蹲姿，基本特征是双膝一高一低。此蹲姿男士、女士均可使用。其要领如下：下蹲后，左脚在前，右脚在后；左脚完全着地，小腿基本垂直于地面；右脚脚掌着地，脚跟提起；右膝要低于左膝，右膝内侧可靠于左上腿的内侧，形成左膝高、右膝低的姿态；臀部向下，基本上以右腿支撑身体；女士应注意紧靠双腿，男士两腿之间可有适当的距离，如图1-20所示。

② 单膝点地式。这种蹲姿适用于男士，其特征是双腿一蹲一跪。它是一种非正式的蹲姿，多用于下蹲时间较长或方便用力时。其要领如下：下蹲后，右膝点地，臀部坐在脚跟之上，以脚尖着地；另一条腿全脚掌着地，小腿垂直于地面；双膝同时向外，双腿尽力靠拢，如图1-21所示。

③ 交叉式。这种蹲姿优美典雅，其基本特征是双腿交叉在一起。此蹲姿适用于女士。其要领如下：下蹲后，左脚在前，右脚在后，左小腿垂直于地面，全脚着地；左腿在上，右腿在下，二者交叉重叠，右膝从后下方伸向左前侧，右脚跟抬起，脚掌着地，两腿前后靠近，全力支撑身体；上身略向前倾，臀部朝下，如图1-22所示。

图1-20 高低式蹲姿

图1-21 单膝点地式蹲姿

图1-22 交叉式蹲姿

【小贴士】

蹲姿练习

我们要有意识地、经常地、主动地进行蹲姿练习，以便形成良好的习惯。我们可以运用压腿、踢腿、活动关节等方式加强腿部膝关节、踝关节的力量和柔韧性练习，这是练习优美蹲姿的基础。

我们平时在进行蹲姿练习时可以配上优美的音乐，以便放松心情、减轻单调和疲劳之感。

二、表情

人的面部表情主要表现为眼、眉、嘴、鼻、面部肌肉的变化。这里主要介绍眼神和微笑。

1. 眼神

俗话说："眼睛是心灵的窗户。"眼睛是人体传递信息最有效的器官，而且能表达最细微、最精妙的差异，显示人类最明显、最准确的交际信号。据研究，在人的视觉、听觉、味觉、嗅觉和触觉感受中，视觉感受最为敏感，人由视觉感受到的信息占总信息的 83%。人的七情六欲都能通过眼睛显现出来。

【小故事】

教师的眼神

有一则这样的报道：一所重点中学的百年校庆恰逢德高望重的老教师八十寿辰。这位老教师极富传奇色彩，他所教过的学生，许多已成为蜚声海内外的教授、学者及活跃在时代前沿的 IT 精英。是什么原因使这位老教师桃李满天下呢？学校决定在百年校庆之际把这个谜底揭开。于是，记者便对从该校毕业的多位成功人士，即这位老教师的学生做了一个调查，请他们谈一谈老教师的哪方面对他们的人生影响最大。结果，答案令记者等人很吃惊，他们出奇一致地认为，是老教师的眼神给了他们前进的动力。因为这位老教师的眼神中时刻都流动着鼓励、肯定与信任，这是一笔不可估量的财富，也给了他们无穷的动力。

眼神礼仪的构成，一般涉及时间、角度、部位、方式等几个方面，如表 1-4 所示。

表 1-4　眼神礼仪

项目	眼神礼仪
时间	友好：注视对方的时间应占全部相处时间的 1/3 左右
	关注：在听报告、请教问题时，注视对方的时间应占全部相处时间的约 2/3
	轻视：注视对方的时间不到全部相处时间的 1/3，意味着对其瞧不起或没有兴趣
	敌意：注视对方的时间超过全部相处时间的 2/3，往往表示对对方抱有敌意，或是为了寻衅滋事
	兴趣：注视对方的时间超过全部相处时间的 2/3，还有另一种情况，即对对方产生了兴趣
角度	平视也叫正视，一般用于在普通场合与身份、地位平等之人进行交往
	侧视是一种平视的特殊情况，即位于交际对象的一侧，面向对方，平视着对方
	仰视即主动居于低处，抬眼向上注视他人，适用于面对敬重之人时
	俯视即抬眼向下注视他人，一般用于身居高处之时。它可对晚辈表示宽容、怜爱，也可对他人表示轻慢、歧视

续表

项目	眼神礼仪
部位	注视对方的双眼，表示重视对方，但时间不宜过久
	注视对方的额头，表示严肃、认真、公事公办，适用于极为正规的公务活动
	注视眼部至唇部，是在社交场合面对交际对象时所用的常规方法
	注视眼部至胸部，多用于关系密切的男女间
	注视眼部至腿部，适用于注视相距较远的熟人，亦表示亲近、友善，但不适用于关系普通的异性
	对他人身上的某一部位随意一瞥，可表示注意，也可表示敌意，多用于在公共场合注视陌生人，但最好慎用
方式	直视即直接地注视交际对象，表示认真、尊重，适用于各种情况。若直视他人的双眼，则为对视。对视表示自己大方、坦诚，或是关注对方
	凝视是直视的一种特殊情况，即全神贯注地进行注视。它多用于表示专注、恭敬
	盯视即目不转睛，长时间地凝视交际对象的某一部位。它表示出神或挑衅，故不宜多用
	扫视即视线移来移去，注视时上下左右反复打量。它表示好奇、吃惊，亦不可多用，对异性尤其应禁用
	睨视，又叫睥视，即斜着眼睛注视。它多表示怀疑、轻视，一般应当忌用。在与初识之人交谈时，尤其忌用
	眯视即眯着眼睛注视。它表示惊奇、看不清楚，模样不大好看，故也不宜采用
	环视即有节奏地注视着不同的人或事物。它表示认真、重视，适用于同时与多人打交道，表示自己一视同仁
	他视即与某人交谈时不注视对方，反而望着别处。它表示胆怯、害羞、心虚、反感、心不在焉，是不宜采用的一种眼神

【小贴士】

丰富的眉语

眉语十分丰富，仅眉毛的表情动作就有多种，可以表达出不同的语义（见表 1-5）。在人际交往中，为了体现良好的教养、保持优美的形象，双眉应在自然平直的状态，不要皱眉、挑眉。

表 1-5 眉毛动作的语义

动作	语义	动作	语义
扬眉	喜悦	横眉	轻蔑
展眉	宽慰	皱眉	为难
飞眉	兴奋	锁眉	忧愁
喜眉	欢愉	挤眉	戏谑
竖眉	愤怒	低眉	顺从

【小贴士】

眼神的训练方法

在训练前，练习者应准备好以下物品：小镜子（每人一面）、音乐播放器材、音乐歌曲 CD、优秀影视剧中的演员和节目主持人通过眼神表达内心情感的影像资料等。

以下方法坚持天天训练，不要间断，可使眼睛明亮有神。

① 睁大眼睛训练：有意识地练习睁大眼睛，以便增强眼部周围肌肉的力量。

② 转动眼球训练：头部保持稳定，眼球尽最大的努力向四周做顺时针和逆时针 360° 转动，以便提高眼球的灵活性。

③ 视点集中训练：点上一支蜡烛，将视点集中在蜡烛的火苗上，并随其摆动，坚持训练可使目光集中、眼睛有神、眼球转动灵活。

④ 目光集中训练：眼睛盯住距离自己 3 米左右处的某一物体，先看外形，逐步缩小范围

到物体的某一部分，再到某一点，再到局部，再到整体。这样可以提高眼睛的明亮度，使眼睛十分有神。

⑤ 影视观察训练：观看影像资料，注意观察和体会优秀影视剧中的演员和节目主持人是如何通过眼神表达内心情感的。

练习者在训练时可以配上优美的音乐，以便放松心情、减轻单调和疲劳之感。

2. 微笑

微笑是人际交往中最美丽的语言，是公共关系和商务礼仪中的亮点。保持一个微笑的表情、谦和的面孔，是表示自己真诚、守礼的重要途径。微笑是有自信心的表现，是对自己的魅力和能力抱有积极态度的表现。微笑可以表现出温馨、亲切的表情，能有效地缩短双方的距离，给对方留下美好的心理感受，从而形成融洽的交往氛围。面对不同的场合、不同的情况，如果能用微笑来接纳对方，就可以显示出你良好的修养和诚挚的胸怀。礼仪微笑如图 1-23 所示。

图 1-23　礼仪微笑

【小故事】

今天你对客人微笑了吗

美国的希尔顿酒店享誉世界，回头客众多，秘诀就在于微笑服务。其创始人康纳•希尔顿不断到世界各地的希尔顿酒店视察，他经常问员工的一句话就是："今天你对客人微笑了吗？"他还要求员工记住一个信条：无论酒店本身遇到何种困难，希尔顿酒店员工脸上的微笑永远都是属于客人的阳光。

微笑能够成就爱的循环。没有亲和力的微笑，无疑是重大的遗憾，甚至会给工作带来不便。那么，身在职场通过什么样的训练，才能获得微笑这一有效沟通的法宝呢？

第一步，放松面部肌肉，使嘴角微微向上翘起，让嘴唇略呈弧形，在不牵动鼻子、不发出笑声、不露出牙齿，尤其是不露出牙龈的前提下，轻轻一笑。

第二步，闭上眼睛，调动感情，并发挥想象力，或回忆美好的过去，或展望美好的未来，使微笑源自内心、有感而发。

第三步，对着镜子练习，使眉、眼、面部肌肉、口形在笑时和谐。

第四步，当众练习。按照要求当众练习，使微笑规范、自然、大方，克服羞涩和胆怯的心理，也可以在请观众评议后对不足之处进行改进。

【小贴士】

微笑的十大好处

世界著名的保险业精英，被称为"推销之神"的日本的原一平对微笑有非常深刻的认识，他依据自己几十年的经验，总结了微笑的十大好处。

① 笑能把你的友善和关怀有效地传达给准客户。

② 笑能拆除你与准客户之间的"篱笆"，敞开双方的心扉。

③ 笑能使你的外表更迷人。

④ 笑可以消除双方的戒心与不安，以打破僵局。

⑤ 笑能消除自卑感。

⑥ 你的笑能感染对方也笑，创造出和谐的交谈基础。

⑦ 笑能建立准客户对你的信赖感。

⑧ 笑能除去自己的哀伤，迅速地重建自信。

⑨ 笑是表达爱意的捷径。

⑩ 笑会增进活力，有益健康。

原一平经常苦练微笑。经过刻苦训练，他的笑达到了炉火纯青的地步，被誉为“价值百万美金的笑容”，他的笑能散发出无比诱人的魅力。

我们在掌握了微笑的方法后，还要注意正确地微笑，具体要做到以下几点。

（1）把握微笑的时机。在与对方交谈中，最好的微笑时机是在与对方目光接触的瞬间，这样能够促进心灵的友好互动。

（2）把握微笑的层次变化。微笑有很多层次，有浅浅一笑、眼中含笑，也有哈哈大笑。在整个交谈过程中，微笑要有收有放，在不同的时间使用不同的微笑。如果一直保持同一层次的笑，表情就会显得僵硬、呆板，容易被对方认为是傻笑。

（3）注意微笑维持的时间长度。微笑维持的时间长度以不超过 3 秒为宜，时间过长会给人假笑或不礼貌的感觉，过短则会给人皮笑肉不笑的感觉。

（4）根据场合而定。微笑的表情很有讲究，不同深度的微笑适用于不同的场合，不同的微笑也可以显示不同的思想态度和感情色彩，产生不同的影响。在与别人交谈时，放声大笑或傻笑，都是非常失礼的。在工作中把握好微笑的尺度，更能显示你的内在修养。

【小贴士】

正式场合笑的禁忌

在正式场合笑的时候，应力戒以下几种笑。

① 假笑，即虚假的皮笑肉不笑的笑。

② 冷笑，即含有怒意、讽刺、不满、无可奈何、不屑于、不以为然等意味的笑。这种笑非常容易使人产生敌意。

③ 怪笑，即怪里怪气的笑，令人心里发麻。它多含有恐吓、嘲讽之意，令人十分反感。

④ 媚笑，即有意讨好别人的笑。它不是发自内心的笑，而具有一定的功利性目的。

⑤ 怯笑，即害羞或怯场的笑。例如，笑的时候，以手掌遮掩口部，不敢与他人进行目光交流。

⑥ 窃笑，即偷偷地笑，多表示洋洋自得、幸灾乐祸或看他人的笑话。

⑦ 狞笑，即笑时面容凶恶，多表示愤怒、惊恐、吓唬他人。此种笑毫无美感可言。

（5）微笑要自然。有人指出，中国的礼仪习惯是笑不露齿；也有很多礼仪培训教材提出，微笑要露出 6～8 颗牙。其实微笑是一种个性化的表情，不应该以技术化、标准化的形式加以规定，要求微笑表现得整齐划一是不符合礼仪之美的。职业人士进行微笑训练，不是尝试露出几颗牙、将嘴角上提几度、让眼睛变化成哪种形状，而是要发现自己最美的瞬间，展现出独特的气质，自信、勇敢、自然、真诚地去微笑。微笑的美在于文雅、适度、亲切、自然。微笑要诚恳和发自内心，做到“诚于中而形于外”，只有调整好自己的心态，才能表现出表里如一的微笑，切不可故作笑颜、假意奉承。在生活中用善良、包容的心对待他人，用敬业奉献的热情对待工作，微笑就是自然、甜美的。

（6）微笑要协调。在微笑时，我们要调动多个器官协调动作。微笑一般要注意以下 4 个结合。

① 口眼结合。要口到、眼到、神色到，笑眼传神，微笑才能扣人心弦。

② 笑与神、情、气质相结合。这里讲的神是指要笑得有情、入神，笑出自己的神情、神色、神态，做到情绪饱满、神采奕奕；情是指要笑出感情，笑得亲切、甜美，反映美好的心灵；气质是指要笑出谦逊、稳重、大方、得体的良好气质。

③ 笑与语言相结合。语言和微笑都是传递信息的重要符号，只有注意将微笑与美好语言相结合、声情并茂，才能让微笑发挥出它应有的特殊功能。

④ 笑与仪表、举止相结合。以笑助姿、以笑促姿，形成完整、统一、和谐的美。尽管微笑有其独特的魅力和作用，但若不是发自内心的真诚的微笑，则是对微笑的亵渎。有礼貌的微笑应是自然、坦诚的，是内心真实情感的表露，强颜欢笑、假意奉承的微笑则可能演变为皮笑肉不笑、苦笑。例如，拉起嘴角一端微笑会使人感到虚伪，吸着鼻子冷笑会使人感到阴沉，捂着嘴笑会给人不自然之感，这些都是失礼之举。

【小贴士】

微笑的训练方法

练习者在训练前应准备好以下物品：筷子、小镜子（每人一面）、音乐播放器材、音乐歌曲 CD、优秀影视剧中的演员和节目主持人微笑的影像资料等。训练方法如下。

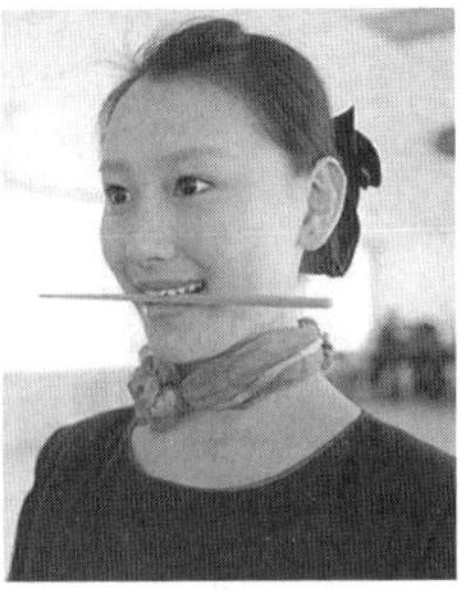

图 1-24　口咬筷子法

① 口咬筷子法。把筷子横着含在嘴里咬住，嘴角斜着往两边走，发出“一”的声音，如图 1-24 所示。同时，练习者应对着镜子不断调整自己的表情。

② 情绪记忆法。将生活中令自己开心的情绪储存在记忆中，只要想起那件事情，就会流露出笑容。

③ 口型练习法。在练习微笑时，练习者可以发出“一”“七”“茄子”“威士忌”等音，并注意保持此种口型。

练习者在练习微笑之前要忘掉自我和一切烦恼，让心中充满爱意；在练习微笑时可对着镜子，调整自己的口形，注意与面部其他部位和眼神的协调，做令自己最满意的微笑表情；在训练过程中可配上优美的音乐，以便放松心情、减轻单调和疲劳之感。

三、手势

1. 常见的手势

（1）引领手势。各种社交场合都离不开引领手势，如请客人进门、请客人坐下、为客人开门等，都需要运用手与臂的协调动作。同时，由于这是一种礼仪，因此我们必须注入真情实感，调动全身的活力，使心与形体形成高度统一。引领手势主要有以下几个表现形式。

① 横摆式。以右手为例，将五指伸直并拢，手心不要凹陷，手与地面成 45°角，手心向斜上方。腕关节微屈，腕关节要低于肘关节。在做动作时，手从腹前抬起，至横膈膜处，以肘关节为轴向右摆动，到身体右侧稍前的地方停住。同时，双脚形成右丁字步，左手下垂，目视来宾，面带微笑，如图 1-25 所示。这是在门的入口处常用的谦让礼的姿势。

② 曲臂式。当一只手拿着东西、扶着电梯门或房门，同时要做出“请”的手势时，可采用曲臂式引领手势。以右手为例，五指伸直并拢，从身体的侧前方向上抬起，至上臂离开身体，以肘关节为轴，手臂由体侧向体前摆动，摆到手与身体相距 20 厘米处停止，面向右侧，目视来宾，如图 1-26 所示。

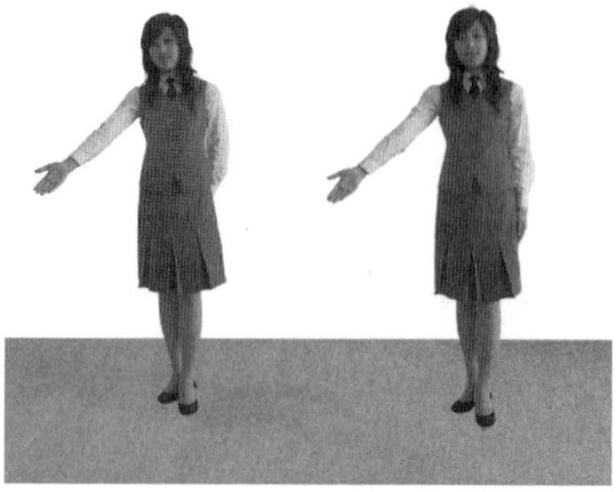

图 1-25 横摆式引领手势

图 1-26 曲臂式引领手势

③ 斜下式。在请来宾入座时，手要斜向下方。首先用双手将椅子向后拉开，然后一只手曲臂由前抬起，以肘关节为轴，前臂由上向下摆动，使手臂向下成一条斜线，并微笑点头示意来宾，如图 1-27 所示。

（2）招呼他人。将左手放于体侧，手臂伸直成一条直线，右手向前、向上抬起，手掌向下，屈伸手指做搔痒状或晃动手腕，如图 1-28 所示。这种手势在中国、欧洲的大部分地区及拉丁美洲的许多国家都比较适用，但在美国、日本等国却与此相反，他们用掌心向上，向内屈伸手指做搔痒状或晃动手腕招呼别人。

（3）挥手道别。在挥手道别时，身体要站直，不晃动，目视对方；将左手放于体侧，手臂伸直成一条直线，右手向前向上抬至与肩同高或略高于肩，手臂不可弯曲，掌心朝向对方，指尖朝向上方，五指并拢，手腕晃动，如图 1-29 所示。

（4）指引方向。当有人询问去处时，要先行站直，不可尚未站稳或在行走中指引方向；将左手放于体侧，手臂伸直成一条直线，右手五指并拢，手掌翻转到掌心朝上，与肩平齐，直指准确方向；目光要随着手势走，指到哪里看到哪里，否则易使对方感到迷惑。在指引方向后，右手手臂不可马上放下，要保持手势顺势送出几步，以体现对他人的关怀和尊敬，如图 1-30 所示。

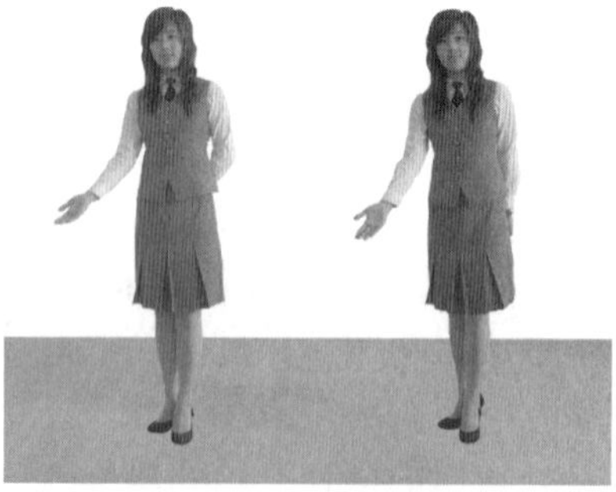

图 1-27 斜下式引领手势

图 1-28 招呼他人的手势

图 1-29 挥手道别的手势

图 1-30 指引方向的手势

（5）递接物品。应用双手递送、接取物品，当不方便用双手时，也可只用右手，但绝不可以单用左手。当双方距离比较远时，应起身站立，主动走近对方递送或接取物品。在递送时最好直接递至对方手中并且要方便对方接取。在递送有文字、图案、正反面的物品时，要正面向上且朝向对方。在接取物品时，要缓而且稳，不要急欲抢取。图 1-31 为递送物品的示意图。在递送带尖、带刃或其他易于伤人的物品时，应使其尖、刃等朝向自己或朝向他处，切不可朝向对方，如图 1-32 所示。

图 1-31 递送物品的示意图

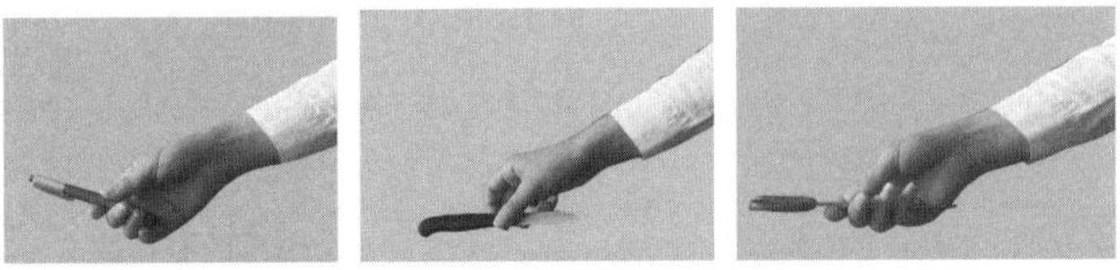
图 1-32 递送笔、刀、剪刀

（6）展示物品。在展示物品时，应使物品在身体的一侧，不要挡住本人的头部。展示的位置不同，表明物品的意义不同：当手持物品高于双眼时，适用于被人围观时；当手持物品位于眼睛下方、胸部上方，双臂横伸时的自肩至肘部以内时，可给人放心、稳定感；当手持物品位于眼睛下方、胸部上方，双臂伸直时的肘部以外时，可给人清楚感，通常在这个位置展示想让对方看清楚的物品；当手持物品位于胸部以下时，可给人漠视感，通常用于展示不太重要或不太明显的物品。图 1-33 为展示物品的示意图。

（7）鼓掌。鼓掌是在观看文体表演、参加会议、迎候嘉宾时表示赞赏、鼓励、祝贺、欢迎等情感的一种手势。其要领：以右手掌心向下有节奏地拍击左掌，不可以左掌向上拍击右掌；不可右掌向左、左掌向右，两掌互相拍击；鼓掌时间要长短相宜，以 5～8 秒为宜。

2. 常见的手势语

（1）OK 的手势语。OK 的手势为拇指和食指合成一个圆圈，其余 3 根手指自然张开，如图 1-34 所示。这种手势在西方某些国家比较常见，但应注意在不同国家其语义有所不同。例如，在美国，这种手势表示赞扬、允许、了不起、顺利、好；在法国，这种手势表示 0 或无；在印度，这种手势表示正确；在中国，这种手势表示 0 或 3 这两个数字；在日本、缅甸、韩国，这种手势表示金钱；在巴西，这种手势则含有引诱女人或侮辱男人之意；在地中海沿岸的一些国家，这种手势则是孔或洞的意思，常用来暗示、影射同性恋。

图 1-33　展示物品的示意图

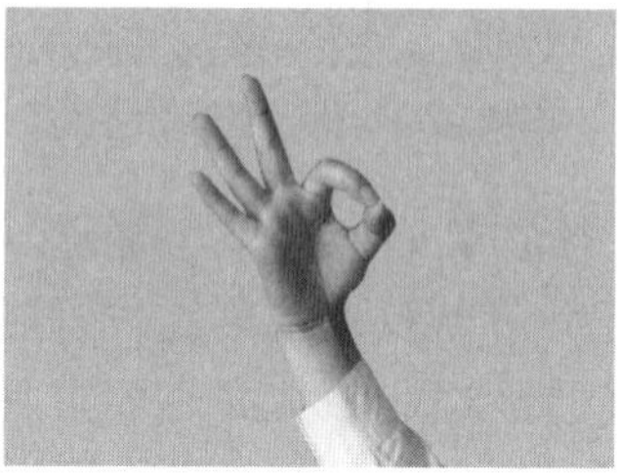

图 1-34　OK 的手势

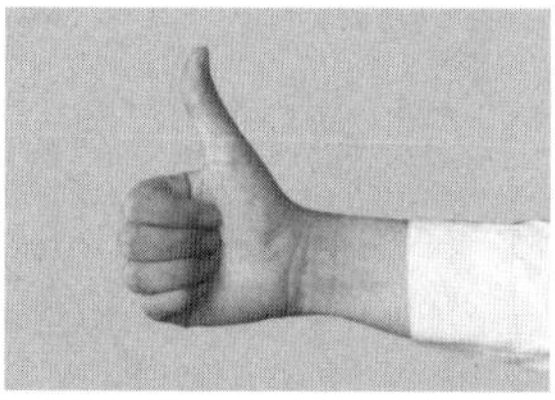

图 1-35　伸大拇指的手势

（2）伸大拇指的手势语。大拇指向上，在说英语的国家多表示 OK 或打车之意；若用力挺直，则含有骂人之意；若大拇指向下，则多表示坏、下等之意。在我国，伸出大拇指这一动作基本上是向上伸表示赞同、一流、好等，向下伸则表示蔑视、不好等之意。伸大拇指的手势如图 1-35 所示。

（3）V 字形手势语。伸出食指和中指，掌心向外，主要表示胜利（英文 Victory 的第一个字母）；掌心向内，在西欧国家表示侮辱、下贱之意。这种手势还时常表示 2 这个数字。

【小幽默】

小明的手势

小明刚上三年级，这天他考数学，考得挺好。放学回到家，他 90 多岁的太奶奶就问他：“今天考得咋样啊？”他说考得挺好，冲太奶奶做了个 V 字形手势。太奶奶不懂这个手势的意思，说道：“哦，这孩子学习不行，考了个‘鸭巴子’”。“鸭巴子”是方言，是指得了 2 分，因为鸭子的形状像阿拉伯数字 2。第二天放学，太奶奶又问小明：“孩子你今天考得咋样啊？”小明今天考的是语文，他考得也很好，就冲太奶奶做了一个 OK 的手势。太奶奶还是不懂这个手势的意思，叹了口气，说道：“唉，这孩子学习不行，还不如昨天呢，考了个大零蛋！”

（4）伸出食指的手势语。伸出食指在我国及亚洲一些国家表示 1、一个、一次等；在法国、缅甸等国家则表示请求、拜托之意。我们在使用这一手势时，一定不要用手指指人，更不能在面对面时用手指指着对方的面部，这是一种不礼貌的动作，且容易激怒对方。

（5）捻指作响的手势语。捻指作响就是用手的拇指和中指弹出声响，其语义或表示高兴，或表示赞同，或是无聊之举，有轻浮之感。我们应尽量少用或不用这一手势，因为其声响有时会令他人反感或让他人觉得我们没有教养，尤其是不能对异性运用此手势，这是带有挑衅意味的轻浮之举。

3. **克服不良的手势**

手势是人的第二面孔，可以传递多种信息。我们在使用手势时，应克服以下不良的手势，否则将会给对方传递不良的信息。

（1）指指点点。我们在工作中绝不可随意用手指对交际对象指指点点，在与人交谈时更不可这样做。指点着他人说话，往往会引起他人的反感。

【小案例】

错误的数数法

某日，小郑奔赴机场，准备接待当天到达的客户。小郑笑容可掬地站在机场出口，等候客户的到来。等客户到达后，小郑按惯例开始清点人数：“1，2，3，4……”小郑轻轻地念着，同时用手指点数客户。在接下来的接待中，小郑的服务十分周到，但是他发现客户还是有点不对劲。小郑百思不得其解。

【点评】在人际交往过程中，我们应掌握不同情况下手势的正确使用。在清点人数时，我们可以采用默数的方式，即用目光进行清点，心里默记。在本案例中，小郑的行为既不礼貌，又不符合职业素养。

（2）随意摆手。在接待服务对象时，我们不可将一只手臂伸在胸前，指尖向上，掌心向外，左右摆动。这种动作的一般含义是拒绝别人，有时还有极不耐烦之意。

（3）端起双臂。将双臂抱起并端在胸前这一姿势往往暗含孤芳自赏、自我放松或置身度外、袖手旁观、看他人笑话之意。

（4）双手抱头。双手抱头的本意是自我放松，但在服务时这么做，则会给人目中无人之感。

（5）摆弄手指。在工作中因无聊而反复摆弄自己的手指，活动关节或将其捻响，打响指，莫名其妙地攥紧拳，手指动来动去，在桌面或柜台上不断敲扣，这些动作往往会给人不严肃、很散漫之感，令人望而生厌。

（6）手插口袋。手插口袋会使客户觉得服务人员忙里偷闲，在工作方面并未尽心尽力。

（7）搔首弄姿。搔首弄姿会给人矫揉造作、当众表演之感。

（8）抚摸身体。在工作之时，有人习惯抚摸自己的身体，如摸脸、擦眼、搔头、剜鼻、剔牙、抓痒、搓泥，这会给他人留下缺乏公德、不讲卫生、个人素质极其低下的印象。

（9）勾指。在请他人过来自己这边时，将食指或中指竖起并向自己怀里勾，其他四指弯曲，这种手势有召唤动物之嫌，极不礼貌。

【课堂训练】

两人一组进行训练，练习运用不同的手势，互相纠正对方不雅观或者不正确的地方。

课后练习

1. 案例分析。

小王的发型

小王接到一个单位的面试通知，岗位是人事专员，想着能从事自己本专业的工作，她就兴奋不已。为了慎重对待这次面试机会，她特地让理发师给她设计了一个看起来成熟一点的卷发，还把头发染成了板栗色，这让她看起来十分漂亮，她自己也很满意，于是信心十足地去参加了面试。但她没有被录取，她不甘心，追问面试官原因，面试官说了一句话："这位同学，你的发型适合参加时尚派对！"

思考题：

（1）小王存在什么问题？

（2）发型的选择应该注意哪些问题？

着装的试验

美国的约翰·摩劳斯曾做过一个试验：他在纽约联合国总部安排了一位演员，让其使100名秘书从他那里拿回文件。在前50名秘书面前，这位演员身穿俗不可耐的青绿色西装，脚上穿了一双缀有硕大银鞋扣的黑色破损皮鞋，打着印花棉布领带，结果只有12名秘书接受他的命令。而出现在后50位秘书面前的这位演员身着价值昂贵的蓝西服、白衬衣，打着丝质圆点花领带，脚穿哥多华翼型尖式皮鞋，发型时尚，结果有42名秘书从他那里拿回了文件。

思考题：

为什么同一个人的穿着不同，他说的话所起的作用就不同呢？

面试因何失败

德仁公司根据收到的求职材料约见小赵。在面试时，小赵涂着鲜艳的口红，烫着时尚的发式，穿着低领紧身的吊带裙，首饰华丽而夸张，给人一种轻佻的感觉。在第一轮面试中小赵就落选了。事后一位人事总监对她说："我认为你不可能仅仅由于化了美丽的妆而取得一个职位，但是我可以肯定的是，穿错了衣服就会使你失去一个职位。"

思考题：

（1）本案例对你有何启示？

（2）请结合本案例谈谈面试时应该怎样着装。

相逢一笑泯恩仇

在从上海飞往广州的飞机上，有两位外国女郎金发碧眼、衣着华丽。可刚上飞机她们就皱起眉头，掩着鼻子直嚷机舱里有怪味。一位空姐微笑着走来，请她们原谅，并递上一瓶香水。香水却被她们扔到了角落里。接着又是一连串的刁难。虽然空姐觉得自尊受到伤害，但仍笑脸相待，一一满足她们的要求。

当空姐给她们送来可口可乐时，她们还没喝，就说可口可乐有问题，甚至将可口可乐泼到空姐身上。空姐强忍这种极端无礼的行为，再次把可口可乐递过去，微笑着不卑不亢地说："小姐，这可口可乐是贵国的原装产品，也许贵国这家公司的可口可乐都是有问题的。我很乐意效劳，将这瓶可口可乐连同您的芳名及地址寄到这家公司去，我想他们肯定会登门道歉并将此事在贵国的报纸上大加报道的。"两个女郎目瞪口呆，而那位了不起的空姐还是面带微笑地将其他饮料送给她们。

事后这两位女郎留了一封信，信中说自己太苛刻、太过分，而中国空姐的服务和微笑是世界一流、无可挑剔的。

思考题：

（1）本案例对你有何启示？

（2）微笑在交际中有何作用？

刘女士"充电"

近几年来，很多一线城市白领"充电"已经不单单局限于参加一些职业培训、专业证书考试等，个人仪态的训练、审美情趣的培养，也被他们提上了学习的日程。

某外贸公司的销售员刘女士说，刚进公司的时候，她体形偏胖、仪态不佳，因此影响了工作状态。在形体培训中心，她了解到形体训练不仅是身材方面的训练，还包括生活、工作中的仪态训练。经过培训，刘女士感觉收获很大，她的工作状态得到了有效的改善，工作业绩也因此有所提高。她说："以前只认为技术能力是事业发展的关键，现在才知道，个人仪态和气质也不容忽视。"

思考题：

（1）请谈谈你对刘女士这一番话的感触。

（2）在职场中应如何体现出良好的仪态？

2. 请女同学用 5 分钟的时间给自己化一个漂亮的工作妆。如果结果令自己不满意，就要反复练习，直到取得让自己满意的效果为止。

3. 根据自己的脸形、头形、身材及性格等设计一款适合自己的发型。

4. 根据自己的脸形、五官特征和皮肤状态，找到自己化妆时必须掩盖和修饰的部分及相应的解决方法。

5. 有人说："化妆不只是技术，还是一门艺术、一种生活。"请谈谈你对这句话的理解。

6. 请根据你同学（同事）的脸形、体形和个性特点，给他（她）在服饰上提些合理的建议。

7. "服装美的最高境界是外在美和内在美的统一"，你对这句话是怎样理解的？请结合下面这个案例谈谈。

列夫·托尔斯泰的《安娜·卡列尼娜》一书中有这样一个情节，在安娜和渥伦斯基相识的舞会上，安娜穿着全黑的天鹅长裙，长裙上镶威尼斯花边，闪亮的边饰把黑色点缀得既美丽安详，又神秘幽深，这同安娜那张富有个性的脸庞十分相称。当安娜出现在舞会的门口时，他吸引了在场所有人的视线，吉蒂在看到安娜的装束后，也强烈地感受到安娜比自己美。安娜的黑色长裙在轻淡柔曼的裙海中显得高贵典雅、与众不同，也与安娜藐视世俗的个性融为一体。

8. 组织不同场合的服饰展示会。学生分组穿着半正式场合、休闲场合、运动场合、商务酒会场合等的服饰。每组学生都进行角色扮演，演示各场合服饰的穿戴与搭配，用数码摄像机记录整个过程，并投影回放。学生自我评价，找出不合规范之处，授课教师总结、点评学生存在的个性和共性问题，并评选出最佳表现组。

9. 你对自己的仪态满意吗？请观察一下你周围人士的站姿、坐姿、走姿等方面存在的问题，并提醒自己避免出现这些问题。

10. 分析判断。

一个人的体态可以间接地传递出他（她）的心理信息。了解体态语与心理态势之间的关系，有助于指导我们在社交场合中用好体态语，或借助对交际对象体态语的理解做出相应的心理调整，实现与交际对象的心理沟通，从而有效地调控口语交际活动的进行。请你对以下体态语逐一加以分析，看看它们分别传递了交际对象的哪些心理信息。

抬头仰靠座椅，双手环抱于胸前。

将脚放在桌子上。

分腿叉腰站立。

只将椅子坐了一半，一直看着自己的脚尖。

晃动二郎腿。

不时变换坐姿或站姿。

行走时忽左忽右，方向不定，变化多端。

行走时左顾右盼，或频频回头注视身后。

11. 你的眼神是否充满自信和活力？怎样才能使眼神充满自信和活力？

12. 观察一下日常生活中各个微笑的脸，说说微笑的脸有哪些特征。

13. 今天你微笑了吗？试着在每天清晨起床后，对着镜子整理仪容的同时，把甜美、愉快的笑容留在脸上。

14. 在人际交往中，有哪些手势是失礼和要避免使用的？

实践课堂

实践课堂一　个人形象设计比拼

“知行贵州”丝绸之路青年交流计划是由贵州省教育厅于 2021 年启动实施的，每年从共建“一带一路”国家邀请至少 100 名青年来黔开展短期国际交流的活动，是一项具有一定国际影响力的中外青年交流品牌项目，旨在让更多国际青年走进中国、了解当地文化特色、成为中国文化宣传的“代言人”。此活动为促进“一带一路”人文交流建设和提高教育国际化发展水平起到了积极的推动作用。

“知行贵州”丝绸之路青年交流计划的开幕式晚宴将在近期举行，你们将作为学生代表出席，名额有限。

1. 请大家自行分组（每组不超过 8 人），小组成员需要通过商讨推选出本组的参会代表，填写组别信息。

（1）小组人数：________。

（2）小组组长：________。

（3）参会代表：________。

（4）小组成员：____。

2. 请各小组从妆发搭配、服饰选择等方面为推选出的参会代表进行整体的形象设计、包装，让他/她能够着装得体、形象适宜地出席晚宴，展示出华夏礼仪之邦的风采，并在彩排活动中向各小组进行展示。

3. 大家以小组为单位对各组参会代表的仪容仪表进行评价并打分（评价表如表 1-6 所示），推选出最优秀的参会代表。

表 1-6　评分表

被评小组		最终得分		
序号	评分指标	评分细则要求	分值	得分
1	仪容修饰	妆容得体、不浓艳、不夸张	15	
		发型适宜，适合会议场合	15	
		妆发搭配度高，相互映衬	10	
2	服饰选择	能够选择适合社交场合的服饰	15	
		能够按照要求进行服饰穿搭和整理	15	
		服饰搭配良好，相得益彰	10	
3	加分项	妆发、服饰整体搭配度高，有创新设计	20	
评审小组：		评审日期：		

实践课堂二　策划并举行一场专题形象礼仪培训会

为进一步推广形象礼仪的重要性，请大家以小组为单位策划并举行一场专题形象礼仪培训，内容包括仪容修饰、服饰选择、体态设计等方面，具体培训时间、地点、培训对象自拟。

1. 请大家自行分组（每组不超过 6 人），并填写组别人员信息。为了使本次培训会能够圆满举行，各小组成员必须全员参与，且分工明确、团结协作。

（1）小组人数：________。

（2）小组组长：________。

（3）主持人：________。

（4）策划人员：____。

（5）工作人员：____。

2. 请各小组按照培训要求及内容，拟定培训会议的流程，并进行彩排。

3. 请各小组在全体成员面前进行培训会展示讲解，指导教师将根据各小组的表现进行提问及点评，以便进一步优化整体培训内容。

拓展阅读

培训会议的流程

第二章　媒介礼仪

一个人必须知道该说什么，一个人必须知道什么时候说，一个人必须知道对谁说，一个人必须知道怎么说。

——[美]德鲁克

就像我们从小就知道要给长者让路一样，在网络中我们也应该遵守某种准则。

——[西班牙]费尔南多·费尔南德斯

学习目标

能够礼貌地与交际对象进行电话沟通。

明确网络沟通的概念和特征；得体地使用 QQ、电子邮件、微博、微信等网络沟通手段。

明确书面沟通的优点和缺点、原则和一般过程；能够规范地利用文书进行沟通。

案例导入

AB 汽车特约维修中心的客户满意度调查

李新是 AB 汽车特约维修中心的客户经理，在最近一段时间，他通过电话拜访进行客户满意度调查。今天早上他一到公司，就开始了电话拜访。

情景一：

“是陈强吗？”

“我是，哪位？”

“我是 AB 汽车特约维修中心的。”

“有事吗？”

“是这样的，我们在做一个客户满意度调查，想听听您的意见。”

“我现在不太方便。”

“没有关系，用不了您多长时间。”

“我现在还在睡觉，您晚点打过来好吗？”

“我待会也要出去啊，再说这都几点了，您还睡觉啊，这个习惯不好啊，我得提醒您。”

“我用得着你提醒吗？你两小时后再打过来。”

“您还是现在听我说吧，这对您很重要，要不然您可别怪我。”

客户挂断电话。

情景二：

“您好，请问是陈强先生吗？”

“我是，哪位？”

“您好，我是 AB 汽车特约维修中心的客户经理，我叫李新。”

“有事吗？”

“是这样的，您是我们公司的老客户，为了能为您提供更好的服务，我们现在在做一个客户满意度调查，想听取一下您的意见，您现在方便吗？”

“我现在不太方便。”

“噢，对不起，影响您工作了。”

“没有关系。”

“您什么时候方便呢？我到时候再给您打过来。”

“噢，您中午再打吧。”

“噢，那不会影响您吃饭吗？”

“您 12:30 打过来就可以了。”

“好的，那我就 12:30 打给您，谢谢您，再见！”

问题：情景一中的电话拜访和情景二中的电话拜访在沟通上有何不同？

第一节 电话沟通

一、电话沟通的基本要求

1. 态度礼貌、友善

当通过电话进行沟通时，我们不能简单地将对方视作一个声音，而应看作一个与我们面对面交谈的人。尤其对办公人员来说，他们面对的是公众，如果他们与公众是初次交往，那么这样一次电话接触便是他们在公众面前的第一次“亮相”，所以应十分慎重。因此，在使用电话进行沟通时，我们要多用肯定语，少用否定语，酌情使用模糊用语；多用致歉语和请托语，少用傲慢语、生硬语。礼貌的语言、柔和的声音，往往会给对方留下亲切之感。正如日本一位研究传播的权威人士所说，不管是在公司还是在家庭里，通过这个人在电话里的讲话方式，都可以基本判断出其教养的水准。

2. 传递信息要简洁

电话用语要言简意赅，将自己所要讲的事用简洁、明了的语言表达出来。因为虽然通话的一方有诸如紧张、失望而表情异常的肢体语言，但通话的另一方并不知道，他所能得到的信息只能来自他听到的声音。电话沟通最忌讳发话人吞吞吐吐、含糊不清、东拉西扯，正确的做法是问候完毕对方，即开宗明义，直言主题，少讲空话，不说废话。

3. 控制语速和语调

通话时语速适中、语调温和，这种有魅力的声音容易使对方产生愉悦感。如果语速太快，对方就可能听不清楚，从而认为你在敷衍了事；如果语速太慢，对方就可能不耐烦，从而认为你懒散拖沓；如果语调太高，对方就可能感到刺耳；如果语调太低，对方就可能听不清楚，从而认为你有气无力。一般来说，说话的语速、语调和平常的一样即可，即使是打长途电话，也无须大喊大叫，把话筒放在离嘴两三寸的地方，正对着它讲即可。另外，在打电话时，周围有种种异样的声音会使对方觉得自己未受尊重而变得恼怒，这时你应向对方解释，以保证双方心情舒畅地传递信息。

二、接电话的技巧

1. 迅速、礼貌地接电话

接电话应做到迅速，力争在铃响 3 声之前就拿起话筒，这是避免让打电话的人产生不良印象的一种礼貌。电话铃响过 3 声后才做出反应，会使对方焦躁不安或不愉快。正如日本著名社会心理学家铃木健二所说："打电话本身就是一种业务。这种业务的最大特点是无时无刻不在体现每个人的特性。"在现代化大生产的公司里，职员的使命之一是一听到电话铃声就立即去接。在接电话时，我们应首先自报单位、姓名，然后确认对方，如："您好！这是××公司营销部。"如果对方没有马上进入正题，就可以主动请教："请问您找哪位？"

2. 仔细聆听并积极反馈

作为受话人，在通话过程中，要仔细聆听对方的讲话，并及时作答，给对方以积极的反馈；当听不清楚或不明白对方的意思时，要马上告诉对方；在接到对方的邀请或会议通知时，应热情致谢。

3. 规范地代转电话

如果对方请你代转电话，那么你应弄明白对方是谁、要找什么人，以便与要接电话的人联系。此时，你要告知对方"稍等片刻"，并迅速找人。如果不放下话筒喊距离较远的人，那么可先用手轻捂话筒或按保留按钮，再呼喊要接电话的人。如果你因某些原因决定将电话转到其他部门，那么应客气地告诉对方，你会将电话转到可以处理此事的部门或转给适当的职员，如："真对不起，这件事由财务部负责处理，我帮您转过去，好吗？"

4. 认真做好电话记录

如果要接电话的人不在，那么你应为其做好电话记录，记录完毕，最好向对方复述一遍，以免遗漏或记错。电话记录卡片可用于做电话记录。

5. 特殊情况的处理

（1）当电话铃响时，如果你正在与客户交谈，就应先向客户打招呼，再去接电话。如果发觉打来的电话不宜为外人所知，就可以告诉对方："我身边有客户，一会儿再给您回电话。"不要抛下客户，在电话中谈个没完，这样会让身边的客户产生被轻视的感觉。

（2）不要在接电话时与旁人打招呼、说话或小声议论某些问题。如果在接电话时，有人因急事来找你，那么你应先对电话那端的人说声对不起。当你不能回答对方的提问而需向同事请教时，可说声"请让我核实一下"。

（3）如果使用录音电话，就应事先把录音程序整理好，把一些细节考虑周到。不要先放一长段音乐，也不要把程序搞得太复杂，让对方莫名其妙、不知所措。

（4）如果对方打错了电话，那么你应当及时告之，不要冷冰冰地说"打错了"，更不要讽刺挖苦，或表示出恼怒之意。你可以这样告诉对方：“这是××公司，您找哪里？”如果你知道对方要找的公司的电话号码，那么可以告诉他，也许对方正是你所在公司的潜在客户。即使对方不是你所在公司的潜在客户，你热情友好地处理打错的电话，也可使对方对你所在的公司抱有好感，对方就有可能成为你所在公司的客户，甚至成为你所在公司的忠诚支持者。

接电话的顺序、基本用语及注意事项如表 2-1 所示。

表 2-1　接电话的顺序、基本用语及注意事项

顺序	基本用语	注意事项
拿起电话听筒并告知对方自己的姓名	•“您好，××部××”（直线），“您好，××部×××热线”（内线）。 •（上午 10:00 以前）“早上好”。 •（当电话铃响 3 声以上才接时）“让您久等了，我是××部的×××”	•在电话铃响 3 声之内接起。 •在电话机旁准备好记录用的纸和笔。 •在接电话时，不使用“喂”来回答。 •音量适度，不要过大。 •告知对方自己的姓名
确认对方	•“×先生，您好！” •“感谢您的关照”等	•必须对对方进行确认。 •如是客户来电，则要对其表达感谢之意
听取对方的来电用意	“是”“好的”“清楚”“明白”	•在必要时应进行记录。 •谈话时不要离题
进行确认	“请您再重复一遍”“那么明天在×××见，9:00”等	•确认时间、地点、对象和事由。 •如是留言，则必须记录下通话时间和留言人
说结束语	“清楚了”“请放心”“我一定转达”“谢谢”“再见”等	
放下电话听筒		轻轻放下电话听筒

【小案例】

应对不善于沟通的人打来的电话的方法

当接到不善于沟通、不懂得礼仪的人打来的电话时该如何应对呢？

（1）反复陈述型。当接到对方反复陈述的电话时，你应适时说：“×先生，容我对你刚才所讲的内容做个总结，如果有遗漏或错误的地方，就请你随时更正或补充。”

（2）一心二用型。有的人在和你通电话时又和别人讲话，对于这样的人，你可以建议他在不忙时和你见面再谈，或要求他重复刚刚说的话：“×小姐，我这里听得并不是很清楚，请你再说一遍好吗？听起来你好像也在和其他人说话。”

（3）避重就轻型。当对方避重就轻时，你可以直接切入主题：“×先生，你到底需要什么？我要如何才能帮你忙？”

（4）喋喋不休型。当接到对方喋喋不休而又与己无关的电话时，你应立刻打断他的话：“对不起，×太太，我不认为这件事我能帮什么忙，但听起来应该和我们的业务部有关，请你稍等，我帮你转接业务部的李小姐。”

三、打电话的技巧

1. 选择适宜的通话时间

打电话的时间应尽量避开上午 7:00 前、晚上 10:00 点以后的时间，还应避开吃饭时间。对于有午休习惯的人，也请不要在午休时间用电话打扰他。电话交谈所持续的时间也不宜过长，把事情说清楚即可，一般以 3～5 分钟为宜。因为在办公室打电话，要照顾到其他电话的进、出，不可过久占线，更不可将办公室的电话或公用电话作为聊天的工具，这是惹人讨厌的行为。著名相声表演艺术家马季曾说过一段相声，名叫《打电话》，就讽刺了这种行为。

2. 在通话之前做好准备

在通话之前，你应该核对对方公司或单位的电话号码、公司或单位的名称及接电话人的姓名；写出通话要点及询问要点，准备好在应答中使用的备忘纸和笔，以及必要的资料和文件；估计一下对方的情况，决定通话时间。

3. 注意通话的礼节

在接通电话后，你应主动、友好，自报家门并核实对方的身份。你应先说明自己是谁，除非通话的对方与你很熟悉，否则就应先报出你的公司及部门名称，再提一下对方的名称。打电话要坚持用“您好”开头、“请”字在中、“谢谢”收尾，态度要温文尔雅。若你要找的人不在，则可以请接电话的人转告，如“对不起，麻烦您转告×××”，并将你要转告的话告诉对方。最后别忘了向对方道一声谢，并且问清对方的姓名。切不可“咔嚓”一声就把电话挂断，这样做是不礼貌的。即使你不要求对方转告，你也应该说一声“谢谢，打扰了”。在打电话结束时，要道谢和说声“再见”，这是通话结束的信号，也是对对方的尊重。注意声音要愉快，听筒要轻放。一般来说，应是打电话的人先挂断电话。但是，假如是与上级、长辈、客户等通话，都最好让对方先挂断电话。

【小贴士】

拨打电话的空间环境考虑

在拨打电话时，我们也应考虑自己所处的空间环境。

① 一般而言，工作电话在办公室内打，私人电话在家中打。

② 在电影院、音乐厅、剧院等公众场合，无紧急情况不要拨打电话。

③ 在拨打电话时，要同时考虑及留意对方接听电话所处的空间环境。

④ 在谈论机密或敏感的商业问题时，应在保密性强、安静的环境中拨打电话，且在接通后询问对方是否方便。

4. 特殊情况的处理

（1）若在通话过程中有人无意闯入，则可以示意请此人坐下等候，或等此人自觉退出等候。否则，你可以在向电话那端的人说声“对不起”后，简短地与来人说两句话（如可以说“等我打完这个电话后再和你谈”），然后继续打电话。如果在办公室有来客时电话铃响了，那么可以暂时不接，除非你一直在等这个电话。若属于这种情况，则应向来客说明情况。

（2）如果需要留言请对方回电，就要请对方记下你的电话号码。这样对方回电就不必再去查电话号码簿，即使对方是熟人，双方经常通电话，也要告诉对方回电的号码，同时别忘了告诉对方回电的合适时间。如果对方在外地，那么最好说明自己将于何时再打电话，请其等候，不可以让对方花钱打长途电话找你。

（3）如果你要找的人不在，那么你应对代接电话的人说“谢谢，我过会儿再打”，或“如方便，麻烦您转告××”，或“请告诉他回来后给我来个电话，我的电话号码是××”，切不可“咔嚓”一下就挂断电话。

（4）如果出现线路中断的情况，那么打电话的一方应负责重拨，接电话的一方应稍候片刻。重拨越早越好，在接通后应先表示歉意，尽管这并非自己的过错，可以说：“对不起，刚才线路出了问题。”即使在通话即将结束时出现线路中断的情况，也要重拨，继续把话讲完。

如果在一定时间内打电话的一方仍未重拨，那么接电话的一方可以拨过去，并询问："刚才电话断了，不知您是否还有没讲完的事？"

打电话的顺序、基本用语及注意事项如表 2-2 所示。

表 2-2　打电话的顺序、基本用语及注意事项

顺序	基本用语	注意事项
准备		• 确认对方的姓名、电话号码。 • 准备好要讲的内容、说话的顺序、所需要的资料和文件等。 • 明确通话所要达到的目的
问候、告知对方自己的姓名	"您好！我是××公司××部的×××。"	• 一定要报出自己的姓名。 • 讲话时要有礼貌
确认电话对象	• "请问××部的×××先生在吗？" • "麻烦您，我要找×××先生。"	• 必须确认接电话的人是否为你要找的人。 • 在确认是你要找的人接的电话后，应重新问候
电话内容	"今天打电话是想向您咨询一下关于××的事……"	• 应先将想要说的人结果告诉对方。 • 若是比较复杂的事情，则应提醒对方做记录。 • 对时间、地点、数字等进行准确的传达。 • 说完后可总结所说内容的要点
说结束语	"谢谢""麻烦您了""那就拜托您了"等	语气诚恳、态度和蔼
放下电话听筒		等对方挂断电话后再轻轻放下电话听筒

【课堂训练】

以小组为单位，设计社交情景，模拟练习接打电话（手机），注意礼仪要求。

第二节　网络沟通

随着互联网的快速发展，世界进入网络时代。科学技术的迅猛发展，正不断深入地影响着我们的生活方式和沟通方式。网络沟通方式就是在科学技术的孕育下诞生的。威廉·布里奇斯认为，科学技术的发展要求人们学会各种全新的做事和与人沟通的方式。

【小贴士】

沟通方式的发展

语言阶段：语言给人类沟通带来第一次革命。

文字阶段：文字使人类度过了结绳记事的时期。

模拟电子媒介时代：模拟电子实现了即时交谈。

网络时代：网络技术从时空上改变了传统的信息交流方式。

一、网络沟通的概念

网络沟通是指通过基于信息技术的计算机网络来实现信息沟通的活动。网络作为人类沟通的一种新工具，正逐步取代传统书信、电话、会议等沟通方式，成为人们日常生活、学习、工作的主要沟通方式。

对个人而言，网络为其提供了各式各样的沟通新手段，如网上聊天、微博、电子邮件、网络电话、网络视频会议等。自此，人们可以不受时间和空间的限制，尽情享受与外界沟通的便捷。

对企业而言，网络为其提供了多种多样的沟通新服务，如以电子银行为代表的国际金融网络化、以电子商务为代表的全球商贸网络化已得到相当广泛的应用。自此，企业可以利用网络的各种服务来拓展商务工作。

网络拉近了人与人之间的距离，真正实现了“天涯若比邻”的预言。在现实生活中，人们只要拥有一台计算机或手机，就能足不出户地知晓天下事。网络使人们之间的沟通无所不在。

二、网络沟通的特征

网络作为具有超大影响力的传播媒介，具有其他媒介无法替代的功能，在信息沟通方面发挥着越来越独特的作用。网络沟通与传统沟通方式相比较，具有以下特征。

1. 沟通方式多样，成本低

随着网络技术的发展，基于网络的沟通方式层出不穷，人们既可以在网上浏览信息、阅读电子图书、进行交流、观看电视剧和电影，又可以玩游戏、作画、健身；既可以进行一对一的交流，又可以进行群体交流。

人们用电子邮件代替传统信件；用一些即时通信工具（如 QQ、微信等）代替电话；如果计算机配有摄像头和话筒，就能达到面对面交流的效果。同时，在互联网上，信息可以实现双向传递。人们不再仅仅是被动接收信息的人，通过网络，人们可以以极低的成本向全世界发表自己的意见，大大节省了传统的面对面沟通所需的时间、空间甚至交通出行的成本。

2. 沟通迅速快捷，范围广

网络沟通的快速性有目共睹，往往一个最新的消息通过网络这一平台瞬间就能传遍全球。“时间就是金钱”，而网络就在无形之中为每个人创造财富。在激烈的市场竞争中，机会总是短暂的，时间性很强，“时间就是成本”，有时短时间的延缓就有可能导致产品进入市场失败。

基于网络的沟通行为比传统的打电话或写信、发电报具有更加广阔的适用范围，鼠标一点，就可以连接到世界上任何一个拥有互联网的角落，世界真正成为一个“村落”。在传统的沟通方式中，你很难想象在同一时刻与处于不同地域的数百人一起对话、一起欣赏一篇文章或一首歌，还能立即知道其他人的反应，而这在网络上都不是问题。

3. 沟通资源丰富，容量大

由于网络信息技术的不断进步，加之人们对网络的日益青睐，各种信息通过大型门户网站和搜索引擎等被加入互联网，使得互联网成为一个信息和知识的宝库。人们可以轻松地通过搜索引擎查到自己需要的资料。

在以往传统的沟通方式中，无论是人际沟通还是大众沟通，都会不同程度地受到时间、空间等各种因素的干扰和影响，而网络沟通空间巨大、容量无限，它不仅可以跨越地域、文化和时空进行沟通，还可以通过超链接功能把信息接到其他相关信息上，使互动式信息容量远远超过现实世界中的静态信息容量。

4. **沟通相对平等，便利化**

网络空间面向每一个人，人人都可以在网上发表自己的观点、见解，既可以在网上展示自己的技能，又可以在网上发表自己的“作品”（如博文）等。网络空间的开放性、虚拟性决定了沟通的平等性。人们可以实名或匿名运用网络进行相对自由的沟通。在网上，人与人的地位是平等的，信息和资源是共享的。

对于那些受工作地域、工作时间限制的员工来讲，网络系统的发达给他们的沟通工作带来了便利性。他们不去办公室就可以工作，网络促使了 SOHO（Small Office，Home Office，家居办公）工作方式的诞生。同样，电话会议、网络会议的召开，可以避免不必要的舟车劳顿，为沟通工作带来便利。

三、网络沟通的主要方式

1. QQ

即时通信已不再是一个单纯的聊天工具，它已经发展成融交流、资讯、娱乐、搜索、电子商务、办公协作和企业客户服务等为一体的综合化信息平台。即时通信工具改变了互联网的交流方式，充分发挥了网络在沟通方面的优势。QQ 作为即时通信工具的代表，与以前的点对点的沟通方式相比，具有如下几个特点。

（1）虚拟性。QQ 的虚拟性是其主要特点。人们可以隐藏真实的姓名、性别、年龄等各种隐私，以及不愿为人所知的信息，而且可以根据自己的实际情况决定与他人聊天的时间。QQ 使人们可以轻松自在地聊天。

（2）多点性。QQ 改变了传统的沟通方式，不仅可以实现点对点的沟通，还可以实现一点对多点，甚至多点对多点的沟通。相对传统的信件、电话等仅能实现点对点沟通的方式，QQ 的沟通方式更趋于多样、便捷。例如，我们可以加入诸多 QQ 群，直接进行群聊，或者作为一名观众。虚拟的网络互动在这里变成了现实。

（3）多功能性。QQ 作为一种即时通信工具，不仅具有通信这一普通功能，还有很多实用的功能。例如，我们可以开设自己的 QQ 空间，展示自我；可以传送文件，以代替电子邮箱的功能；可以视频聊天，享受更真实的聊天感受；可以玩游戏、看电影，享受不一样的影音体验。QQ 俨然已成为我们日常生活中不可或缺的信件、电话、电视等的综合体。

2. **电子邮件**

电子邮件是互联网上的重要信息服务方式。通过网络的电子邮件系统，用户可以用非常低廉的价格或免费把信息发送给世界上任何自己指定的、同样拥有邮件地址的另一个或多个用户。电子邮件的内容可以是文字、图表、音频材料等。电子邮件具有使用简易、投递迅速、收费低廉、易于保存、全球畅通无阻等特点，已经成为利用率颇高的沟通方式和沟通工具。

（1）电子邮件的撰写技巧。电子邮件的撰写通常应按照纸质信函的格式进行。在撰写电子邮件时，商务人员还应当注意以下几个方面。

① 主题明确。添加邮件主题是电子邮件与纸质信函的主要不同之处。商务人员在撰写电子邮件时，一定要设定一个主题。该主题应明确、具体、提纲挈领，但不宜过长（如“关于洽谈会的准备事宜”等），以便收件人通过主题快速判断电子邮件内容的轻重缓急，减轻查找

或阅读电子邮件的负担。

② 内容规范。与纸质商务信函一样，电子邮件也应当用语规范、内容完整。与此同时，电子邮件的撰写还应注意以下两个方面：一是尽量避免使用晦涩难懂的缩略语，且不要使用网络用语和符号表情，以免影响商务信函的专业性和严肃性；二是在英文电子邮件中，切勿使用大写字母书写正文，以免被误解为态度恶劣或强硬。

③ 签名恰当。商务人员可在电子邮件的签名档中写明写信人的姓名、公司、电话、传真、地址等信息，还可写明个人的座右铭或公司的宣传口号等信息，但信息行数不宜过多，一般不超过 4 行。

④ 附件合理。商务人员可以以附件的形式发送被整理成文档形式的文件，还可以发送照片、音频、视频等文件。在使用电子邮件的附件功能时，商务人员应在电子邮件的正文中对附件进行简要说明，并提示收件人查看附件。

若附件为特殊格式的文件，则商务人员应在正文中说明其打开方式，以免影响收件人查看。

商务人员应为附件设定有意义的文件名。当附件的数量较多（多于 2 个）时，商务人员应将其打包成一个压缩文件。

若附件的容量较大，则商务人员应事先确认收件人所使用的电子邮件服务系统是否有足够的容量收取，否则，应将附件分割成多个小文件，分别发送。

（2）电子邮件的收发细节。在收发电子邮件时，商务人员（发件人和收件人）应当注意以下细节。

① 及时确认发送状态。在发送电子邮件后，发件人一定要及时确认电子邮件是否已经发送成功。确认电子邮件发送状态的方法通常有如下两种：一是检查被发送的电子邮件是否已显示在“已发送”列表中，若该列表中有显示，则表明发送成功；二是在电子邮件发送几分钟后，检查邮箱中有无系统退信，若无系统退信，则表明发送成功。

② 通知收件人。在发完电子邮件后，发件人一定要打电话通知收件人查收并阅读电子邮件，以免耽误重要事宜。

③ 及时回复。在收到重要或紧急的电子邮件后，收件人通常应当在 2 小时内回复对方，以示尊重。对于一些不紧急的电子邮件，则可暂缓处理，但一般不可超过 24 小时。

在回复电子邮件时，商务人员最好只将原件中相关的问题抄到回件上，并附上结构完整的答复内容。只回复“已知道”“对”“谢谢”“是的”等，是非常不礼貌的。

【小贴士】

令人反感的行为

曾有调查结果显示以下几种行为最令电子邮件的收件人反感：①转发伤风败俗的玩笑；②使用大写字母写电子邮件；③讨论敏感的个人问题；④对工作或领导抱怨不休；⑤就某个问题争论不休；⑥不厌其烦地描述自己的不幸；⑦传播不负责任的流言蜚语；⑧随意批评他人；⑨详细谈论自己或者其他人的健康问题。

3. 微博

（1）微博的概念。微博即微型博客的简称，是一个基于用户关系进行信息分享、传播及获取的平台。用户可以通过 Web、WAP 等各种客户端组建个人社区，以文字更新信息，并实现即时分享。

国内知名新媒体领域的研究学者陈永东在国内率先给出了微博的定义：微博是一种通过关注机制分享简短实时信息的广播式的社交网络平台。

① 关注机制：可单向、可双向。

② 实时信息：最新实时信息。

③ 广播式：公开的信息，谁都可以浏览。

④ 社交网络平台：把微博归为社交网络。

对微博通俗的解释是这样的：它提供了这样一个平台，你既可以作为观众，在这里浏览你感兴趣的信息；又可以作为发布者，在这里发布内容供别人浏览。发布的内容一般较短。当然，你也可以发布图片、分享视频等。它最大的特点就是发布信息快速、信息的传播速度快。

（2）微博的特点。微博的草根性很强，且广泛分布在桌面、浏览器和移动终端等多个平台上，有多种商业模式并存，或有形成多个垂直细分领域的可能。但无论哪种商业模式，都离不开用户体验的特性和基本功能。归纳起来，微博具有以下特点。

① 便捷性。信息共享便捷、迅速。用户可以通过各种连接网络的平台，在任何时间、任何地点即时发布信息，其信息发布速度超过传统纸媒及网络媒体。

微博网站的即时通信功能非常强大，没有计算机的地方，只要有手机，用户也可即时更新自己的内容。类似于一些大的突发事件或引起全球关注的大事，如果有微博用户在场，他就可以利用各种手段在其微博上发表出来，其实时性、现场感及快捷性可以超过大多媒体。

②“背对脸”。人们在微博上的交流是“背对脸”的，就好比你坐在计算机前打游戏，路过的人从你背后看着你怎么玩，而你并不需要主动和背后的人交流。微博上的交流可以是一点对多点的，也可以是点对点的。移动终端提供的便利性和多媒体化，使得微博用户的黏性越来越大。

微博信息获取具有很强的自主性、选择性，用户可以根据自己的兴趣、偏好，依据对方发布内容的类别与质量，来选择是否关注某用户，并可以对自己关注的用户进行分类；同样，微博宣传的影响力具有很大弹性，与内容质量高度相关。其影响力基于用户现有的被关注的数量。用户发布内容的吸引力越大、新闻性越强，对该用户感兴趣、关注该用户的人也越多，该用户的影响力就越大。只有拥有更多高质量的粉丝，才能让你的微博被更多人关注。此外，微博平台本身的认证及推荐亦有助于增加被关注的数量。

③ 原创性。在微博上，大量原创内容爆发性地被生产出来。

4. 微信

微信是一个为智能手机提供即时通信服务的免费应用程序，支持用户跨通信运营商、跨操作系统平台通过网络快速发送免费（需消耗少量网络流量）语音信息、视频、图片和文字。微信的功能具体如下。

（1）聊天：支持发送语音信息、视频、图片（包括表情）和文字，是一种聊天软件，支持多人群聊。

（2）添加好友：微信支持查找微信号添加好友、查看 QQ 好友添加好友、查看手机通讯录添加好友、分享微信号添加好友、摇一摇添加好友、扫描二维码添加好友等方式。

（3）实时对讲机功能：用户可以通过语音聊天室和一群人语音对讲，但与在群里不同的是，这个聊天室的消息几乎都是实时的，并且不会留下任何记录，用户在手机屏幕关闭的情况下也可以进行实时聊天。

（4）其他功能：朋友圈、视频号、直播、扫一扫、摇一摇、看一看、搜一搜、附近、购物、游戏、小程序等。

【小贴士】

微信商务礼仪十条

四、网络沟通的策略

在信息化背景下，网络沟通的应用早已普及，可是如何在新的数字化时代之下真正提高沟通的效率呢？我们应该在网络沟通方面注重以下常用策略。

1. 保留传统的沟通方式

有时候我们只是相隔一墙，推开门就可以畅快地聊天，然而我们的谈话却更多地通过 QQ、微信并配合各类表情符号进行着。有时候我们住在同一城市，提起电话就可以畅快地聊天，然而我们更倾向于关注他人的微博、给他们留言。久而久之，我们发现彼此的距离已经在无形之中越来越远。网络沟通似乎耗费着同样的时间成本，却难以起到真实人际沟通中的卓越成效。

传统的沟通方式——面对面的沟通仍然是最重要的沟通方式，因为网络沟通并不能替代人与人之间的直接交流。在面对面的沟通中，我们可以观察别人的表情、神态、语气、肢体语言等非语言信息，并确保沟通的有效性与反馈的及时性，同时能够节约大量的时间。因此，在信息技术普及的今天，人们在越来越依赖这些新技术传递信息的同时，仍然应重视传统的沟通方式，把传统的沟通方式与网络沟通方式相结合，以确保沟通的有效性与反馈的及时性。

2. 发送信息须三思

人们经常会收到各种并不适用的甚至错误的信息。在日常的网络沟通过程中，信息发送者应对其发送的信息进行认真的考虑和筛选，并且有针对性地选择接收者。在发送信息前，发送者应深思熟虑，切勿盲目地群发，以免既造成个人信息的外泄，又造成信息发送的无效。

3. 分辨信息的真伪性

在进行网络沟通时，人们无法根据表情、神态、语气等来判断信息的准确含义，因为文字可以掩盖人们的真实情感，人们无法仅凭文字来判断信息的隐性含义。因此，在进行网络沟通时，我们要尽量把意思表达清楚，使用正确的网络表情辅助交流，在必要时进行面对面的沟通。

4. 注重信息的保护

网络在给我们带来沟通便捷的同时，也给我们的信息安全造成了很大的安全威胁。网络犯罪率日趋上升，将给人们的生活带来极大的负面影响。

在进行网络沟通时，我们不要随便发布内部文件和信息，以免造成泄密；要增强安全自保意识，不要在公众场合使用公用账户、私人密码；要防范黑客、病毒，不要使用盗版软件，要谨慎对待不明电子邮件；对于有关部门发布的信息预警，要及时采取措施防范。

5. 尊重他人的隐私

不要随意公开私人邮件、聊天记录和视频等内容；要尊重他人的知识，尊重他人的劳动成果，不要剽窃、随意修改和张贴他人的劳动成果。

6. 充分尊重他人

网络中更加需要彼此尊重。例如，在 QQ 聊天当中，有些不熟悉的人一上来就发视频请求，更有甚者对方不接他就不停地发，这种做法是对对方极不尊重的做法，因为对方需要的是一个独立的个人空间。这种做法带来的后果往往是被对方拉入黑名单或被删除好友。因此，网络沟通必须以尊重他人为基础。

在进行网络沟通时，我们必须以不侵犯他人的言论权为基础，必须言谈举止都恰当，从而树立自己在网络中的正面形象，得到他人的尊重。

7. 讲究网络礼仪

在网络沟通中，为了表示尊重对方、展现自己使用网络的负责态度，以及避免带给对方使用网络的不便及无意间产生的误解，我们应讲究网络礼仪。网络礼仪是将一般的礼仪迁移到网络情境下所产生的新的名词。网络礼仪使网络用户能够遵守网络公约，做一个有礼貌、有规矩、懂得保护自己、避免伤害别人的“网络公民”。

第三节　书面沟通

一、书面沟通概述

书面沟通是一种传统的沟通方式，一直作为可靠的沟通方式为大家所采用，每个管理者在工作中都不可避免地要运用文字来进行沟通，“口说无凭，落笔为准”就充分说明了书面沟通在现实生活中的重要作用。所谓书面沟通，就是利用书面文字作为主要的表达方式，在人与人之间进行信息传递与思想交流的过程，如企业在处理日常事务时经常使用的信函、计划书、各类报告等都是重要的书面沟通方式。

1. 书面沟通的优点和缺点

书面沟通在人们的生活和企业管理过程中扮演着重要的角色，具有其他沟通方式不可替代的作用。概括起来，书面沟通的优点和缺点如表 2-3 所示。

表 2-3　书面沟通的优点和缺点

书面沟通的优点	书面沟通的缺点
可供阅读，可长期保存，并可作为法律凭证，失真性相对较小	耗费时间较长，在同等的时间内进行沟通，口头比书面所传递的信息要多很多
可使下属直抒胸臆，放开思想，避免由于言辞激烈与上级发生正面冲突	信息发送者无法确保信息接收者对信息的理解符合其本意，容易产生沟通障碍

续表

书面沟通的优点	书面沟通的缺点
内容易于复制，有利于大规模地传播	缺乏内在的反馈机制，不能及时地提供信息反馈，信息反馈速度慢
讲究逻辑性和严密性，说理性更强，信息能够被充分、完整地表达出来，减少了情绪和个人观点等因素对信息传递的影响	无法运用情境和非语言要素，对于有些“只可意会，不可言传”的内容，通过书面沟通很难解释清楚
书面沟通的内容可以被反复推敲、修改	

2. 书面沟通的原则

书面沟通通常遵循“7C”原则：完整（Complete）、正确（Correctness）、清楚（Clearness）、简洁（Concreteness）、具体（Concreteness）、礼貌（Courtesy）、体谅（Consideration）。

完整是指书面沟通应完整表达所要表达的内容和意思，把何人、何时、何地、何事、何种原因、何种方式等信息都表达清楚。

正确是指主题正确、观点正确、运用的理论和方法正确、语言表达正确、数据正确、结论正确。

清楚是指思路清楚、层次清楚等。特别是选用的所有语句都应能够非常清晰、明确地表达真实的意图，避免有歧义或者模棱两可。

简洁是指在无损礼貌的前提下，用尽可能少的文字清楚地表达真实的意思，让人一目了然、易于理解。清楚和简洁经常相辅相成，摒弃行文中的陈词滥调和俗套，可以使交流变得更加容易和方便。

具体是指内容要具体且明确，不能丢三落四。

礼貌是指文字表达的语气应表现出一个人的职业修养，应客气且得体。最重要的礼貌是及时回复对方，最感人的礼貌是从不怀疑对方的坦诚。人们在相互交往中可能会产生意见分歧，但礼貌和沟通可能化解分歧而不影响双方的良好关系。

体谅是指在进行书面沟通时，始终以对方的观点来看问题，根据对方的思维方式来表达自己的意思，只有这样，与对方的沟通才会有成效。

3. 书面沟通的一般过程

书面沟通的一般过程如图 2-1 所示。

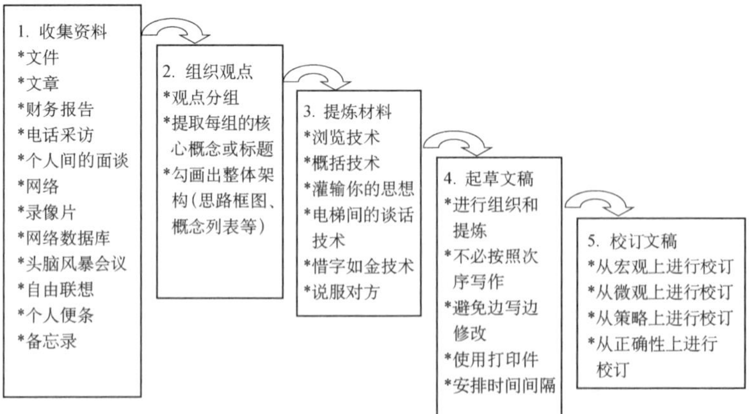

图 2-1　书面沟通的一般过程

二、常见的书面沟通方式

1. 商务信函

在现代商务活动中，商务信函依然是商务通信的基础和重要内容之一，也是被普遍承认的具有法律效力的经济交往工具，因此商务信函礼仪的地位仍然很重要。商务信函的礼仪规则如下。

（1）格式正确。商务信函应使用印有公司抬头的专用纸，质量应尽可能优良。这种纸一般只能用于公司业务，不能用于书写私人信件，以免收信人在阅读全文之前分不清来函的性质。

商务信函大体包括 3 个部分：开头、正文与结尾。开头要写明收信人和主题；正文用于说明和讨论问题的细节；结尾则说明发信人将采取何种行动或希望对方采取何种行动，以及落款和日期。

商务信函的格式应美观、大方，不可密密麻麻一大片，令人看而生厌，要留足页边。段落要有长有短，句型要参差有致。重点地方不妨加框，可采用列表形式，或使用黑体字、斜体字，给人以美感。

（2）称谓得体。称谓也叫称呼语，商务信函的称谓要准确，符合发信人与收信人的特定关系，要正确表现收信人的身份、性别等。称谓使用不当，可能会得罪人，也可能使收信人没兴趣往下看信件的具体内容。

正确使用对方的姓名与头衔，这是一个重要的礼节问题。在格式上，称谓语在第一行首起的位置单独成行，以示尊重。如果收信人是自己尊敬的领导或长辈，就要写成“尊敬的××”；如果收信人是自己非亲属的长辈、业务伙伴，那么一般在姓氏、名字或姓名后加职务、学衔或职称，如张经理、卫国书记、赵志坚博士、王工程师等。如果不知道对方的姓名与头衔，那么最好在发函前打电话询问收信人的姓名与头衔。

一般称女性为“小姐”是可接受的称谓。如果对方喜欢被称作“夫人”，就称呼其为“夫人”。当弄不清该称呼“小姐”还是“夫人”时，可以称其为“女士”，而采用“亲爱的先生/小姐”和“致有关人士”的称谓，等于告诉对方，你连对方是谁都不清楚。如果打听不到收信人的姓名，那么可以用职务等中性名称代替，并在前面加上其公司或部门的名称。如果从姓名上判断不出对方的性别，那么可称其全名，在前面加上“尊敬的”而略去“先生”“小姐”等字样。

（3）内容得当。正文是商务信函的主体，即发信人要说的话和要交代的事情。正文一般从信的第二行前面空两格开始。尽管商务信函的内容的写法各不相同，但是都要表情达意，以具体、准确为原则，不仅要字迹工整、言之有物、语句通顺，还要措辞得体，根据收信人的特点和发信人与收信人的关系来进行措辞。发信人应避免写错字或打字错误，因为这样不仅不礼貌，还会给人留下粗心的印象。

写信的目的是让人看懂，因此发信人在写信时应做到开门见山、直截了当，以便使收信人看过一遍就能完全领会自己的意思。

通信不像打电话或面对面交谈，文字和语句没有声调，对方看不见你的表情、听不见你的声音，就可能产生误解。一些无伤大雅的幽默可以使商务信函更活泼、更亲切，但应慎用，以防误用而使人产生误解和不快。一般来说，商务信函还是以简明为宜，不要啰唆，尽可能不浪费他人的时间。

内容要丰富，但应尽量简练并避免重复。用词也应简练，如可以把“未解决的问题”写成“问题”，把“预先提出警告”写成“警告”等。为了少用词语，有时可列出所有要点，并标上序号。要多用常用词，不要用生僻、晦涩的词，以免让对方认为你在故弄玄虚、卖弄学问；也要避免使用对方不懂的行话。各行各业都有其独特的行话，非本行业的人极难明白其中的真正含义。同样，一些文绉绉的老式用语也不宜使用，如“于兹附上”“望予俯允”等。

（4）结尾讲究。商务信函的结尾部分一般要有结束语、致敬语、署名或签名，以及日期。结束语有“特此函告”“专此说明”等，致敬语有“此致敬礼”“顺致发财”等。署名、签名可并用，也可签名单独用，函件一般还需要加盖公章。人们很重视亲笔签名，有人在收到信后还要仔细辨认是亲笔签名还是签章。

（5）仔细审校。为避免出错，发信人在写好商务信函后最好先核查一遍再寄出。发信人需要核查有无不妥之处，如用词是否得体、表达是否清楚等。

【小贴士】

信函的行款规范

① 字迹。手写的字迹要清晰、端庄、正确、易认；若用计算机打字，则一定不能有错字、别字，标点符号的使用也要正确无误。另外还要注意单字不能成一行、单行不能成一页。

② 篇幅。信函篇幅的长短要视具体情况和文体而定，但应注意既不能啰唆杂沓，又不能过于简单。要有适度的跨行长句，不宜满纸短句，要注意布局合理。

③ 习惯。如果是手写，就不能用红色钢笔或圆珠笔，也不能用铅笔。纸张的选择也应视具体情况而有所变化。与处于境外华语地区的人通信，还要兼顾当地的表达习惯。

④ 折叠。信笺折叠一般以简单地横竖对折为宜，不要折叠成各种花式，以免有失严肃。另外，折叠要注意使文字、收信人的称谓向外。

⑤ 信封。要选择使用国家规定的标准信封，按照邮政规范正确书写收信人和发信人的相关信息及邮政编码，在收信人的姓名后可以使用“亲启”等用语。

⑥ 邮资。邮资要付足，以免退回误事。邮票的贴法要规范，尤其不能随意倒贴、斜贴、躺贴等，以免让人产生误解。

2. 贺信

贺信是表示祝贺、赞颂的专用礼仪性书信，一般用于对他人表示祝贺。目前，贺信已成为表彰、赞扬、庆贺对方在某个方面所做的贡献或所取得的成就的一种常用形式，还兼有表示慰问的功能。

（1）贺信的基本格式。贺信一般由标题、称谓、正文、结尾和落款 5 个部分构成。

① 标题。标题在第一行居中，字号可稍大，其构成方式有以下 4 种：一是只有文种名，即在第一行正中书写“贺信”二字；二是发信主体加文种名，如“××集团公司贺信”；三是接收者加文种名，如“给××公司的贺信”；四是发信主体、接收者、文种名，如“××公司给××研究所的贺信”。

② 称谓。顶格写明被祝贺单位或个人的名称或姓名。写给个人的，要在姓名后加上相应的礼仪称谓，如“先生”“女士”等，在称呼之后要用冒号。

③ 正文。正文部分主要表述 3 个方面的内容。一是开头，写祝贺的原因。二是写作的内

容。如果是祝贺对方取得成绩，就要分析对方取得成绩的原因和意义；如果是祝贺会议的召开，就要说明会议的内容和重要意义。这部分是贺信的中心部分。三是祝颂词，发信主体要由衷地表达自己真诚的祝贺和祝福，也可写些鼓励的话，提出希望或共同理想等。

④ 结尾。贺信仍用“此致敬礼”等表示敬意的话结尾，“此致”空两格单独占一行，“敬礼”顶格单独占一行。

⑤ 落款。空一行写上发信主体的名称或个人姓名，另起一行署上成文的时间，其位置在贺信的右下方。

贺信的范例如下。

贺信

尊敬的××公司×××董事长及全体同人：

欣闻××药业公司成功改制为××公司，这是××发展历程中具有里程碑意义的大喜事。值此××公司揭牌之际，××公司董事长兼总经理×××携全体员工向××公司×××董事长及全体同人致以最热烈的祝贺！

××药业公司诞生于革命战争年代，发展壮大于改革开放的新时代。具有××年革命光荣历史的××公司秉承“×××，×××”的精神，解放思想，更新观念，抢抓机遇，求真务实，开拓进取，创造了一个又一个药业奇迹，为我国医药工业的发展和现代化建设做出了突出的贡献，成为国内医药界学习、尊敬和推崇的楷模。

××药业有限公司改制为××公司掀开了公司发展崭新的一页，也标志着××公司向着现代化、国际化大公司又迈出了更加坚实的一步。我们坚信，在×××董事长及董事会的正确领导下，通过经营层和全体员工的不懈努力，贵公司必将迎来更加辉煌和灿烂的明天！

最后，借××公司揭牌之际，衷心希望我们同心携手，进一步增进相互间的友谊，不断加强双方的合作，用智慧和双手创造我们更加美好的未来。衷心祝愿××公司蒸蒸日上，兴旺发达！衷心祝愿贵公司全体员工身体健康，生活更加美好！

此致

敬礼！

××公司

××年××月××日

（2）贺信的写作要求。贺信要主题明确、中心突出。在写作上，要求结构完整、层次清楚、语言简练、表达精确、行文流畅，能体现公文庄重、大气的特点。贺信应情感真挚但不要言过其实，评价要恰当。

3. 感谢信

感谢信是商界人士对对方的邀请、问候、关心、帮助和支持表示感谢的礼仪专业书信。它适用于向任何给予自己关心、帮助的机关、单位、团体、个人表达感谢。感谢信既要表达出真诚的谢意，又要起到表扬先进、弘扬正气的作用。

（1）感谢信的格式和写法。感谢信通常由标题、称谓、正文、结尾和落款 5 个部分构成。

感谢信的标题的写法通常有以下几种：①只有文种名，如“感谢信”；②感谢对象和文种名，如“致××公司的感谢信”；③感谢双方和文种名，如“××公司致××研究所的感谢信”。

感谢信的称谓要写在开头顶格处，要写明被感谢的机关、单位、团体、个人的名称，并加上冒号。

感谢信的正文从称谓下移一行空两格开始写，要写明感谢的内容和感谢的心情。

感谢信的结尾要写上表示敬意的话。

感谢信的落款要署上发文单位的名称和成文日期。

感谢信的范例如下。

感谢信

我公司于 2022 年 5 月 18 日在南京隆重举行开业典礼，此间收到全国各地许多同行、用户及外国公司的贺电、贺函和贺礼。上级机关及全国各地单位的领导、世界各地的贵宾、国内著名的电缆线路专家等亲临参加典礼，寄予我公司极大的希望，谨此一并致谢，并愿一如既往地与各方保持联系，进行更广泛、更友好的合作。

此致

敬礼！

××通信有限公司

董事长：×××

二〇二二年五月二十二日

（2）感谢信的写作规范。

① 内容真实，赞誉恰当。感谢信的内容必须真实，不可夸大溢美；赞誉对方要恰当，不能过于拔高，以免给人失真的感觉。

② 用语适度，叙事精练。感谢信的内容应以重要事迹为主，详略得当；语言要精练、简洁，不可过分雕饰，否则会给人不真实的感觉。

4. 请柬

请柬是一种礼貌性的书面通知。在我国古代，人们在遇到重大事件时，均以文字请友邀亲，用来表示敬意和隆重的就是请柬。如今，人们举行酒会、茶话会、招待会、舞会、婚礼，以及各种专题性的活动，如博览会、订货会、展销会、联欢会、新闻发布会等，都用请柬邀请各界宾朋。当然，邀请宾朋的方式有很多，如打电话、写信等，但是发请柬比较正式，可以显示对所邀宾朋的重视和尊重。发请柬是一种比较流行且很受欢迎的社交方式。

图 2-2 请柬

请柬的形状、大小可根据各自的喜好确定，没有统一的标准。请柬最好自己设计、制作，极具纪念意义。请柬包括以下几个部分：①封面，颜色、图案可自行设计，封面上要写明“请柬”二字，如图 2-2 所示；②称谓，与商务信函的称谓基本相同；③正文，主要包括活动的性质、规格、时间、地点及其他有关事项；④祝颂语，与商务信函的祝颂语基本相同，但比商务信函更简单，最常用的祝颂语是“敬请光临”；⑤署名和日期，与商务信函相同。

请柬的范例如下。

请柬

×××总裁：

谨定于 2022 年 4 月 16—22 日，在会展中心召开××集团机械设备展销会，并于 4 月 16 日中午 12:30 在××大酒店举行开幕典礼。

恭请届时光临。

××集团公司总经理金××鞠躬

二〇二二年四月九日

请柬是一种比较正规、隆重的文书，是一种具有特殊意义的书信，常被受邀者当作纪念品收藏。因此，发请柬者一定要注意请柬的设计、制作，因为它代表着发请柬者对受邀者的真诚、重视，也体现着发请柬者自身的形象。请柬上的文字最好由发请柬者自己书写。请柬一般应提前 4～10 天寄出或亲自送达，以便受邀者及早做出应邀与否的决定或准备。

【小案例】

庆功联谊会没人来的原因

某单位为销售额突破百万元举行庆功联谊会，特发送了请柬给相关单位，邀请其参加，并准备了精美的礼品，用来感谢相关单位一直以来的帮助。结果有些单位没有接受邀请，到场的人不多，气氛不是很热烈，庆功联谊会没有达到预期的效果。

单位领导感到很困惑，后来，经与有关人士沟通，方知所送请柬有问题：一是落款时间用阿拉伯数字书写，且中间用顿号来代替年、月、日，给人庆功联谊会不正式、主人本身就不够重视的感觉；二是请柬中的事由没有表达清楚，使人误以为庆功联谊会是该单位的内部活动，别人可有可无。

【点评】请柬必须符合礼仪规范，这不仅能体现出商务人员的职业素养，还体现着商务人员所在公司的形象。对于不符合礼仪规范的请柬，受邀人是不会买账的，他们不接受邀请也就不奇怪了。

【课堂训练】

以小组为单位，各自起草一份请柬，邀请有关领导出席相关活动，事由、时间、地点自拟。

课后练习

1. 案例分析。

对方会看到你打电话的表情

日本有一个特别有名的推销员，有人结合他的经历写了一本书，叫《世界上最伟大的推销员》。这个推销员的伟大之处在哪儿呢？他的工作中又有哪些有趣的故事？

有一天晚上，他回到家后比较累，决定先睡一觉。但他定了一个闹钟，同时告诉他的妻子，在晚上 10:00 的时候一定要把他叫起来，因为他跟一个很重要的客户约好在 10:30 的时候打电话。

到晚上 10:00 的时候，不等他的妻子叫他，他听到闹钟就醒了，之后去洗手间洗漱，接着又刮胡子、穿衬衫、打领带，还穿上了西装和皮鞋。最后，他拿了个本子，在电话机旁正襟危坐，一到 10:30 就准时给对方打电话。

业务倒是谈得很顺利，十几分钟就搞定了。但是他这番举动让他的妻子感到很奇怪：不就一个电话吗？有必要搞得跟个神经病似的吗？大半夜的还要起来精心打扮一番，好像现在不是晚上，而是星期一一大早。

你猜他是怎么解释的？他对他的妻子说，如果我很邋遢、很懒散，虽然对方看不到我的样子，但是我自己的精神面貌不好，而这会通过我的语气被传达到对方那里。经过这么一番打扮，我看起来正式多了，人也精神多了。虽然看不见对方，但是我也要尊重对方，我相信，对方一定能感受得到！

【思考与讨论】

（1）在与客户进行电话沟通时，怎样让客户觉得你是尊重他（她）的？

（2）本案例对你有什么启示？

电话里的“女高音”

某杂技团计划于下月赴美国演出，该团的团长刘明就此事向市文化局请示，于是他拨通了文化局局长办公室的电话。

可是电话响了足足有半分多钟的时间，也不见有人接听。刘明正纳闷着，突然电话那端传来一个不耐烦的“女高音”：“什么事啊？”刘明一愣，以为自己打错了电话：“请问是文化局吗？”“废话，你不知道自己往哪儿打的电话啊？”“哦，您好，我是杂技团的，请问王局长在吗？”“你是谁啊？”对方没好气地盘问。刘明心里直犯嘀咕：“我叫刘明，是杂技团的团长。”“刘明？你跟我们局长什么关系？”“关系？”刘明更是丈二和尚摸不着头脑。“我和王局长没有私人关系，我只想请示一下我们团出国演出的事。”“出国演出？王局长不在，你改天再打电话吧。”没等刘明再说什么，对方就“啪”地挂断了电话。

刘明感觉像是被人戏弄了一番，拿着电话半天没回过神来。

【思考与讨论】

（1）本案例中的“女高音”在接电话时有哪些地方不符合礼仪规范？

（2）接电话与塑造组织形象有怎样的关系？

老师的提醒

一名学生发了一封电子邮件给他的老师，信件开头就是“Hi”，并直呼老师的名字。老师说，从信件用词看，这名学生的英文水平不低，怎么就不懂基本的通信礼仪呢？

为了证实自己的猜测，他回信要求这名学生打印或手写一封信给他。对比两封信，老师感慨不已：这名懂得通信礼仪的学生为什么在网络世界里不遵守通信礼仪呢？

他再次回信提醒这名学生，传统的通信礼仪完全适用于网络世界。

【思考与讨论】

请结合案例谈谈你对电子邮件礼仪规范的认识。

一封回信

感谢你给我们发来应聘管理顾问职位的求职信。正如你所了解的那样，我们的管理咨询部是几家主要会计师事务所中最大、最好的部门之一。正因为如此，所以我们总是会仔细审查应聘者的教育背景、工作经验和其他方面的条件。

由于管理咨询部门有着良好的信誉和完善的培训计划，在本国占据着重要的地位，因此很多人都在极力应聘这一职位，其中已获得 MBA（工商管理硕士）学位的人占了很大比例。应聘者的数量和素质使我们难以选择。最终，我们决定以工作经验为标准确定参加面试的人选，因而没能满足你应聘的请求，请予谅解。

随着管理咨询部的不断发展，我们还会招聘新员工，你的经验也会随着时间的推移而不断增加，希望有一天你能来我们部门工作。再一次向你说明，在这个问题上，我们与你一样感到遗憾。

【思考与讨论】

（1）这封回信的开头和结尾分别存在什么问题？

（2）请你重新写一封回信。

装错的请柬

王芳是天地公司的销售秘书。这天，销售经理交给她一项任务：为了庆祝公司成立 4 周年，公司将举办大型客户联谊会，以宣传公司并增进公司与客户的联系。销售经理列出了邀请名单，让王芳负责拟请柬并按照名单发送。王芳急忙上街买了若干精美的请柬，在按照名单填写好之后，匆忙寄出了。由于在填写请柬时忘了写上每人的桌号，并且有几个信封由于匆忙装错了，因此到了客户联谊会当天，宴会厅里的很多客户找不到自己的座位，有些客户由于收到了不是寄给自己的请柬而没有出席，使得客户联谊会的效果大打折扣。公司领导对此十分恼火，王芳则惴惴不安，她不知道会有怎样的命运在等待着自己。

【思考与讨论】

（1）发送请柬应该注意什么？

（2）怎样才能避免王芳犯的错误？

2. 欣赏相声表演艺术家马季的相声《打电话》，并讨论打电话应该注意的问题。

3. 结合生活实际谈谈你接打电话的体会。

4. 李经理正在与一位客户进行电话交谈，这时另一位重要的客户来到办公室拜访他。李经理的正确做法应该是什么？

5. 当发现自己打错电话时，你应该怎样解决？

6. 结合自身感受谈谈网络沟通的特点。

7. 在日常生活中，你使用了哪些网络沟通方式？有何感受？

8. 试举出你在网上对别人做出的不礼貌的行为，或者别人对你做出的不礼貌的行为，并根据所学的知识，提出解决问题的方案。

9. 搜集几个你认为办得好的企业网站的信息，并与同学讨论。

10. 自拟情景，为你的客户拟一份商务信函。

11. 请在课下通过各种途径收集不同情境下的真实请柬，并分析这些请柬在内容、形式等方面的礼仪得失。

实践课堂

实践课堂一　电话礼仪训练比赛

礼貌地与交际对象进行电话沟通，往往会产生意想不到的效果。

活动一：接电话模拟

情景：你是某品牌汽车公司的销售，一位陌生客户打电话来咨询你们公司广告中的一款车。你需要询问他是想约在你们公司的展厅还是对方的场所见面。如果选择在你们公司的展厅见面，那么你要询问他什么时候来、为他保存车子到几点，并告诉他你们公司展厅的具体位置。最后，你还要告诉对方在临时不能来时，要如何联系你。

要求：

1. 分小组进行表演。
2. 每组 2 或 3 人。
3. 时间为 3～5 分钟。
4. 其他小组根据所学内容和表演小组的模拟情况对表演小组进行打分。
5. 表演小组自评，发表自己小组演绎的优缺点，以及对于电话礼仪有哪些新的认识。
6. 教师进行点评。

评分表 1 如表 2-4 所示。

表 2-4　评分表 1

被评小组：		成员：		
序号	内容	分值	得分	理由
1	主题突出、鲜明、深刻	15		
2	情节完整、具有吸引力	10		
3	表演到位、引人入胜	10		
4	口齿清晰	15		
5	语言规范、围绕主题	15		
6	普通话标准	15		
7	情绪渲染到位	10		
8	时间控制在 3～5 分钟	10		
最终得分：				
评分小组：				

参考模板：

接电话模拟参考模板

活动二：打电话模拟

YOU YOU 酒店为了进行优化升级、提高服务水平和服务质量、改善服务设施，需要进行老客户回访。你是客服经理杨小洋，需要打电话回访老客户，进行满意度调查和意见收集。

情景一：上午 9:00，你打电话给第一位客户——李飞（男性），他还在睡觉，在接到你的电话时他很不耐烦，你需要给他道歉，并告知他你是谁、你打电话的缘由，还要询问他什么时候方便接电话，以便在他方便的时候你再打过去。

情景二：你打电话给第二位客户——张女士，她的态度非常好，非常配合满意度调查，但是她在 KTV，非常吵，有一些信息你没有听清楚，你需要感谢她的积极回馈，并请她再讲一遍你没有听清的信息。

情景三：你打电话给第三位客户——王女士，是她的家人接听的电话，你需要告知对方你是谁、你打电话的目的，请对方帮忙转告王女士，并感谢对方。

要求：

1. 分小组进行表演。
2. 每组 2 或 3 人。
3. 小组自拟酒店满意度调查的内容。
4. 完成 3 个情景表演的时间为 10～15 分钟。
5. 分享模拟感想和自己的收获。
6. 其他小组对表演小组进行打分。
7. 教师进行点评。

评分表 2 如表 2-5 所示。

表 2-5　评分表 2

被评小组：		成员：		
序号	内容	分值	得分	理由
1	主题突出、鲜明、深刻	15		
2	情节完整、具有吸引力	10		
3	表演到位、引人入胜	10		
4	口齿清晰	10		
5	语言规范、围绕主题	10		
6	普通话标准	10		
7	精神面貌积极	15		
8	情绪渲染到位	10		
9	时间控制在 10～15 分钟	10		
最终得分：				
评分小组：				

参考模板：

打电话模拟参考模板

实践课堂二　邀请函撰写大赛

书面沟通是一种传统的沟通方式，文字能够传递情感、交流思想、表达诚意。

学校定于 2022 年 10 月 20 日于美术馆举办“庆建团百年 逐青春梦想”美术作品展，拟邀请某高校的陈爱国教授参加美术展开幕式。

任务：撰写邀请函，设计邀请函信封。

要求：

1. 分小组完成，每组 3～5 人，分工明确。
2. 字迹清晰，内容清楚，称谓得当，格式正确。

点评：

1. 各参赛小组自评得失。
2. 其他小组进行打分、点评。
3. 教师进行点评。

评分表 3 如表 2-6 所示。

表 2-6 评分表 3

被评小组：		成员：		
序号	内容	分值	得分	理由
1	称谓得当	5		
2	内容完整	20		
3	格式正确	15		
4	折叠得当	10		
5	文字表述规范	10		
6	信封设计美观、得当	20		
7	信封能体现主题	20		
最终得分：				
评分小组：				

第三章　会面礼仪

生活里最重要的是礼貌，它比最高的智慧、比一切学识都重要。

——[俄]赫尔岑

教养体现于细节，细节展示素质，细节决定成败。

——金正昆

学习目标

在交际中能够得体地称呼对方；掌握问候的基本礼仪规范；能得体地进行自我介绍、居间介绍，更好地与人相识；熟练运用标准的握手礼节。

拜访、接待符合礼仪规范。

能够与交际对象得体地进行交谈。

案例导入

如此会面

小李今年刚大学毕业，在大华公司总经理办公室做秘书。一天，大华公司的王总经理派小李到机场去接广州明光公司的销售经理吴丽晶。小李准时来到机场，吴经理在出口处见到了小李手中的字牌，走到小李面前说："你好！你是小李吧，我是吴丽晶！"小李连忙用不太标准的普通话说："是的是的，我是小李，您好！您就是广州过来的狐狸精（吴丽晶）吧？我是王总派来接您的。我是东方大学行政管理专业毕业的研究生，现在是王总的秘书。"一边说一边伸手准备与吴经理握手。面对小李这样的称呼、这样的自我介绍、这样的握手方式，吴经理会是什么感觉呢？

问题：小李在与吴经理会面时存在哪些礼仪问题？

第一节　会面

会面是交际的开始。会面礼仪是人们在进行交际时最基本、最常用的礼节，它最能反映一个人及社会的礼仪水平，可以帮助我们顺利地通往交际的殿堂。人们见面后互致问候，不熟悉的人之间相互介绍，并握手、互换名片，经过寒暄才进入正题。这看似简单，却蕴含复杂的礼仪规则，表达着丰富的交际信息。

掌握基本的会面礼仪，能使现代人适应各种社交场合的礼仪要求，塑造良好的社交形象，从而赢得交际对象的好感和机遇。

一、称呼

在社交中，一个得体的称呼会令对方如沐春风，为以后的交往打下良好的基础；不恰当或错误的称呼则可能令对方心里不悦，进而影响彼此的关系乃至社交的成功。

【小故事】

叶永烈采访陈伯达

著名传记作家叶永烈在着手写陈伯达传记时，必须采访陈伯达。关于在采访时究竟怎样称呼陈伯达，叶永烈颇费了一番心思。在采访的前一天晚上，叶永烈辗转反侧，思考在见到陈伯达时到底该怎么称呼他。叫他陈伯达同志，不合适，因为陈伯达当时是在监狱服刑的犯人；叫他老陈，也不行，因为陈伯达已经是 84 岁的老人了，而自己才 48 岁。究竟应怎样称呼他呢？突然叶永烈灵机一动，称呼他陈老，这是再恰当不过的称呼了。果然，在第二天采访时，叶永烈用“陈老”这个亲切、得体的称呼令陈伯达感动万分。由此可见，一个得体的称呼可谓交际的“敲门砖”。

1. 常用的称呼

（1）职务性称呼。以交际对象的职务相称，以示身份有别、敬意有加。这是一种很常见的称呼，一般在较为正式的职业场合（如官方活动、公司活动）中使用。这种称呼可以分为 3 种情况。

① 只称职务，如董事长、市长等。

② 在职务前加上姓氏，如王总经理、张市长等。

③ 在职务前加上姓名，如谭承旭市长等。

（2）职称性称呼。对于有专业技术职称，尤其是具有中、高级职称者，可以直接以其职称相称。这种称呼也可以分为 3 种情况。

① 只称职称，如教授、工程师等。

② 在职称前加上姓氏，如李教授、刘工程师等。

③ 在职称前加上姓名，如刘亚珍教授、吴俊明工程师等。

（3）行业性称呼。以交际对象所从事的行业相称，一般可以直接以职业作为称呼，如老师、医生、会计、律师等。此类称呼前均可以加上姓氏或姓名，如汪老师、张医生、李敏律师等。

（4）学衔性称呼。在职场中，按对方的学衔进行称呼，一般可以提高被称者的权威性，也有助于增强现场的学术气氛。这种称呼可以分为 4 种情况。

① 只称学衔，如博士。

② 在学衔前加上姓氏，如王博士。

③ 在学衔前加上姓名，如王晓明博士。

④ 将学衔具体化，说明其所属学科，并在后面加上姓名，如生物工程学博士王晓明。这种称呼最正式。

（5）姓名性称呼。直接称呼姓名，一般适用于同事、同学、亲属、熟人等之间。这种称呼也可以分为3种情况。

① 直呼姓名，如王艳洁、张岩松等。

② 只呼其姓，不称其名，一般要在姓氏前加上“老”“小”“大”等前缀，如老刘、小王、大赵等。

③ 只称其名，不称其姓，一般在亲属、同学、邻里间使用，尤其适用于上级称呼下级、长辈称呼晚辈，如艳洁、岩松等。

（6）亲属性称呼。在日常生活中，对亲属的称呼业已约定俗成，人所共知。面对外人，对亲属可根据不同情况采取谦称或敬称。

① 对本人的亲属应采用谦称。称辈分高于或年龄大于自己的亲属，可以在其称呼前加“家”字，如“家父”“家叔”。称辈分低于或年龄小于自己的亲属，可在其称呼前加“舍”字，如“舍侄”“舍弟”。称自己的子女，则可在其称呼前加“小”字，如“小儿”“小女”。

② 对他人的亲属应采用敬称。对其长辈，宜在称呼前加“尊”字，如“尊父”“尊母”。对其平辈或晚辈，宜在称呼之前加“贤”字，如“贤妹”“贤侄”。若在其亲属的称呼前加“令”字，一般可不分辈分与长幼，如“令堂”“令爱”“令郎”。

（7）性别性称呼。对于商界、从事服务性工作的人，一般约定俗成地按性别称呼其为“小姐”“女士”“夫人”“先生”，“小姐”是对未婚女性的称呼，“夫人”是对已婚女性的称呼，“女士”是对已婚或婚姻状况不明确者的称呼，“先生”主要是对男士的称呼。

2. 称呼的禁忌

（1）忌使用错误的称呼。若因字多音而叫错对方的姓氏、误称未婚女性为“夫人”等，则容易使人产生不悦或误会。

（2）忌使用过时的称呼。若对官员使用“老爷”“大人”等已过时的称呼，则不符合现代社会的标准，显得不伦不类。

（3）忌使用不通行的称呼。例如，山东人喜欢称他人为“伙计”，这样的称呼具有一定的地域性，在全国不通行，有时还会引起误会，如广东等地的南方人容易把“伙计”当成“打工仔”。

（4）忌使用不当的行业称呼。行业称呼具有行业特点，如可以称呼工人为“师傅”，称呼政府职能部门的公务人员为“师傅”则不合适。

（5）忌使用庸俗、低级的称呼。在交际中，尤其是职场中使用“老大”“哥们儿”“姐们儿”等称呼会显得庸俗、低级，甚至还带有黑社会的味道，不合适。

（6）忌使用绰号为称呼。在交际中，特别是在职场中不能随意用别人的绰号来称呼对方，如“四眼”“张瘸子”等，也不宜称呼对方的小名。

（7）忌使用替代性的称呼。在交际中，不应该使用一些替代性的称呼来代替正规的称呼，如不应该使用病人的床号等替代病人的姓名；在服务行业，不应该称呼客人为“几号”或“下一个”等。

（8）忌使用不适当的简称。有时为了显示亲热，有人会使用简称来称呼领导，如“李局（长）”“张处（长）”，但并不是所有的称呼都可以用简称的，如范局长不能被简称为“范局”、戴校长不能被简称为“戴校”。

（9）忌不使用称呼。不使用称呼，即在和别人沟通时使用“喂”“哎”等词语开头，这是很不礼貌的，也会令人十分不满，甚至引起误会。

（10）忌使用昵称。在正式社交场合中绝对不能使用“宝贝”“亲爱的”“哥”“姐”等昵称，一是因为这是素质不高的表现，二是因为这会令人十分尴尬。

【小案例】

“小”字别乱喊

【课堂训练】

以小组为单位，分组、分角色进行称呼礼仪模拟训练。

二、问候

问候即在与人见面时微笑、点头问好、打招呼，或以语言向对方致意的一种方式。问候的礼仪包括次序、态度、方式、内容等方面。

1. 问候的次序

（1）一个人问候另一个人。一个人问候另一个人讲究“位低者先问候”，即辈分、身份较低者先向辈分、身份较高者问候，如晚辈先问候长辈、下级先问候上级、主人先问候客人等。

（2）一个人问候多人。如果同时遇到很多人，那么可以笼统地加以问候，如说“大家好”；也可以逐一加以问候。当逐一问候许多人时，可以按由尊到卑、由长到幼的次序进行，也可以采用由近及远的顺序进行。

2. 问候的态度

（1）要主动。遇到认识的人，要积极主动地问候对方。当他人先问候自己时，要立即热情地予以回应，不能不理不睬，造成失礼于人。

（2）要热情。在问候他人时，通常要表现得热情、友好。面无表情地问候还不如不问候。

（3）要自然。主动、热情地问候他人，要表现得自然大方。问候时，要面带微笑，注视对方的双眼，并且要专心致志。

（4）要专注。在问候的时候，要面含笑意，以双目注视对方的两眼，以示口到、眼到、意到和专心致志。不要在问候对方的时候眼睛看向别处，让对方不知所措。

3. 问候的方式

（1）语言问候。一般熟人相见，使用频率最高的问候语是“你好”或“您好”，另加“好久没见，近来可好（怎么样）”等。问候语应根据不同场合、不同对象而灵活变动，总体来说，越简单越好。随着社会的发展和进步，人们越来越喜欢用“你好”或“您好”来表达见面时的喜悦和礼貌。

（2）动作问候。动作问候有点头、微笑、握手、拥抱、鞠躬等。在与外国人见面时，场合不同，礼节也不同。对日本人等多数东方国家的人来说，鞠躬是最常用的。欧洲人则更喜欢拥抱的礼节。

【小贴士】

路遇的问候

① 遇到不太熟悉的异性。很多人都有这样的感受——遇到不太熟悉的异性会觉得尴尬，不打招呼显得不礼貌，打招呼又不太好意思，或怕对方误会。正确的做法应该是：一位女士偶然遇见不熟悉的男士，应点头招呼，但不要显得太热情，也不要用冷冰冰的面孔来点头；一位男士偶然遇见不熟悉的女士，应先打招呼，但表情不可过分殷勤。

② 遇到很久不见的老朋友。当遇到很久不见的老朋友时，不要大声惊呼，也不要隔着马路或人群大声呼唤，更不要边喊边穿马路，那是非常危险的。在问候之后，如果还想多谈一会儿，就应该避开拥挤的行人，找一个相对安全和安静的地方谈，或另约时间、地点继续交谈，不要站在来往的人流中进行攀谈。

③ 在两人及以上同行时遇到熟人。当两人及以上同行遇到熟人时，你应先介绍你的同伴，如“这是我的同事”或“这是我的朋友”，但也没有必要一一介绍；然后向同伴介绍你的熟人，只需介绍他（她）与你的关系即可，如“这是我的邻居”，被介绍者应相互微笑、点头致意。

如果是两对夫妇或两对情侣，那么相互致意的顺序应是女士首先互相致意，然后男士分别向对方的妻子或女友致意，最后才是男士互相致意。

4. 问候的内容

（1）直接式。直接式问候直截了当地以问好作为问候的主要内容。它适用于正式的公务交往，尤其是宾主双方初次相见。

（2）间接式。间接式问候以某些约定俗成的问候语，或者在当时条件下可以使用的话题作为问候的主要内容。它主要适用于非正式、熟人之间的交往。例如，“忙什么呢”“您去哪里”等可用于替代直接式问候。交谈者可根据不同的场合、环境、对象进行不同的问候，常见的问候语有以下几种。

① 表示礼貌的问候语。例如，“您好”“早上好”“节日好”“新年好”等。根据问候对象的不同，如从年龄上考虑，对儿童可以问“几岁了”“上几年级了”，对成年人可以问“工作忙吗”；从职业上考虑，对老师可以问“今天有课吗”，对作家可以问“又有大作问世了吧”；对朋友、邻居、同事的问候就更为丰富了，问候得当能密切关系、增进友谊。

② 表示思念之情的问候语。例如，“好久不见，你近来怎样”“多日不见，可把我想坏了”等。

③ 表示关心对方的问候语。例如，“最近身体好吗”“在这里住得习惯吗”“最近工作顺利吗”等。

④ 表示友好态度的问候语。例如，“生意好吗”“在忙什么呢”等这些貌似提问的话语，并不表明真想知道对方的起居行止，往往只表达说话人的友好态度，听话人可把它当成交谈的起始语予以回答，或把它当作招呼语而不详细回答。

【小故事】

令人乏味的问候

四海公司的王经理到沿海某市出差，住在当地一家较高档的酒店。当他要到餐厅去用午餐而走出电梯时，站在电梯口的一位女服务员很有礼貌地向他点头，并且说：“您好，先生！”他微笑着回答：“中午好，小姐。”当他走进餐厅后，迎宾员也很有礼貌地对他说：“您好，先生！”他微笑地点了一下头，没有开口。

王经理在吃完午餐后到饭店内的庭园去散步。当他走出大厅时，门口的一位男服务员又说了同样的一句话：“您好，先生！”这时王经理只是敷衍地略微点了一下头，已经不耐烦了。当王经理重新走进大厅时，迎面而来的仍然是那个男服务员，“您好，先生！”的声音又传入他的耳中，此时王经理已心生反感，漠然地径直向电梯走去，准备回客房休息。谁知在电梯口仍碰见原先的那位女服务员，她又说了同样的一句话：“您好，先生！”王经理这时已忍耐不住了，开口说：“难道你不能说一些其他的话同客人打招呼吗？”

【点评】王经理之所以会反感，主要是因为该酒店的几位服务员在短短的时间里，多次和同一位客人照面，却只会机械、呆板地使用同一敬语进行问候，这反而会给客人留下他们的诚意不够、没有从内心深处表达敬意的印象。

三、介绍

介绍是人与人相互沟通的出发点，能有效地缩短人与人之间的距离。介绍分为自我介绍和居间介绍。

1. 自我介绍

自我介绍即将本人介绍给他人。从某种意义上说，自我介绍是进入社会与他人进行交往的一把钥匙。在缺少介绍人的情况下，自我介绍是非常必要的，运用得当，可为交际活动的顺利进行添砖加瓦。

（1）自我介绍的场合。自我介绍的场合一般为正式场合，且没有干扰。具体如下。

① 在求职面试、会议场合可以做自我介绍。

② 在因为业务而需要与相关人士接洽时，需要做自我介绍。

③ 当遇到你知晓或久仰的人士但他不认识你时，可以做自我介绍。

④ 在出差、办事与别人不期而遇时，为了增加了解和信赖，可以做自我介绍。

⑤ 在初次前往他人居所、办公室进行拜访时要做自我介绍。

⑥ 在参加聚会时，主人不可能进行细致的介绍，与会者可以与同席或身边的人相互做自我介绍。

（2）自我介绍的顺序。自我介绍应遵循尊者有优先知情权，位低者先行的原则。具体如下。

① 职位高者与职位低者相识，职位低者应该先进行自我介绍。

② 男士与女士相识，男士应该先进行自我介绍。

③ 长辈与晚辈相识，晚辈应该先进行自我介绍。

④ 资深人士与资历浅者相识，资历浅者应该先进行自我介绍。

⑤ 已婚者与未婚者相识，未婚者应该先进行自我介绍。

（3）自我介绍的方式。根据不同场合、环境的需要，自我介绍的方式有应酬式、公务式、礼仪式、社交式和问答式 5 种，如表 3-1 所示。

表 3-1　自我介绍的方式

类型	适用的场合	使用目的	内容	举例
应酬式	公共场合、一般性的社交场合，如旅途中、商场里	应付不想深交的人	只包括本人的姓名	“你好，我叫/是张明”
公务式	工作场合，如洽谈业务、进行工作联络	与对方建立工作关系	包括本人的姓名、单位及部门、从事的具体工作 3 个要素，这 3 个要素缺一不可	“你好，我叫张明，是五湖四海医药公司的营销经理”
礼仪式	讲座、报告、演说、庆典、仪式等正规场合	向对方表示友好、敬意	包括本人的姓名、单位、职务等内容，还可以适当加一些谦辞、敬语等	“各位来宾，大家好！我叫张明，我是五湖四海医药公司的营销经理。我代表本公司热烈欢迎大家……”
社交式	各类社交活动，如私人交往、联谊会、网络交流等	使对方认识自己、了解自己，以便建立进一步交往的平台	包括本人的姓名、职业、籍贯、爱好、自己跟交际对象共同认识的人等	“你好，我叫张明，我是 2018 级营销班的。李军是我的老乡，我们都是北京人……”
问答式	普通的交际应酬场合	应聘求职、应试求学、初次交往等	主要根据提问进行介绍，有问必答	问：“请问您贵姓？”答：“您好！免贵姓张”

【小案例】

罗兰的自我介绍

罗兰去参加朋友的生日宴会，在那里她遇上了几个不认识的人。当时朋友正在忙里忙外地招呼客人，所以没有顾得上更多地关照罗兰这个“自己人”。正当性格内向的罗兰胆怯地坐在客厅一角，不知道自己该不该和那些陌生人寒暄几句，更不知道自己应该如何启齿时，一位温文尔雅的先生走了过来，主动跟她打招呼：“小姐，您好！我叫邓雨轩，请问您怎么称呼？”缺乏准备的罗兰有点儿慌乱地随口应道：“叫我小罗好了。”

其实，罗兰打心眼里感谢这位不熟悉的邓先生过来跟她打招呼，使她不至于“孤立无援”，而且她也想大大方方地同邓先生聊上几句。然而意想不到的是，罗兰的那句“叫我小罗好了”让邓先生的热情顿减，邓先生立马扭头走了。

【点评】在做自我介绍时需选用恰当的方法，把握好相应的时机和场合，掌握好分寸。本例中的场合属于一般性的社交场合，需介绍自己的姓名，而不应该只介绍自己的姓。

（4）自我介绍的注意事项。自我介绍的注意事项有以下几个。

① 注意时机。要抓住时机，在适当的场合进行自我介绍。应在对方有空闲，而且情绪较好又有兴趣时进行自我介绍，这样不会打扰对方。

② 注意态度。自我介绍的态度一定要自然、友善、亲切、随和，应镇定自信、落落大方、彬彬有礼，既不能怯场，又不能虚张声势。语气要自然，语速要正常，语音要清晰。在自我介绍时出现畏怯紧张、结结巴巴、目光不定、面红耳赤等情况，会给人缺少经验、缺乏自信的感觉，容易被他人轻视。

③ 注意时间。自我介绍要言简意赅，尽可能节省时间。自我介绍的时间一般以半分钟左右为佳，不宜超过一分钟，且越短越好。话说得多了会显得啰唆，而且交际对象未必记得住、感兴趣。为了节省时间，在做自我介绍时，可以利用名片、介绍信等辅助手段。

④ 注意内容。自我介绍的内容包括 3 个基本要素：本人的姓名、单位及部门、从事的具体工作。这 3 个基本要素应被连续报出，这样既有助于给人完整的印象，又可以节省时间。自我介绍要真实诚恳、实事求是，不可自吹自擂、夸大其词。

【小贴士】

自我介绍要善于巧解姓名

名字是一个人的有声名片，在向他人介绍自己的名字时，要想让人印象鲜明、恒久不忘，就需要巧解姓名，把自己的名字介绍得顺耳入心。

相声大师马三立有段著名的自我介绍：我叫马三立。马三立！三立，立起来，被人打倒；立起来，又被人打到；最后，又立起来了。

从自己的名字中寻找特点、亮点，与众不同、标新立异地予以介绍，想必会收到意想不到的效果。

⑤注意方法。在自我介绍前，应先向对方点头致意，在得到回应后再向对方介绍自己。当有介绍人在场时，自我介绍则被视为不礼貌的行为。应善于用眼神表达自己的友善、关心及沟通的渴望。如果你想认识某人，那么最好预先获得一些有关他的资料或情况，如性格、特长及兴趣爱好等。这样，在自我介绍后，便很容易融洽交谈。在获得对方的姓名之后，不妨口头加重语气重复一次，因为通常人们都乐意听到自己的名字。

在他人进行自我介绍时，我们也要注意以下几个方面：一是避免直话相问，如“你叫什么名字”，而应该尽量客气一些、用词更敬重些，如“请问尊姓大名”“您贵姓”“不知怎么称呼您”“您是……”等；二是仔细聆听他人的自我介绍，记住对方的姓名、职业等，如果没有听清楚，那么不妨在个别问题上再仔细问一遍，这比他人做过自我介绍，而你还是不明情况的好；三是在他人做完自我介绍后，我们也应给出回应——向对方做自我介绍，这才是礼貌的。

2. 居间介绍

（1）居间介绍的时机。居间介绍即交际中的第三者介绍（见图 3-1）。在居间介绍中，为他人做介绍的人一般为社交活动中的东道主、社交场合中的长者、家庭聚会中的女主人、公务交往活动中的公关人员（礼宾人员、文秘人员、接待人员）等。

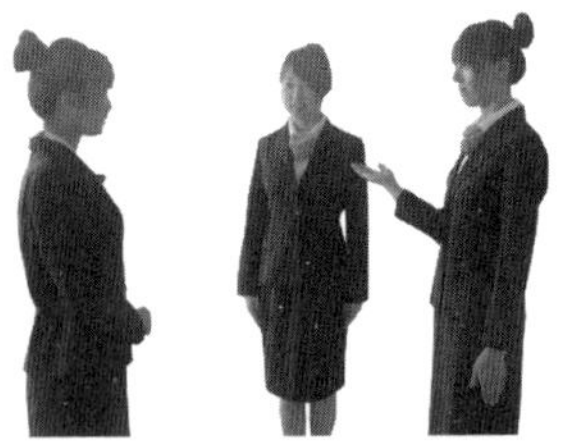

图 3-1 居间介绍

居间介绍的时机包括：在家中接待彼此不相识的客人；在办公地点接待彼此不相识的来访者；与家人外出，路遇家人不相识的同事或朋友；陪同亲友，前去拜会亲友不相识者；本人的接待对象遇见了其不相识的人士，而对方又跟自己打了招呼；在陪同上司、长者、来宾时，遇见了其不相识者，而对方又跟自己打了招呼；打算推介某人加入某一交际圈；受到为他人做介绍的邀请。

（2）居间介绍的顺序。在为他人介绍时，要注意顺序。先确定被介绍的双方哪一方更受尊敬，更受尊敬的人有优先了解对方信息的权利。在我国代，习惯以职位高低、资历深浅、年龄大小来决定受尊敬的程度。在西方，习惯以性别来决定受尊敬的程度，女士优先。国际上公认的介绍顺序如下。

① 将男士介绍给女士。

② 将年轻者介绍给年长者。

③ 将职位低者介绍给职位高者。

④ 将未婚女士介绍给已婚女士。

⑤ 将晚到者介绍给早到者。

如果被介绍者同时符合以上两个条件，那么应该按后一个条件来介绍。例如，当一个晚到的女客人遇到一个早到的男客人时，就需要把晚到的女客人介绍给早到的男客人；当一位年轻的女士遇到一位年长的男士时，就需要把女士介绍给男士。

介绍的顺序应该注意场合。例如，在严肃的工作场合，就要按照职位高低来介绍，把职位低者介绍给职位高者。而在面对客户时，即使是企业的总裁，也要把总裁介绍给客户，因为客户永远是上帝。

【小案例】

不注重细节的小李

小李从某职业技术学院的营销专业毕业两年多了，目前在一家中型私营企业从事销售工作。在工作中，小李很勤奋、很努力，业务做得也还算顺利，但是他有个缺点——不注重细节，在和客户打交道时常出小差错。为此，小李不知道被部门领导说过多少次。这次，小李陪同自己的部门经理去拜访甲方的负责人。由于先前小李和甲方的负责人有过几次接触，因此双方一见面，小李就指着甲方的负责人对自己的经理说："张经理，他就是徐总经理……"说者无心，听者有意，徐总经理的眉头微微皱了一下，接下来和张经理谈话不是很热情，交流很快就结束了。小李感到很迷茫，心想徐总经理平时挺好的，今天怎么会这样呢？在返回的路上，张经理指出了小李的问题所在。

【点评】其实徐总经理态度冷淡是因为小李不注意细节，在做介绍时没有遵循礼仪原则，让对方感觉没有受到尊重。

（3）居间介绍的方式。居间介绍的方式如表 3-2 所示。

表 3-2　居间介绍的方式

类型	适用的场合	使用目的	内容	举例
标准式	正式场合，如业务洽谈、宴会	使双方认识，并建立联系	以双方的姓名、单位、职务等为主	"我给两位引见一下，这位是我们公司营销部的李小姐，这位是五湖四海医药公司的总经理张先生"
礼仪式	正式场合，是一种最为正规的他人介绍	与标准式相似，只是语气、表达、称呼都更为礼貌、谦恭	包括双方的姓名、单位、职务等内容，还可以适当加一些谦辞、敬语等	"张先生，您好！请允许我把我们公司的销售部经理李军先生介绍给您。李先生，这位是五湖四海医药公司总经理张明先生"
推荐式	比较正规的场合	将被介绍人举荐给另一位被介绍人	通常会对主要被介绍者的优点加以重点介绍	"这位是五湖四海医药公司的张明总经理，这位是我们公司的李军总经理。李总经理是管理方面的专业人士，他还是经济学博士呢。张总经理，我想您一定愿意结识他"
强调式	各类社交活动，如私人交往、联谊会等	使双方认识，并引起他人对其中一位被介绍者的重视	包括双方的姓名，往往还会刻意强调其中一位与介绍者之间的特殊关系	"这位是我的学生，这位是李经理，请李经理多多关照"

续表

类型	适用的场合	使用目的	内容	举例
引见式	适用于普通的社交场合	将被介绍双方引到一起	不需具体介绍双方，由他们自行认识	“两位认识一下，这位是张经理，请张经理多多关照”
简介式	适用于一般的社交场合，如聚会、茶话会、舞会	使双方认识	只包括双方的姓名一项，甚至只提到双方的姓氏	“我来介绍一下，这位是小李，这位是小周，你们认识一下吧”

（4）居间介绍的注意事项。在进行居间介绍时，介绍者对介绍的内容应当字斟句酌、慎之又慎。在进行居间介绍时，由于实际需要不同，介绍的内容也应有所不同。在正式场合，内容以双方的姓名、单位、职务等为主。在一般的社交场合，内容往往只有双方的姓名一项，甚至可以只提到双方的姓氏。在比较正规的场合，介绍者有备而来，有意将某人举荐给某人，因此通常会对前者的优点加以重点介绍。

在进行居间介绍时，介绍者与被介绍者都要注意自己的表达、态度与反应。介绍者在进行居间介绍之前，不仅要尽量征求被介绍双方的意见，还应在开始介绍前打一下招呼，切勿上去开口即讲，让被介绍者措手不及。

介绍者应注意实事求是，掌握分寸，不能胡吹乱捧。在介绍姓名时，介绍者一定要口齿清楚、发音准确，要把易混的字咬准，如“王”和“黄”，“刘”和“牛”等；对于同音字、近音字，在必要时要加以解释，如“邹”和“周”，“张”和“章”，“徐”和“许”等。

（5）接受介绍时的礼仪。介绍需要讲究必要的礼节，而在接受介绍时，被介绍者应采取什么态度和行为来表现自己呢？被介绍者在介绍者询问自己是否有意认识某人时，一般不应拒绝或扭扭捏捏，而应欣然表示接受。若实在不愿意，则应说明缘由。

当介绍者走上前来，开始为被介绍者进行介绍时，被介绍双方应起身站立，面带微笑，神态庄重、专注，被介绍者的目光一定要注视着对方的脸部，无论对方是男是女。被介绍者不要让其他事情分散自己的注意力，不要东张西望，以免给对方留下心不在焉、不重视或不欢迎的印象。

当介绍者介绍完毕，若双方均为男士，则握手是必要的，因为握手象征着信任和尊敬。握手时应问候对方并复述对方的姓名，可以说“认识你很高兴，李先生”“你好，张先生”等。此时的常用语还有“久仰大名”“认识你非常荣幸”“幸会”等。被介绍者在必要时还可做进一步的自我介绍。如果是把男士介绍给士，那么女士在觉得有握手必要时，可以先伸出手来，以表示热诚。

被介绍者在走时要互相道别，一声“再见”可以给对方留下很好的印象。

在接受介绍时，如果你没有听清对方的名字，那么可以请对方再说一遍，千万不要觉得不好意思。你可以说：“对不起，我没听清楚你的名字，可否请你再讲一次？”别人不仅不会生气，甚至会觉得很受用，因为这表示你很在乎他的名字。

（6）集体介绍的礼仪。集体介绍是他人介绍的一种特殊形式，是指介绍者在为他人介绍时，被介绍者其中一方或者双方不是一个人而是多个人。在进行集体介绍时，介绍者原则上应参照居间介绍的顺序进行。在正式场合或隆重场合，介绍顺序是一个礼节性极强的问题，其要领如下。

① 当被介绍双方的地位、身份大致相似时，应是一人礼让多数人、人数少的一方礼让人数多的一方，先介绍一人或人数少的一方，再介绍人数较多的一方或多数人。

② 当被介绍双方的地位、身份存在明显的差异，地位、身份明显高者为一个人或人数少的一方时，应先介绍人数多的一方，再介绍地位、身份高的一方。

③ 在被介绍双方均为多人时，应先介绍位卑的一方，后介绍位尊的一方；先介绍主方，后介绍客方。在介绍各方人员时，则应由尊到卑，依次而行。

④ 当被介绍者不是双方而是多方时，应根据合乎礼仪的顺序，确定各方的尊卑，由尊到卑，按顺序介绍各方。当需要介绍各方成员时，也应按由尊到卑的顺序依次进行介绍。

【小贴士】

集体介绍的特别注意事项

在进行集体介绍时，介绍者需要特别注意两点。一是尽量不要使用被介绍者单位的简称。例如，将上海吊车厂简称为上吊、将怀来运输公司简称为怀运等，这样听上去容易使人产生歧义，甚至引起哗然大笑。至少，要在首次介绍时使用准确的全称，然后方可采用不产生歧义的简称。二是在介绍时要庄重、亲切，切勿随意拿被介绍者开玩笑。

【课堂训练】

以小组为单位，分角色进行自我介绍和居间介绍礼仪的模拟训练。

四、握手

【小贴士】

握手的由来

在史前时期，人类的祖先以打猎为生，世界对他们来说是充满危险的。因此，当陌生人相遇时，如果双方都怀着善意，就伸出一只手来，手心向前，向对方表示自己手中没有石头或武器，走近之后，两人互相摸摸右手，以示友好。这样沿袭下来，便成为今天人们表示友好的握手。

关于握手礼来源的另一种说法是，在中世纪时，骑士们都穿着盔甲，在全身披挂后，除两只眼睛外，其余的被都包裹在盔甲里，他们随时准备冲向敌人。如果表示友好，在互相走近时就应脱去右手的甲胄，伸出右手，表示没有武器，互相握手。

如今，握手已成为一种普遍的礼节，其应用范围远远超过了鞠躬、拥抱等。在日常交际中，我们必须注意握手的基本礼节。

1. 握手的要求

握手的标准方式是在行礼时行至距握手对象约 1 米处，双腿立正，上身略向前倾，伸出右手，四指并拢，拇指张开与对方相握。握手时的手势如图 3-2 所示。握手时应用力适度，上下稍许晃动三四次，随后松开手来，恢复原状，如图 3-3 所示。握手应注意如下几点。

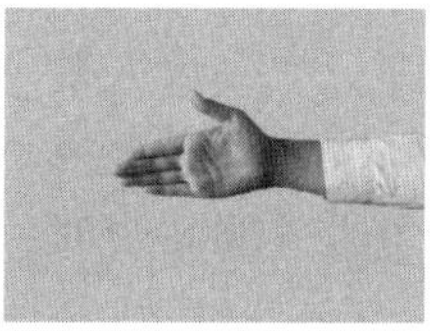

图 3-2 握手时的手势

图 3-3 握手

（1）讲究次序。根据礼仪规范，握手时双方伸手的先后次序，一般应当遵守“尊者先伸手”的原则，即应由尊者先伸出手来，位卑者只能在此后予以响应，而绝不可贸然抢先伸手。握手的次序规则如 3-3 所示。

表 3-3 握手的次序规则

男女握手	男士要等女士伸出手后才可以握手。如果女士不伸手或无握手之意，那么男士可向对方点头致意或微微鞠躬致意。男女初次见面，女士可以不和男士握手，只点头致意
	男士与女士握手，男士要脱帽和脱右手手套，如果来不及脱，就要道歉。女士除非对长辈，一般可不必脱手套
主宾握手	主人有向客人先伸出手的义务。在宴会、宾馆或机场接待客人，当客人抵达时，不论对方是男士还是女士，女主人都应该先伸出手，以表示对客人的欢迎
	客人在告辞时，应先伸出手与主人相握，以表示“再见”之意
长幼握手	年幼的一般要等年长的先伸手。和长辈及年长的人握手，不论男女，都要起立趋前握手，并要脱下手套，以示尊敬
上下级握手	下级要等上级先伸出手。但当涉及主宾关系时，可不考虑上下级关系，主人应先伸手
一个人与多人握手	应讲究先后次序，由尊而卑，即先年长者，后年幼者；先长辈，后晚辈；先老师，后学生；先女士，后男士；先已婚者，后未婚者；先上级，后下级；先职位、身份高者，后职位、身份低者

值得注意的是，在公务场合，握手时伸手的先后次序主要取决于职位、身份；而在社交、休闲场合，则主要取决于年龄、性别、婚否。

【小案例】

不懂握手规矩的小李

小李在大学毕业后被恒达商业集团公司录用，并被安排在办公室工作。一次，公司接到一个通知，说某省考察团要来拜访，公司领导非常重视，让办公室的工作人员认真负责。办公室主任把这次接待任务交给了小李，特意叮嘱他不能出现任何差错。经过多方请教和努力，小李很快拟定了一个极其详尽而且合理的接待方案，该方案得到了办公室主任的认可和赞赏。

巧合的是小李与这次来访的考察团团长非常熟识，故被列为主要迎宾人员并陪同部门领导前往机场迎接贵宾。当考察团团长率领其他工作人员到达后，小李面带微笑，热情地走上前去，先于部门领导与考察团团长握手致意，并转身向部门领导介绍这位考察团团长，接着又热情地向考察团团长介绍了随自己同来的部门领导。小李自以为此次接待相当顺利，但他的某些举动却令部门领导十分不满。

【问题】小李的举动为什么会令部门领导不满？小李的问题何在？

（2）神态专注。在与人握手时，应专注、热情、友好、自然。一般情况下，在与人握手时，应面带微笑、目视对方的双眼，并且口道问候语。在握手时切勿三心二意、敷衍了事、漫不经心、傲慢冷淡。迟迟不握他人早已伸出的手，或者一边握手，一边东张西望，甚至忙于跟其他人打招呼，都是极不礼貌的。

（3）注意力度与时间。握手时的力度应适中，不轻不重，恰到好处。如果手指轻轻一碰，刚刚触及就离开，或者慢慢地相握，缺少应有的力度，就会给人勉强应付、不得已而为之之感。一般来说，手握得紧表示热情。男士之间可以握得较紧，甚至另一只手也加上，可以将对方的手大幅度上下摆动，或者在手相握时，左手又握住对方的胳膊肘、小臂甚至肩膀，以表示热烈。但要注意既不能握得太使劲，使人感到疼痛，又不能显得过于柔弱。对女士或陌生人，轻握是很不礼貌的，尤其是男士与女士握手应热情、大方、用力适度，通常是握紧后打过招呼即松开。但在亲密朋友意外相遇、仰慕已久而初次见面、至爱亲朋依依惜别、衷心感谢难以表达等场合和时机，握手时间可长一点，甚至紧握不放，话语不休。在公共场合，如列队迎接外宾，握手的时间一般较短。握手的时间应根据与对方的亲密程度而定。

【小贴士】

握手方式与性格

① 控制式，即用掌心向下或向左下的姿势握住对方的手。采用这种握手方式的人想表达自己的优势、主动、傲慢或支配地位，一般具有说话干净利落、办事果断、高度自信的特点，凡事一旦决定，就很难改变，作风不大民主。

② 谦恭式，即用掌心向上或向左上的手势与对方握手。采用这种握手方式的人往往性格软弱，处于被动、劣势地位，处事比较谦和、平易近人，不固执，对对方比较尊重、敬仰，甚至有几分畏惧。

③ 对等式，即握手时两人伸出的手心都不约而同地向着左方握在一起。采用这种握手方式的人比较友好，也可能是遵守游戏规则、平等的竞争对手。

④ 双握式，即在右手相握的同时，用左手加握对方的手背、前臂、上臂或肩部。加握部位越高，其热情、友好的程度也显得越高。采用这种握手方式的人热情真挚、诚实可靠、信赖别人。

⑤ 捏手指式，即只捏住对方的几个手指或手指尖部。女士在与男士握手时，为了表示自己的矜持与稳重，常采取这种方式。如果是同性别的人之间这样握手，就显得冷淡和生疏。若换成显贵人物，则其意在显示自己的尊贵。

⑥ 拉臂式，即将对方的手拉到自己的身边相握。采用这种握手方式的人往往过分谦恭，在他人面前唯唯诺诺、轻视自我，缺乏主见与敢作敢为的精神。

⑦ 死鱼式，即握手时伸出一只无任何力度、质感，不显示任何积极信息的手。采用这种握手方式的人不是生性懦弱，就是对人冷漠无情，待人接物消极、傲慢。

2. 握手的禁忌

在人际交往中，握手虽然司空见惯，看似寻常，但是由于它可被用来传递多种信息，因此我们在行握手礼时应努力做到合乎规范，注意以下禁忌。

（1）不要用左手与他人握手，尤其是在与阿拉伯人、印度人打交道时要牢记此点，因为在他们看来左手是不洁的。

（2）不要在握手时争先恐后，而应当遵守秩序，依次而行。

（3）特别要记住，在与基督教信徒交往时，要避免两人握手时相握的手形成交叉状。

（4）不要戴着手套握手，在社交场合，女士的晚礼服手套除外。

（5）不要在握手时戴着墨镜，患有眼疾或眼部有缺陷者例外。

（6）不要在握手时将另外一只手插在衣袋里。

（7）不要在握手时用另外一只手拿着香烟、报刊、公文包、行李等东西。

（8）不要在握手时面无表情、不置一词，因为这样会给对方你无视对方的存在、敷衍了事的感觉。

（9）不要在握手时长篇大论、点头哈腰、滥用热情而显得过分客套，让对方不自在、不舒服。

（10）不要在握手时把对方的手拉过来、推过去，或者上下左右不停地抖动。

（11）不要在与人握手之后，立即揩拭自己的手掌。

第二节 拜访

拜访是公务、商务等社会活动中一件经常性的工作，是常见的社交形式，也是联络感情、增进友谊的一种有效方法。要使拜访得体、有效，就要重视和学习拜访的礼仪。

一、约好时间

在拜访前，拜访者应事先联络妥当，尽可能事先告知，最好是和对方约定一个时间，以免扑空或打乱对方的计划，即使是电话拜访也不例外。不告而访是非常失礼的。

如果双方有约，就应准时赴约，不能轻易失约或迟到。但如果因故不得不迟到或取消拜访，就一定要设法在事前通知对方，并表示歉意。

拜访应选择适当的时间，选择一个对方方便的时间。拜访一般可在平时晚饭后或假日的下午，要避免在吃饭和休息的时间登门造访。

【小故事】

守时的康德

【小幽默】

换只手表

乔治·华盛顿是美国的第一任总统。他有一个年轻的秘书，一天早晨，这位秘书来迟了，他发现华盛顿正在等候着，感到很内疚，便说他的手表出了毛病。华盛顿平静地回答："恐怕你得换一只手表，否则我得换一位秘书了。"

二、做好准备

拜访的准备工作如下。

1. 明确拜访目的

无论是初次拜访还是再次拜访，拜访者都要事先明确拜访目的。

2. 准备有关资料

商务拜访，如拜访客户，要准备的资料包括公司及业界的资料、相关产品的资料、客户的相关资料、销售资料及方案、针对可能出现的情况事先拟定的解决方案或应对方案、一些小礼品等。此外，名片、电话号码簿等也要事先准备好。

3. 准备拜访内容

拜访者要针对拜访环节准备好最稳妥、最得体的称呼和开场白，选择好话题和材料，确定话题范围等。

4. 电话预约确认

拜访者在出发前应致电被拜访者，再次确认本次拜访的人员、时间和地点等事宜。

5. 注意礼仪细节

拜访者在到达拜访地点前，最好稍事整理服装和仪容。如果是重要的拜访对象，就要事先关闭手机，这体现了对被拜访者的尊敬、对访问事宜的重视。

【小故事】

有备无患

王莉在某公司市场部工作，她准备去拜访顺达公司的市场经理胡军先生。王莉预约的拜访时间是本周三下午 3:00。事前，王莉准备好了有关的资料、名片，并对顺达公司及胡军先生进行了了解。在拜访前，王莉对自己的仪容仪表进行了精心、得体的修饰。到了周三，王莉提前 5 分钟到达顺达公司。在与胡军先生的交谈过程中，王莉简明扼要地表达了拜访的来意，在交谈中始终紧扣主题，给胡军先生留下了很好的印象，最终促成了合作。

三、上门有礼

拜访者到达拜访地点后，如果对方因故不能马上接待，那么可以在对方接待人员的安排下在会客厅、会议室或前台安静地等候。如果等待时间过久，就可以向有关人员说明，并另定时间，不要显出不耐烦的样子。有抽烟习惯的人，要注意观察该场所是否有禁止吸烟的警示，即使没有，也要询问接待人员是否介意抽烟。如果接待人员没有说“请随便看看”之类的话，就不要东张西望、到处窥探，那是非常不礼貌的。

拜访者到达拜访地点后，一定要先轻轻敲门，在进屋后，要等被拜访者安排后再坐下。在后来的客人到达时，先到的客人应站起来，等待介绍或点头示意。对室内的人，无论认识与否，拜访者都应主动打招呼。

如果与对方是第一次见面，拜访者就应主动递上名片，或做自我介绍。对熟人可握手问候。如果你带其他人来，就要将其介绍给被拜访者。

拜访者在进门后，应把随身带来的外套、雨具等物品放到接待人员指定的地方，不可任意乱放。

在接茶水时，拜访者应从座位上欠身，双手捧接，并表示感谢。

吸烟者在被拜访者敬烟或征得被拜访者同意后，方可吸烟。

在和被拜访者交谈时，拜访者应注意掌握时间。在有要事必须与被拜访者商量或向被拜访者请教时，拜访者应尽快表明来意，不要不着边际，以免浪费时间。

【小案例】

如此拜访

小王和小李是大学同学，在大学毕业后，各奔东西。如今，小王在 A 公司当业务员，小李在 B 公司当经理。A 公司正好准备与 B 公司做一笔买卖（第一次），而小王在得知此事后，便自告奋勇，一来想去探望一下十多年没见的朋友，二来想提升一下自己在公司的地位。这天下午，小王便去了 B 公司的经理室，结果在门口被秘书拦下。经过一番解释，秘书告诉他李经理不在，并将公司的电话号码给了他。

隔了几天，小王打电话给 B 公司，预约成功，定于星期三下午 3∶30 见面。结果由于堵车，小王晚去了一个小时。到了以后，经打听，经理还在，就推门进去。老朋友相见，十分欢喜，小王马上冒出一句：“小李，这几年过得不错啊！”李经理感到有些尴尬。接着两人寒暄了几句，小王便在沙发上一坐，跷起了二郎腿，掏出一支烟递给李经理。李经理不抽，小王便大口大口地抽起来，整个经理室顿时烟雾笼罩。李经理实在觉得不适，就打开窗户，说：“我这几天咽喉发炎，闻不得烟味儿，请原谅。”小王不情愿地掐灭了香烟。小王的这种拜访不会收到好的效果，反而会适得其反，因为他不懂拜访礼仪。

四、礼貌告辞

在拜访结束时彬彬有礼地告辞，可给对方留下良好的印象，也能给下次的拜访创造机会，所以礼貌告辞这一环节相当重要。

拜访时间的长短应根据拜访目的和被拜访者的意愿而定，通常宜短不宜长，应适可而止。当接待人员有结束会见的意思表示时，拜访者应立即起身告辞。

在告辞时，拜访者要同被拜访者和其他客人一一告别。若被拜访者出门相送，则拜访者应请被拜访者留步并道谢，同时热情地说声再见。

当中途因特殊情况不得不离开时，无论被拜访者在场与否，拜访者都要主动告别，不能不辞而别。

【小幽默】

话别

小林是个不太会说话的人。这天去火车站送别妻子，妻子怕小林难受，就说：“亲爱的，你不要到站台送我了，我怕你伤心，而且还要花一块钱买站台票。”小林脱口而出：“没关系，花一块钱就能把你送走，挺值的！”

五、拜访过程中的礼仪

1. 准时到达

让被拜访者无故等候，无论是何原因都是严重失礼的事情。如果被拜访者要晚点到，那么拜访者应耐心等待，可充分利用剩余的时间检查准备工作。

2. 控制时间

谈话时要开门见山，不要海阔天空，以免浪费时间。拜访者最好在约定时间内完成访谈，如果被拜访者表现出有其他要事的样子，就不能再拖延，若未完成工作，则可约定下次拜访的时间。

3. 注意言谈举止

拜访者要以优雅、得体的言谈举止体现其素质、涵养和职业精神，以便赢得被拜访者的好感和敬重。即便与被拜访者的意见相左，拜访者也不要争论不休，要注意观察被拜访者的举止和神情，当被拜访者有不耐烦或为难的表现时，应转换话题或口气，总之，要避免出现不愉快的场面。

4. 注意见面礼仪

拜访者必须事先搞清被拜访者的真实身份，根据主次或亲疏的关系，决定是行握手礼、拥抱礼还是其他见面礼仪。处理好见面时的礼仪十分必要。

5. 尊重被拜访者

由于被拜访者的国别、民族、年龄、性别、爱好、兴趣、习惯各有不同，因此拜访者要事先了解清楚，并给予充分的尊重。

6. 讲究服饰

服饰事关拜访者的职业形象和所代表的机构形象，也体现了对被拜访者的尊重，所以拜访前对服饰的选择和斟酌马虎不得。

7. 及时致谢

拜访者对拜访过程中接待人员提供的帮助要及时且适当地致以谢意。

8. 事后致谢

若是重要的拜访，则拜访者在完成拜访之后给被拜访者寄一封感谢信或发一条感谢短信，会增加被拜访者对自己的好感。

【课堂训练】

以小组为单位，创设情景，模拟练习拜访，注意相关细节。

第三节 接待

迎来送往是社交接待活动的基本形式，是表达主人情谊、体现主人礼仪素养的重要环节。接待的礼仪规范如下。

一、准备礼仪

迎接是给来宾留下良好第一印象的最重要的工作。把迎宾工作做好，对来宾表示尊敬、友好与重视，来宾就会对东道主产生良好的印象，从而为下一步深入接触打下基础。在迎宾工作中，迎宾人员要注意做好以下前期准备工作。

1. 掌握基本状况

迎宾人员一定要充分掌握来宾的基本状况，尤其是主宾的个人情况，如姓名、性别、年龄、籍贯、民族、单位、职务、专业、偏好等，在必要时还需了解其婚姻状况、健康状况、政治倾向与宗教信仰等。如果来宾尤其是主宾曾经来访过，那么接待规格要前后一致，无特殊原因不宜随意升格或降格。若来宾报出自己一方的计划，如来访的目的、行程、要求等，则迎宾人员应在力所能及的前提下满足其特殊要求，尽可能给对方以照顾。

2. 制订接待计划

为了避免疏漏，迎宾人员一定要制订详尽的接待计划，以便按部就班地做好接待工作。根据常规，接待计划至少应包括迎送方式、迎送规格、交通工具、膳宿安排、工作日程、文娱活动、游览、会谈、会见、礼品准备、经费开支，以及接待、陪同人员等基本内容。

3. 确认抵达时间

有时候，来宾的到访时间或因其健康状况、紧急事务、天气变化、交通状况等的影响而有较大变动，因此迎宾人员务必在对方正式启程前与对方再次确认抵达的具体时间，以便安排迎宾工作。

【小故事】

周公吐哺，天下归心

周公姓姬名旦，是周文王的第四子、武王的弟弟，也是我国古代著名的政治家，曾两次辅佐周武王东伐纣王，并制作礼乐，天下大治。因其采邑在周，爵为上公，故称周公。

周公自言："吾文王之子，武王之弟，成王之叔父也；又相天下，吾于天下亦不轻矣。然一沐三握发，一饭三吐哺，犹恐失天下之士。"周公唯恐失去天下贤人，洗一次头时，曾多回握着尚未梳理的头发；吃一顿饭时，亦数次吐出口中食物，迫不及待地去接待贤士。周公堪称礼贤下士的待客典范，亦为后世为政者的典范。儒家学派把周公作为人格的最高典范，孔子终生倡导的是周公的礼乐制度。

二、迎宾礼仪

1. 迎宾人员

一般来说，迎宾人员与来宾的身份要相当，但若原定的迎宾人员因临时身体不适或不在当地等原因不能前来迎宾，则可灵活变通，由职位相当的人士或由副职出面。出现这种情况，迎宾人员应礼貌地向来宾做出解释。另外，迎宾人员最好与来宾的专业对口。

2. 迎宾地点

来宾的地位、身份不同，迎宾地点往往有所不同。一般情况下，常规的迎宾地点有交通工具停靠站（如机场、车站等）、来宾的临时住所（如宾馆）、东道主的办公地点门外等。在确定迎宾地点时，迎宾人员需要考虑以下因素：双方的身份和关系及自身的条件。

3. 迎宾时间

迎宾人员到机场、车站去迎接来宾，应提前到达，绝不能迟到而让来宾久等。来宾刚下飞机或下车就能看见有人等候，一定会感到温暖；如果是第一次到这个城市，就可能因此获得一种安全感。若迎接来迟，则可能会使来宾感到失望和焦虑不安，甚至产生不快，事后无论怎样解释，都无法消除这种失职和不守信誉造成的影响。

4. 迎宾标识

若迎宾接人员与来宾素未见面，则一定要事先了解一下来宾的外貌特征，最好举个小牌子去迎接。小牌子上尽量不要用白纸写黑字，这样会给人晦气的感觉；也不要写"××先生到此来"，而应写"××先生，欢迎您""热烈欢迎××先生"之类的字样；字迹力求端正、大方、清晰，不要用草书书写。一个好的迎宾标识，既便于找到来宾，又能给来宾留下良好的印象。若在单位门口迎宾，则不要千篇一律地写上“Welcome”一词，而应根据来宾的国籍随时更换语种，这样会让来宾产生亲切感。

5. 问候与介绍

迎宾人员在接到来宾后，切勿一言不发、漠然视之，而要先与之略做寒暄，如说“一路辛苦了”“欢迎您来到我们这个美丽的城市”“欢迎您来到我们公司”之类的话，然后向来宾介绍自己的姓名和职务（有名片更好）。如果来宾在知道你的姓名后一时不知如何称呼你，那么你可以主动表示“就叫我小×或××好了”。其他迎宾人员也要一一向来宾做自我介绍，有时可由领导介绍，但更多的时候是由秘书承担这一职责的。在做介绍时，介绍者的态度要热情，要端庄有礼，要正视对方并略带微笑，可以先说“请允许我介绍一下”，然后按职务高低将本单位的人员依次介绍给来宾。对于远道而来、旅途劳顿的来宾，一般不宜多谈。

6. 握手

握手是见面时最常见的礼节，双方在相互介绍之后应握手致意。在握手时，迎宾人员要注视来宾，微笑致意，并使用“欢迎您”等礼貌用语。在迎接来宾时，迎宾人员一定要主动与来宾握手。

7. 献花

有时迎接重要来宾还要向其献花，一般以献鲜花为宜，并要保持花束的整洁、鲜艳。在社交场合，献什么花、怎么献花，常因民族、地域、风俗、目的的不同而有所区别。一般情况下，应注意从鲜花的颜色、数目和品种 3 个方面进行考虑。

8. 为来宾代劳

接到来宾后，在走出迎宾地点时，迎宾人员应主动为来宾拿行李，但对来宾手上的外套、钱包、密码箱等则不必“代劳”。若来宾有托运的物件，则迎宾人员应主动代为办理领取手续。

9. 休息室接待

在迎接身份特殊的来宾时，迎宾人员可事先在机场、车站安排贵宾休息室并准备一些饮料、播放一些高雅的音乐，以消除来宾旅途的劳顿。若来宾是外宾，则还可在其休息室内挂上其所属国的国旗、摆放一些报刊，以增加休息室与来宾之间的感情。

三、陪同礼仪

1. 话题

在接待来宾时，来宾一般会对将要参加的活动的背景、筹备情况、相关建议，当地的风土人情、气候、物产，富有特色的旅游点，近期当地发生的大事，当地知名人士的情况，当地的物价等感兴趣。

2. 陪车

来宾抵达后从机场、车站到住地，以及在访问结束后由住地到机场、车站，有时需要迎宾人员陪同乘车。迎宾人员在陪车时，应请来宾坐在自己的右侧。在有司机的时候，后排右位最佳，应留给来宾。在上车时，迎宾人员应主动打开车门，以手示意请来宾先上车。一般来说，迎宾人员最好让来宾从右侧门上车，自己从左侧门上车，以免从来宾座前穿过。若来宾先上车坐在了迎宾人员的位置，则不必请来宾挪动位置。

3. 宾馆接待

迎宾人员将来宾送至宾馆，要主动代办登记手续，并将其送入房间。在进入来宾的房间后，迎宾人员应告知来宾餐厅何时营业、有何娱乐设施、有无洗衣服务等。来宾在到达后，最关心的就是日程安排，所以迎宾人员应事先制订活动计划。在来宾到宾馆后，迎宾人员应马上将日程表送上，以便来宾据此安排私人活动。根据日程表，来宾将与哪些人会面，对于这些信息，迎宾人员应向来宾做简略介绍。为了帮助来宾尽快熟悉访问地的情况，主人可以准备一些有关这方面的出版物给来宾阅读，如当地的报纸、杂志、旅游指南等。考虑到来宾旅途劳顿，迎宾人员不宜久留，应让来宾早些休息，在离开前要约好下一次见面的时间和地点，并留下自己的地址和电话号码，以便来宾联系自己。

4. 奉茶

我国人民习惯以茶水招待客人。在招待尊贵的客人时，选择什么茶具、怎样倒茶和递茶都有许多讲究。在给客人送茶时，茶具不能有破损和污垢，要洗干净、擦亮，杯内的茶水倒至八分满即可，不可倒满，免得溢出来溅洒到客人身上。茶水的温度也要控制好，千万不能烫到客人。端送茶水最好使用托盘，既雅观又卫生；托盘内放一块抹布更好，以便茶水溢出时擦拭。在端茶时，若茶杯有杯柄，则可一手执杯柄，一手托在杯底，或单手执杯柄；若茶杯没有杯柄，则注意不要用手握住茶杯，以减少手指和杯沿部分的接触，更不可把拇指伸入杯内。在敬茶时，可以按由右向左的顺序逐个敬上，也可按主要宾客或年长者—其他客人、上级领导—其他客人这个顺序逐个敬上。

【小幽默】

倒茶水

有客人来家里。爸爸倒了杯茶水，对 4 岁的儿子说："去，给叔叔端杯茶。"

儿子端着杯子送到客人手里，不小心把茶水洒到了客人的裤子上。

爸爸连忙向客人道歉，在帮忙清理完后，对儿子说："茶水太少了，再倒点去。"

儿子一听，把剩下半杯茶水也倒在客人裤子上了。

5. 引导

当宾主双方并排行进时，引导者应主动走在外侧，而请来宾走在内侧。当三人并行时，通常中间的位次最高，内侧的位次次之，外侧的位次最低，宾主的位置可依此确定。在单行行进时，引导者应走在来宾前两三步；当走到拐角处时，引导者一定要先停下来，转过头说"请向这边来"；在引导来宾上楼时，引导者应该让来宾走在前面，自己走在后面；在引导途中，引导者切勿与来宾高谈阔论，更不能与来宾打闹，以免来宾走神而当众摔跤；在下楼时，引导者应走在前面靠墙壁一侧，而让来宾走在后面靠楼梯栏杆一侧。

6. 乘电梯

在引导来宾乘坐电梯时，迎宾人员应先进入电梯，按住电梯的开钮，等来宾进入后再关闭电梯门；在到达相应楼层后，迎宾人员应按住电梯的开钮，让来宾先出电梯。如果电梯由专人控制，那么迎宾人员应后入先出。在电梯内，迎宾人员切忌两眼直盯来宾，可视与来宾的熟识程度与来宾交谈，以示友好。

【小故事】

不懂电梯礼仪的营销人员

营销人员王强要到工作室所在的办公大楼门口迎接前来体验产品的客人张太太。这是王强第一次接待客人，他表现得极为热情，一见面就嘘寒问暖。在进入电梯时，王强抢先踏入，紧靠着最里面站好，想把更多的空间留给张太太。

在电梯里，除了王强和张太太还有其他乘梯者，王强为了不冷场，便充分发挥了他的口才，继续和张太太攀谈，问这问那、口若悬河，但是张太太只是礼貌地冲他微笑，偶尔轻声简单回答他的问题，并没有攀谈的意思，这让王强觉得非常尴尬。最终，张太太匆匆地参观了工作室，并表示有急事走了。

后来王强才知道，原来是因为他在电梯里对张太太接待不周，导致张太太认为她没有得到应有的尊重。在知道原因后，王强非常后悔自己的电梯失仪行为。

【点评】电梯虽小，礼仪别有洞天，乘电梯尤其考验人的礼仪修养水平。通过得体的电梯礼仪，我们可以在短短的几十秒内给他人留下良好的印象。

7. 开门

在引导来宾至会客厅时，迎宾人员应先敲门、再开门。若门是向外开的，则迎宾人员应用手按住门，让来宾先进；若门是往里开的，则迎宾人员应先进，在按住门后再请来宾进入。一般应右手开门，再转到左手扶住门，面对来宾，请来宾进入后再关门。无论房门是推开式还是拉开式的，迎宾人员都必须将其完全敞开。为了不让来宾看到自己的背部，迎宾人员应用单手开闭房门。

8. 会客厅接待

在进入会客厅后，若来宾有外套、帽子、雨伞等物品，则迎宾人员可将其接过挂放于衣帽架或明显处，并向来宾说明：“××先生/女士，您的××放在这里。”迎宾人员应将来宾让至上座入座，以示尊重和欢迎。一般来说，室内离门口最远的座位就是上座。如果公司的领导还没到，那么迎宾人员在与来宾聊天时，不要谈论本公司的长短及涉密事项，可聊一些轻松的无关紧要的话题。

【小案例】

小李的接待观

小李是入职不到两个月的员工，但在这不到两个月的时间里，他数次接到顾客的投诉。

原来，小李自以为是大学生，在业务接待中对顾客爱搭不理、态度非常冷淡。他认为，我是大学生，如果赔着笑脸“低三下四”地接待顾客，那岂不成了侍候他们了！再说了，每天的工作都不清闲，哪还有那么多精力去赔笑脸?

甚至有一次一位白发苍苍的老人为了解业务，在小李面前一直站着说话、半蹲着身子写材料前后近半小时，而小李则抖着腿，有一搭没一搭地应付着，更不用说起身请老人坐下说话、给老人端杯水了。正好经理巡视路过看到了这一切。在月末的大会上，经理严厉地批评了小李。经理说这样的接待行为严重影响了企业形象，绝不允许这样的行为再发生……

【点评】刚毕业的大学生从事商务工作，需要学习、了解的东西很多，应该虚心地向同事学习，应该从尊重人、懂礼貌等基础做起。

四、送别礼仪

送别是留给来宾良好的最后印象的一项重要工作。不管你前面的接待工作做得多么周到，如果最后的送别让来宾备受冷落，整个接待工作就会功亏一篑。做好送别工作，关键在于一个“情”字。具体而言，送别时的礼仪如下。

1. 道别

在日常接待活动中，宾主双方由谁提出道别是有讲究的。按照常规，道别应当由来宾先提出，主人先与来宾道别，难免会给人厌客、逐客的感觉。

2. 送别用语

宾主道别，彼此都会使用一些礼貌用语表达对对方的惜别之情，最简单、最常用的莫过于一声亲切的“再见”。除此之外，“您走好”“有空多联系”“多多保重”等也是得体的送别用语。

3. 送别的表现

一般来说，当来宾告辞离去时，秘书只需起身将其送至门口，说声“再见”即可。若上司要求秘书代为送别，则秘书应视需要将来宾送至相应地点：若来宾是常客，则通常应将其送至会议室或办公室门口、电梯门口、大门口或汽车旁；若来宾是初次来访的贵客，则要陪伴对方走得更远些。若只将来宾送至会议室或办公室门口，则要说声“对不起，失陪”，并目送来宾走远；若将来宾送至电梯门口，则宜点头致意，目送来宾至电梯门关上为止；若将来宾送至大门口或汽车旁，则应帮来宾携带行李或稍重物品，并帮来宾拉开车门，在开车门时将右手置于车门顶端，按先主宾后随员、先女宾后男宾的顺序或来宾的习惯引导来宾上车，同时向来宾挥手道别，祝福旅途愉快并目送来宾离去。在送别的过程中，秘书切忌流露出不耐烦、急于脱身的神态，以免给来宾匆忙打发他走的感觉。

【课堂训练】

以小组为单位，模拟在社交场合运用接待礼仪接待来宾的情景，注意相关细节。

第四节　交谈

交谈是一门艺术，正如古语云：“一言之辩，重于九鼎之宝；三寸之舌，强于百万之师。”精湛的语言艺术在人际交往中的威力是不可低估的。成功的交际活动往往依赖于成功的交谈，要提高交谈的质量，就要从交谈的礼仪入手。表达得体、说话得当，才能为人际交往增色。

一、交谈的基本礼仪

1. 态度谦虚、诚恳

交谈要有一个正确的谈话态度。正确的谈话态度是坦率、真诚，要讲实话、肺腑之言。

坦率往往能唤起彼此间的信任，加深双方的了解与友谊，这是交谈成功的关键所在。真诚是指话语从内容到语气都诚恳可信。同时，在交谈中，双方必须精神专注、思想集中，而不是糊弄应付，否则就会话不投机半句多，影响谈话效果。

2. 表情亲切、自然

表情是丰富的肢体语言，人的喜怒哀乐都可以通过表情来反映。交谈时的表情要亲切、自然，我们应当注意保持微笑，因为真诚的微笑可以打动对方；同时要养成用目光与对方交流的习惯，用目光传递真诚与尊重。

3. 语调平和、沉稳

语调是说话者真情实感的“显示器”，恰当地运用语调，可以提升语言的魅力。

我们要善于根据不同的交际对象，运用不同的语调，恰当、得体地表现不同的感情。例如，夫妻、母女等亲密者之间的交谈，其语调应为气徐声柔，给人以温馨感；如果交谈对象是长辈、领导、师长，要表达敬爱之情，那么语调应为气平声谦，给人以敬重感；如果交谈对象是下级、晚辈或年幼者，要表达关心与爱护之情，那么语调应为气舒声长，给人以亲切感；如果交谈对象是朋友、同事，要抒发信任之情，那么语调应为气平声沉，给人以诚挚感；如果交谈对象是陌生人，那么语调应为气缓声轻，给人以礼貌感。

4. 举止大方、得体

为了表示交谈的诚意，举止一定要大方、得体。坐姿要端正，不能懒散地靠在沙发上，诸如双腿叉开、高跷二郎腿等不雅坐姿都应该避免。手势要自然、得体，不能过多，不要出现用笔敲击桌面、玩弄钥匙等小动作，也不要出现用手指指人等幅度过大的动作。

5. 话题贴切、妥帖

话题选择得当，可使交谈有个良好的开端，引导双方各抒己见、深入交谈；话题选择不当，交谈就容易中断、错位，从而陷入困境。选择话题可以把握两个要点。

（1）以对方感兴趣的事情为话题。只有双方都对某一话题感兴趣，双方才能交谈下去。要以对方感兴趣的事情为话题，就必须了解对方的兴趣。而与刚认识的人交谈是最不容易的，因为不了解对方的性格、爱好。这时宜从平淡处开口，而不要冒昧提出太深入或太特别的话题。最简单的是谈天气，或从所处的环境中寻找话题。例如，“今天来的人真不少”“您以前来过这里吗”“您和主人是什么同学呢”“盆花养得真不错”等。另外，还可以询问对方的籍贯，并引导对方详谈其家乡的风土人情。

（2）以对方擅长的事情为话题。交谈犹如打乒乓球，你发的球要让对方容易接，才有可能一来一去地打出多个回合。人际关系也只有在不断的语言交往中才会逐渐融洽。如果你发的球对方不好接，双方的来往就会中断，对方甚至会认为你在故意为难他，这样就会影响双方关系的进一步发展。

6. 掌控周到、适度

在同时与几个人交谈时，你的目光应照顾到在场的每一个人，不要把注意力只集中在你感兴趣的一两个人身上，冷落任何一个人都是失礼的。若有人欲与你交谈，则应乐于与之交谈。若有人想参与你们的交谈，则应点头示意，表示欢迎，并在交谈中不时朝向新来者，以示认可。

交谈要注意分寸。措辞要得体、文明，不庸俗，不粗鲁；要有放有收，不过头，不嘲弄，把握好度；不要唱“独角戏”，夸夸其谈，忘乎所以，不给别人说话的机会，或者没完没了，以致影响别人的工作和休息；要察言观色，注意对方的情绪，对方不爱听的话少讲，对方一时接受不了的话不要急于讲。开玩笑要看对象和场合，一般不与性格内向、多疑敏感的人开玩笑，当对方情绪低落、心情不快时不要开玩笑，在庄重、肃穆的场合不要开玩笑。

交谈还要注意把握时间。和其他形式的交际活动一样，交谈也要有时间观念，要适可而止，要多给他人留下说话的时间。普通场合的小规模交谈，以在30分钟内结束为宜，不要超过1小时；个人每次的发言，应控制在3～5分钟。

7. 寒暄恰当、得体

寒暄是交谈之前的开场白，是交谈进入正题的必要过渡。寒暄可以打破陌生人之间的界限，缩短交谈双方的情感距离，顺利引出交谈的话题。因此，一个恰当的寒暄过程，往往预示着正式谈话的顺利进行。寒暄的内容常常是天气冷暖、身体状况、工作忙闲、最近的活动、谈话环境等。

在社交中和对方初次见面，标准的说法有“您好”“很高兴认识您”“见到您非常荣幸”，比较文雅一点的说法有“久仰”“幸会”。跟熟人寒暄，用语应该亲切一些，如“好久不见”“您的气色真不错”“今天天气真好”等。

二、交谈的语言要求

1. 准确、流畅

在交谈时如果词不达意、前言不搭后语，就容易被人误解，达不到交际的目的。因此，在表达思想感情时，我们应做到口音标准、吐字清晰，说出的语句应符合规范，避免使用似是而非的语言；应去掉过多的口头语，以免语句被割断；语句停顿要准确，思路要清晰，谈话要缓急有度，从而使交谈顺畅。

语言准确、流畅还表现为能让人听懂，交谈时尽量不用书面语或专业术语，因为这样的谈吐让人感到太正规、受拘束或者理解困难。

【小幽默】

自作自受

古时有一笑话说的是有一位书生突然被蝎子蜇了，便对其妻子喊道：“贤妻，速燃银烛，你夫为虫所袭!”他的妻子没有听明白，书生更着急了：“身如琵琶，尾似钢锥，叫声贤妻，打个亮来，看看是什么东西!”其妻仍然没有领会他的意思。书生疼痛难熬，不得不大声吼道：“快点灯，我被蝎子蜇了!”真乃自作自受。

2. 委婉表达

交谈是一种复杂的心理交往，人的微妙心理往往在其中起重要的控制作用。因此，对一些“只可意会，不可言传”的事情、人们忌讳的事情、可能引起对方不愉快的事情，不能直接陈述，只能用委婉、含蓄的话去说。常见的委婉的说话方式有以下几种。

（1）避免使用主观武断的词语，如“只有”“一定”“唯一”“就要”等不带余地的词语，要尽量采用与人商量的口气。

（2）先肯定后否定，学会使用“是的……但是……”这个句式。把批评的话语放在表扬的话语之后，就显得委婉一些。

（3）间接地提醒他人的错误或拒绝他人。

3. 适时赞美

善于发现他人的优点，并恰到好处地赞美他人，能促进人际关系的和谐，有利于交谈的顺利进行。但赞美他人也要讲究技巧，赞美要适时，并给人真诚的感觉。例如，当看到对方换了新发型、新衣服时给予赞美，可以使对方感到愉悦，如“新发型真时尚啊”“你的新衣服真不错”。但赞美也要注意表达方式，如果告诉对方“你的新衣服真不错，我从来没看到你穿得这么漂亮”，那么这句赞美将适得其反。

赞美他人千万不要过分地恭维，那样只会让人觉得是虚情假意的。赞美应因人而异，要了解不同人群喜欢听什么样的赞美。例如，一般来说，男人喜欢别人称赞他幽默、有风度、有才华；女人喜欢别人称赞自己年轻、漂亮、时尚；老人喜欢别人称赞自己身体健康、养生有道、经历丰富；孩子则喜欢别人称赞自己聪明、懂事。

【小贴士】

回应他人赞美的艺术

优雅地接受他人的赞美对某些人来说并不容易，因为从幼年起父母就教导他们不要过于卖弄，所以他们时常有冲动通过拒绝来否认这些溢美之词。例如，有人夸他们“你在工作方面真出色”，他们的典型回答是“哦，其实这没什么”。这种谦虚听起来并不诚恳，甚至会让赞美他们的人感到自己根本不知道自己刚才说了些什么。事实上，更妥当的回答是简单地说一声“谢谢”，告诉对方“真高兴你这么认为”或者“你这样夸奖我真好”。

在别人赞美你后，你应该同样赞美对方（如果你的赞美确实发自内心），如：“谢谢你。不过看看谁在夸我？你是鲍威尔先生最棒的助手!”

4. 幽默、风趣

交谈本身就是一个寻求一致的过程，在这个过程中常常会出现不和谐的地方而产生争论或分歧，这就需要交谈者随机应变，凭借机智抛开或消除障碍。幽默还可以化解尴尬的局面或增强语言的感染力。它建立在交谈者高尚的情趣、较高的涵养、丰富的想象、乐观的心境、对自我智慧和能力自信的基础上，它不是耍小聪明或耍嘴皮子，而应使语言表达既诙谐又入情入理，从而体现交谈者一定的修养和素质。

5. 耐心倾听

在与人交谈时，我们不仅要善于表达自己的意思，还要善于聆听对方说的话，这在社会交往活动中是个不容忽视的问题。聆听他人讲话可以获得更多的信息，从而抓住机会向别人学习；可以避免和减少说话的失误，使谈话简而精；同时也是对对方的尊重。我们不仅要有好口才，还要有一副好“耳才”，做一个善于倾听的人。

【小故事】

我还要回来

美国知名主持人林克莱特有一天访问一名小朋友，问他：“你长大后想要当什么呀？”小朋友天真地回答：“嗯……我要当飞机的驾驶员!”林克莱特接着问：“如果有一天，你的飞机飞到太平洋上空所有引擎都熄火了，你会怎么办？”小朋友想了想：“我会先告诉坐在飞机上的人绑好安全带，然后挂上我的降落伞跳出去。”当在场的观众笑得东倒西歪时，林克莱特继续注视着这孩子，想看他是不是自作聪明的家伙。然而，孩子的两行热泪夺眶而出，这才使得林克莱特发觉这孩子的悲悯之心远非笔墨所能形容的。于是，林克莱特问他：“为什么你要这么做？”小孩的答案透露了他真挚的想法：“我要去拿燃料，我还要回来！我还要回来！”

【点评】通过这个故事，大家应该明白沟通是双向的，我们不仅要向别人灌输自己的思想，还应该学会积极地倾听。

【小贴士】

LISTEN 六要点

礼仪专家赵玉莲总结了 LISTEN（聆听）六要点。

L：Look，注视对方试用“肯尼迪总统眼神法”，方法是轮流看对方的双眼，看左眼、看右眼，再看回左眼，两眼交替注视。据说肯尼迪总统经常使用，最能打动对方的心。

I：Interest，表示兴趣，点头、微笑、身体前倾都是有用的肢体语言。

S：Sincere，诚实关心，留心对方的说话，做真心、善良的回应。

T：Target，对牢目标，对方故意离题，马上带回主题，对方说溜了嘴更要接着上。

E：Emotion，控制情绪，就是在听到过分言语时不要发火。

N：Neutral，避免偏见，小心聆听对方的立场，不要急于捍卫己见。

6. 用语礼貌

用语礼貌有两个要求。一是要求在交谈中多使用礼貌用语，这样不仅会得到人们的尊重、提高自身的信誉和形象，还会对自己的事业起到良好的辅助作用。在现代交际中，礼貌用语主要包括如表 3-4 所示的几个大类。

表 3-4　礼貌用语

序号	礼貌用语的类型	举例
1	问候用语	您好！各位好！小姐好！××先生好！××主任好！早上好！中午好！下午好！晚安！各位下午好！××经理早上好
2	欢迎用语	欢迎！欢迎光临！见到您很高兴！恭候光临！××先生，欢迎光临！欢迎再次光临
3	送别用语	再见！回头见！慢走！走好！欢迎再来！保重！一路平安！旅途顺利
4	请托用语	请稍候！请让一下！劳驾！拜托！打扰！请关照！请您帮我一个忙！劳驾您替我看一下这个东西！拜托您为这位女士让一个座位
5	致谢用语	谢谢您！××先生，谢谢！谢谢，××小姐！十分感谢！万分感谢！多谢！有劳您了！让您替我们费心了
6	征询用语	您需要帮助吗？我能为您做点什么？您需要点什么？您需要哪一种？您觉得这件工艺品怎么样？您不来一杯咖啡吗？您是不是很喜欢这种方式啊？您是不是先来试一试？您不介意我帮助您吧？您打算预订雅座，还是散座
7	应答用语	是的。好。很高兴能为您服务。好的，我明白您的意思。请不必客气。这是我们应该做的。请多多指教。过奖了。不要紧。没关系。我不会介意的
8	赞赏用语	太好了！真不错！对极了！相当棒！非常出色！您真有眼光！还是您懂行！您的观点非常正确，看来您一定是一位行家
9	祝贺用语	祝您成功！祝您一帆风顺！祝您心想事成！祝您身体健康！祝您生意兴隆！祝您全家平安！祝您节日快乐！祝您活动顺利！新年好！春节快乐！生日快乐！旗开得胜，马到成功
10	推脱用语	您可以到对面的商场去看一看。我可以为您向其他专卖店询问一下。下班后我还有其他安排，很抱歉不能接受您的邀请
11	道歉用语	抱歉。对不起。请原谅。失礼了。失言了。失陪了。失敬了。失迎了。不好意思，多多包涵。很惭愧。真的过意不去

二是要求拒绝不文明的语言。表 3-5 中的语言在交谈中均不宜采用。

表 3-5　不文明的语言示例

粗话	如把父母叫“老头儿”“老太太”，把吃饭叫“撮一顿”，在交际中使用这种粗话是有失身份的
脏话	讲脏话，即口带脏字，讲起话来骂骂咧咧，出口成“脏”；讲脏话的人，非但不文明，而且自我贬低，低级且无聊
黑话	黑话，即流行于黑社会的行话，讲黑话会令人反感，难以与他人进行真正的沟通和交流
荤话	荤话，即说话者把艳事、绯闻、男女关系之事挂在口头，说话“带色”“贩黄”不仅表明说话者的品位不高，对交谈对象也不够尊重
怪话	有些人说话或怪里怪气，或讥讽嘲弄，或怨天尤人，或黑白颠倒，或耸人听闻，专要以自己的谈吐之怪令人刮目相看；爱讲怪话的人，难以令人对其产生好感
气话	气话，即说话时闹意气、泄私愤、图报复、大发牢骚、指桑骂槐；在交谈中说气话，不仅无助于沟通，还容易伤害人、得罪人

【小贴士】

交谈的禁忌

【课堂训练】

以小组为单位，创设交谈情景，分角色进行交谈礼仪的训练。

课后练习

1. 案例分析。

不同的自我介绍

在一次非正式聚会中，我遇到两位初出茅庐的大学毕业生。男生 A 这样介绍自己：“您好，我叫××，今年刚毕业，正在找工作。”我当时有些发愣，只好接话说：“是吗？那加油哇，祝你早日找到满意的工作。”而女生 B 则这样介绍自己：“您好，听说您是一位作家。”我赶紧说：“哪里算作家，就是随便写写。”她笑吟吟地说：“我也是，不过我更喜欢画画，我是一名从美术学院毕业的学生。”之后，我们很自然地谈起了写作和美术，谈得很高兴。

【思考与讨论】

（1）男生 A 和女生 B 的自我介绍哪一个更容易让双方找到交谈的话题？

（2）自我介绍有什么秘诀呢？

成功的拜访

小李参加暑期大学生社会实践，今天，她要去采访一位企业家——张总。在经过电话预约后，小李来到那家公司，秘书小姐请她在办公室先坐一会儿，因为张总临时有个紧急会议。过了半个多小时，门被推开了，门口出现了张总略带疲惫的脸。小李马上站起身来，微笑着说：“您好，张总。真是非常感谢您能在百忙之中接受我的拜访。”“不用客气，请坐。”在坐定之后，小李又诚恳地说：“说实在的，我刚才心里还有点忐忑，见到您这么忙，真有点担心您无暇顾及我的这件小事，而且您工作这么辛苦，我占用了您宝贵的时间，实在是不好意思。”“哪里的话，约好的事情，我一定会做到的。”“是呀，从张总的身上我能看到贵公司重实守信的形象。”听到小李这句真挚的赞扬，张总爽朗地笑起来，刚刚的疲惫一扫而空。接下来，双方的交谈既轻松又愉快，一个小时很快就过去了。临别时，小李又向张总致谢：“今天的采访进行得这么顺利，我要谢谢您的配合。而且您平易近人的言谈，努力开拓、求实创业的精神给我留下了深刻的印象，更让我感受到了贵公司蓬勃向上的活力和风采。回去我一定把这篇报道好好地写出来，让更多的人以您为榜样，从您成功的事迹中得到激励。如果我毕业后能有机会来贵公司工作，成为贵公司的一员，那将是我莫大的荣幸。”

【思考与讨论】

（1）小李的这次拜访有哪些可取之处？

（2）本案例对你有何启示？

接待

某公司汪总经理的日程表上清晰地写着：“12 月 23 日接待英国的威廉姆斯先生。”22 日下午，汪总经理在着手安排具体接待工作时，案头的电话铃响了，打电话的正是威廉姆斯，他说因在某市的业务遇到了麻烦，要推迟到 25 日才能抵达，问汪总经理是否可以并再三因改期表示歉意。尽管在 25 日汪总经理需要到省城参加一个会议，但他还是很干脆地答复对方，25 日一定安排专人接待，26 日同威廉姆斯会面。因为汪总经理知道，威廉姆斯拥有众多的国外客户，同他合作，有望使本公司的商品打入更多的国外市场。于是，汪总经理把接待威廉姆斯的任务交给了公关经理焦小姐。在接受任务后，毕业于文秘专业的焦小姐立即着手收集有关资料，并制定了详尽的接待方案。

25 日下午，威廉姆斯乘坐的班机准时降落，当威廉姆斯走出出口后，焦小姐便热情地迎了上去，并用一口纯熟的英语做了自我介绍，正在茫然四顾的威廉姆斯立刻有了一种踏实的感觉。

焦小姐陪同威廉姆斯乘轿车离开机场，向城市中心的宾馆驶去。一路上，焦小姐不时地向威廉姆斯介绍沿途的风光及特色建筑，威廉姆斯对焦小姐的介绍很感兴趣。天色渐暗，华灯初上，望着窗外的景色，威廉姆斯富有感情地说：“在我们国家，今天是个非常快乐的日子，亲人团聚，尽情享受生活的乐趣。”话语中透着几分自傲，又有几分遗憾，焦小姐认真地倾听并不断地点头。

车子抵达宾馆，由服务人员将威廉姆斯引入房间稍事整理后，焦小姐请威廉姆斯共进晚餐。步入餐厅，威廉姆斯被眼前的景色惊呆了：圣诞树被五彩缤纷的灯饰装饰得格外绚丽，圣诞老人在异国慈祥地注视着远方的游子，餐桌上布满了丰盛的圣诞食品。威廉姆斯非常兴奋。在进餐过程中，服务人员手捧鲜花和生日贺卡走过来并呈给他，威廉姆斯更是激动不已。原来，这天正是威廉姆斯先生 55 岁的生日，焦小姐举起手中的酒杯，对他说：“我代表我们公司及汪总经理，祝您圣诞节欢乐、生日快乐！”威廉姆斯兴奋地说道：“谢谢你们为我举行这么隆重的圣诞晚宴及生日宴会，你们珍贵的友情和良好的祝愿，我将终生难忘。”

26 日，汪总经理由省城返回，双方有关的合作事项洽谈得非常顺利。威廉姆斯在回国时，再三向焦小姐及公司对他的接待表示感谢。

【思考与讨论】

（1）案例中的公司特别是焦小姐在这次接待外宾的过程中有哪些值得我们学习的？

（2）本案例对你有何启示？

提问

国内某大型制药企业要招聘一个高级营销经理。由于事先已经做了筛选，来参加面试的只剩下两位候选人。面试由该企业华中区大区经理王总亲自担任面试官，在半小时里，他对第一位候选人问了3个问题。

问题一：这个职位要带领十几个人的队伍，你认为自己的领导能力如何？

问题二：你在团队工作方面表现如何？因为这个职位需要到处交流、沟通，你觉得自己的团队精神好吗？

问题三：这个职位是新近设立的，压力特别大，并且需要经常出差，你觉得自己能适应这种高压力的工作状况吗？

候选人是这样回答以上3个问题的。

回答一：我管理人员的能力非常强。

回答二：我的团队精神非常好。

回答三：能适应，非常喜欢出差。

【思考与讨论】

（1）你觉得面试官的提问是否存在问题？

（2）如果你是面试官，那么你会怎样提问？

2. 请面对全班同学做一分钟的自我介绍。

3. 3～5人为一个小组，每组设计一个见面场景，将称呼、介绍、握手等见面礼仪、问候、递接名片等社交礼仪连贯地演示下来，学生对各组的表演进行评价，最后由教师进行总结。在表演之前，每组都应就自己设计的场景和成员的角色进行说明。

4. 根据以下情景回答问题。

情景一：A男士和A女士两位白领在门口迎候来宾。

一辆小轿车驶到，B男士下车。A女士走上前，道："王总您好！"并呈上自己的名片。又道："王总，我叫李月，是××集团的公关经理，专程前来迎接您。"B男士道谢。A男士上前："王总好！您认识我吧？"B男士点头。A男士又道："那我是谁？"B男士尴尬不堪。

情景二：B女士陪外公司的C女士进入本公司会客厅，本公司的C男士正在恭候。

B女士首先把C男士介绍给C女士："这是我们公司的陈总。"然后向C男士介绍C女士："这是××公司的刘总。"

问题：（1）请判断以上情景中人物做法的正误。

A男士（　　）　A女士（　　）B男士（　　）B女士（　　）

（2）做法不对的人错在哪？应怎样做？

5. 假如你明天要拜访一位重要客户，你需要做哪些形象准备和资料准备？

6. 你是五湖集团公司办公室的接待人员，明天上午四海集团公司的总经理亲自带队，来你公司参观、考察并落实合租事宜。你将怎样安排这次接待工作？

7. 请根据交谈礼仪的要求与同学模拟一次交谈。

8. 在人际交往中，语言文明是处理好人际关系的基本要求，语言文明应以真诚、自然为最高准则，避免烦琐。在①宴请时客人到来；②舞会结束，舞伴要离开这两种常见的情景下，请说明应分别以怎样的文明用语应对。

9. 讨论在交谈中遇到以下3种情况该如何处理。

（1）对方不知不觉地将话题扯远了。

（2）对方心血来潮，忽然想到了让他得意的事。

（3）对方故意转变话题，不愿意再谈原来的事。

10. 教师将全班学生分为 3 组，一组学生负责提出问题，一组学生负责回答问题，一组学生负责进行观察及评判；问题最好涉及一个主题，如学习、理想、网络等。3 个小组可依照顺序进行角色轮换。

实践课堂

实践课堂一　交际中的心理边界测试——舒服的距离

背景诠释：心理边界这个词最早由心理学家埃内斯特・哈曼特提出，他认为，心理边界是个体与外界连接方式的重要指标。心理边界较弱，个人独立性较差，在交际中容易缺乏自我和安全感，不懂得自己的责任边界；心理边界较强，个人独立性较强，在交际中容易强势，而影响人际关系。在人际交往中，两个或多个独立的个体产生交集，从而建立人际关系；在建立更亲密的关系时，独立的个体需要越过彼此的边界，融入各自的生活，但在边界的客观限制下，这种紧密联系可能会产生融洽的接触感或越界的不适感，最终表现为更加亲密或疏远，也更加复杂。

测试部分：在下面的自评量表中，请根据每道题的描述，务必选择符合自己情况的选项，选择选项 A 得 4 分，选择选项 B 得 3 分，选择选项 C 得 2 分，选择选项 D 得 1 分。

1. 我容易被他人的情绪感染。(　　)

A. 非常符合　　B. 基本符合　　C. 基本不符合　　D. 非常不符合

2. 我现在的想法依然与童年很像。(　　)

A. 非常符合　　B. 基本符合　　C. 基本不符合　　D. 非常不符合

3. 我觉得自己很容易为情受伤。(　　)

A. 非常符合　　B. 基本符合　　C. 基本不符合　　D. 非常不符合

4. 我经常不知不觉就走神了，要么幻想其他，要么陷入沉思。(　　)

A. 非常符合　　B. 基本符合　　C. 基本不符合　　D. 非常不符合

5. 我不喜欢那些把故事的来龙去脉、开头和结尾说得清清楚楚的小说。(　　)

A. 非常符合　　B. 基本符合　　C. 基本不符合　　D. 非常不符合

6. 我不喜欢那种制度规范、等级分明、不让自己发挥的机构。(　　)

A. 非常符合　　B. 基本符合　　C. 基本不符合　　D. 非常不符合

7. 我认为一个萝卜一个坑，是什么样的萝卜，就需要待在什么样的坑里。(　　)

A. 非常符合　　B. 基本符合　　C. 基本不符合　　D. 非常不符合

8. 我认为一个人太投入、太依恋别人，是非常可怕的。(　　)

A. 非常符合　　B. 基本符合　　C. 基本不符合　　D. 非常不符合

9. 一位好家长肯定有些方面像孩子一样。(　　)

A. 非常符合　　B. 基本符合　　C. 基本不符合　　D. 非常不符合

10. 对我来说，把自己想象成一个动物是很容易的事。(　　)

A. 非常符合　　B. 基本符合　　C. 基本不符合　　D. 非常不符合

11. 每当获悉某事发生在朋友或恋人身上时，我就觉得这件事就像发生在自己身上一样。

(　　)

A. 非常符合　　B. 基本符合　　C. 基本不符合　　D. 非常不符合

12. 每当我需要完成某些任务时，我就倾向于展开想象而不愿被条条框框限制。(　　)

A. 非常符合　　B. 基本符合　　C. 基本不符合　　D. 非常不符合

13. 如果不考虑现实，那么我希望人和人能深度交融、不分彼此。(　　)

A. 非常符合　　B. 基本符合　　C. 基本不符合　　D. 非常不符合

14. 我觉得自己被某种不为外人理解的神秘能量影响着。(　　)

A. 非常符合　　B. 基本符合　　C. 基本不符合　　D. 非常不符合

15. 其实正常人、有问题的人和精神病人之间没有明确的界限。(　　)

A. 非常符合　　B. 基本符合　　C. 基本不符合　　D. 非常不符合

16. 我不是那种不苟言笑、老实巴交、不多说话的人。(　　)

A. 非常符合　　B. 基本符合　　C. 基本不符合　　D. 非常不符合

17. 我觉得自己有潜力成为一位有创造力的艺术家。(　　)

A. 非常符合　　B. 基本符合　　C. 基本不符合　　D. 非常不符合

18. 曾觉得有人喊我或念我的名字，但我不确信这件事是真的发生了，还是只是我的幻想。(　　)

A. 非常符合　　B. 基本符合　　C. 基本不符合　　D. 非常不符合

结果分析：

结果分析

拓展阅读

拓展阅读

实践课堂二　沉浸式情景模拟活动——多样的礼仪

在当代，学生不仅要展现中华礼仪之美，还需具备国际视野。本活动通过实化社交情景，使学生在沉浸式情景中以理论知识践行知礼、用礼、行礼。

情景：宴会活动。

活动背景：有 5 名来自不同国家（自行选定国家）的来宾和你们一起参加宴会，为确保本次宴会的顺利举办，你们准备统筹安排本次宴会（可通过书籍或网络搜索相关信息）。

活动准备：为确保宴会顺利举办，你们需要制作本次活动策划，内容包括：①了解 5 名来宾的背景，即用餐喜好、忌讳、基本宴会礼仪；②制作宴会的邀请函；③根据来宾的身份及相关礼仪安排席位；④在宴会中需围绕来宾的国别宴会礼仪进行讨论并进行相关示范（包括中国礼仪）；⑤在宴会结束后送别来宾。

小组人数：6 或 7 人（其中 5 名学生扮演国际来宾，1 或 2 名学生为迎宾人员，并选定 1 名组长）。

活动地点：食堂宴会厅。

活动开展：每组根据自行制作的活动策划及流程进行沉浸式情景模拟，模拟需要对活动策划中的 5 个环节进行说明并对实操环节进行演绎，每个环节 20 分，共 100 分。

活动评估与总结：①在每组完成情景模拟后，教师和其他组的学生共同评分（评分表如表 3-6 所示）、点评；②小组讨论（1～2 分钟），每组的组长进行总结陈述。

表 3-6 评分表

序号	内容	评分标准		评分	备注
1	了解来宾的背景	来宾的喜好、忌讳	20 分		
		来宾的国别宴会礼仪			
2	制作宴会的邀请函	邀请函的中、英文内容准确	20 分		
		邀请函的样式正式、新颖			
3	安排席位	来宾的身份设置合理	20 分		
		宴会席位安排周到			
4	演练宴会	宴会进行中的氛围融洽、主题鲜明、讨论流畅	20 分		
		不同国别来宾的标志性礼仪示范、解释准确			
5	送别来宾	安排合理、礼节周到	20 分		

第四章　社交礼仪

不学礼，无以立。

——孔子

沟通是把一个组织中的成员联系在一起，以实现共同目标的手段。

——[美]巴纳德

学习目标

把握社交礼仪的内涵、内容和特性；遵循社交礼仪的原则；提高社交礼仪的修养。

了解沟通的内涵、类型与层次；了解沟通的知识，掌握沟通的技巧，并对人际关系进行良好的运作。

案例导入

修养的作用

有一批应届毕业生有22个人，在实习时被导师带到北京的国家某部委实验室进行参观。全体学生坐在会议室里等待部长的到来，这时有秘书给大家倒水，同学们表情木然地看着她忙活，其中一个还问了句："有绿茶吗？天太热了。"秘书回答说："抱歉，刚刚用完了。"林晖看着有点别扭，心里嘀咕："人家给你水，你还挑三拣四的。"轮到他时，他轻声说："谢谢，大热天的，辛苦了。"秘书抬头看了他一眼，满含惊奇。虽然这是很普通的客气话，却是她今天听到的唯一一句有礼貌的话。

门开了，部长走进来和大家打招呼，不知怎么回事，会议室里静悄悄的，没有一个人回应。林晖左右看了看，犹犹豫豫地鼓了几下掌，同学们这才稀稀落落地跟着拍手，由于不齐，越发显得凌乱。部长挥了挥手："欢迎同学们到这里来参观。平时这些事一般都是由办公室人员负责接待的，因为我和你们的导师是老同学，非常要好，所以这次我亲自来给大家讲一些有关情况。我看同学们好像都没有带笔记本，这样吧，王秘书，请你去拿一些我们部里印的纪念手册，送给同学们做纪念。"接下来，更尴尬的事情发生了，大家都坐在那里，很随意地用一只手接过部长双手递过来的手册。部长的脸色越来越难看，来到林晖面前时，已经快要没有耐心了。就在这时，林晖礼貌地站起来，身体微倾，双手接过手册，恭敬地说了一声："谢谢您！"部长闻听此言，不觉眼前一亮，伸手拍了拍林晖的肩膀："你叫什么名字？"林晖照实作答，部长微笑点头，回到自己的座位上。早已汗颜的导师看到此景，才微微松了一口气。

两个月后，在毕业分配表上，林晖的去向栏里赫然写着国家某部委实验室，有几位颇感不满的同学找到导师："林晖的学习成绩最多算中等，凭什么选他而没选我们？"导师看了看这几张尚属稚嫩的脸，笑道："是人家点名来要的。其实你们的机会是完全一样的，你们的成绩甚至比林晖还要好，但是除了学习，你们需要学的东西太多了，修养是第一课。"

问题：一个人的礼仪修养表现在哪些方面？礼仪在人与人之间的沟通中发挥着怎样的作用？

第一节　认识社交礼仪

"人无礼则不生，事无礼则不成，国家无礼则不宁。"礼仪是人类文明和社会进步的重要标志，它既是社会交往活动的重要内容，又是社会道德文化的外在表现形式，而且更直接地反映着一个国家的国民普遍的素质。我国以礼仪大国、礼仪之邦的美誉著称于世，礼仪在我国传统文化中占有突出的地位。因此，学好礼仪、用好礼仪是人生的一门必修课，也是提升整个民族素质的重要组成部分。

一、社交与社交礼仪

美国的成人教育家卡耐基认为，一个人事业上的成功，只有 15%是由于他的专业技术，另外的 85%要靠人际关系、处世技巧。卡耐基对社交的重视程度基于他对人生的深刻理解和领悟。尽管我们无法测定卡耐基的量化数值的精确程度，但是几乎没有人否定社交在人生、家庭、事业中的重要性。

1. 社交的内涵

社交是社会交际的简称，人们在共同的社会活动中，通过人与人之间相互接触、互通信息、交流情感，或达到相互了解，彼此吸取对方的长处和积极因素，从而增进友情，和谐合作，促进事业成功的目的；或达到彼此满足相互间的精神慰藉，实现自我价值，增加社会群体的聚合力的目的。

社交是人类生活不可或缺的重要组成部分。在现代社会中，人们所从事的劳动和工作越来越复杂，社会化程度越来越高，既有严密、科学的分工，又有严格的整体配合，需要越来越多的人合作才能成功。同样，随着物质生活水平的提高，各种信息纷至沓来，人们比以往更渴望理解、沟通、文化生活和精神交往，社交和劳动、语言和闲暇一样，是人类生活不可或缺的重要组成部分。

【小贴士】

心理实验

美国心理学家沙赫特曾做过这样的实验：他以每小时 15 美元的酬金先后聘请了 5 位志愿

者进入一个与外界完全隔绝的小屋，屋里除提供必要的物质生活条件外，没有任何社会信息进入，以观察人在与世隔绝时的反应。结果，其中 1 位志愿者在小屋里只待了两小时就出来了，3 位志愿者待了两天，1 位志愿者待了 8 天。这位待了 8 天的志愿者出来后说，“如果让我再在里面待 1 分钟，我就要疯了。”实验证明，没有一个人愿意与外界隔绝，人们都害怕孤独。有的国外学者估计，人们在日常生活中，除 8 小时的睡眠时间以外，其余 16 小时中的约 70%都在进行着交际。

2. 社交的要素

社交包括以下 6 个要素。

（1）两个或两个以上的人。两个人构成社交的最基本单位。单个人所进行的活动尽管可能涉及另外的人，但也不能称为社交；同时，社交中的个人都具有自己的个性心理特征，每个人的个性心理特征都会影响社交过程。

（2）特定的社交动机。人的任何社交活动都是由特定的动机推动的，都是为了满足某种需要。动机所指向的目标可能是物质的，也可能是精神的。

（3）相互认知。在社交中，人与人之间存在相互的觉察、了解及理解。同时，伴随相互认识，每个人都会有感情的移入，产生或喜欢或厌恶的情感倾向。

（4）相互沟通。社交中的双方存在着信息的交换。沟通既包括认识上的沟通，又包括情感上的沟通。沟通可能以语言为媒介，也可能以非语言的体态和表情为媒介。信息沟通是产生相互认知、达到交际目的、建立人际关系的基础。

（5）心理和行为上的互动。在社交中，一方发出的信息刺激会引起另一方心理和行为上的反应，这种反应又会作为新的信息刺激作用于前者，由此产生双方的相互作用与相互影响。

（6）一定的交往情景。人和人之间的任何交往都是在一定的社会背景和现实的社会环境中进行的，特别是交往时所处的现实微观环境会给交往产生直接的影响。

为了使交际双方能够愉快地相识、相知、理解、合作，从而达到交际目的，交际双方需要遵守一些交际规则，这些交际规则可以说就是社交礼仪。所谓社交礼仪，是指人们在社交活动中约定俗成的各种行为规范及其实施程序。

社交礼仪无论是从内容还是到形式，都是纷繁复杂的。从见面礼仪到交谈、告辞时的礼貌用语；从仪容仪表到举止谈吐；从成年仪式、结婚仪式到丧葬仪式；从家庭礼仪到社会礼仪；从官方规定的礼宾程序到形形色色的风俗礼仪，可以说，社交礼仪无处不在。

社交礼仪的自觉运用，涉及人的性格特征、文化水平、价值观念、心理因素等诸多要素，它体现着一个人的文化修养和内在气质。同时，讲究礼仪既是尊重别人的表现，又是尊重自己的表现，有利于形成良好的社会道德观、伦理观和社会风气，对社会的物质文明建设和精神文明建设，尤其是对提高人的素养起着积极的作用。

3. 社交礼仪的内涵

社交礼仪是人们在社交过程中形成的并得到共同认可的各种行为规范，是人们以一定的程序、方式来表现的律己、敬人的完整行为。它体现了一个国家、一个民族、一个地区的道德风尚和人们的精神面貌。因此，礼仪是人类精神文明的产物。

礼仪是人际交往过程中外在表现的形式与规则的总和。它作为人类历史发展中逐渐形成并积淀下来的一种文化，始终以某种精神的约束力支配着每个人的行为。礼仪是人类文明、进步的重要标志，是适应时代发展、促进个人进步和成功的重要途径。礼仪、法律与道德被称为人生幸福的 3 位守护神。礼仪不像法律那样威严，也不像道德那样肃然，它始终是一个会心的微笑、一种温和的声音、一种怡情悦心的需要。社交礼仪的内涵包括如下 4 个方面。

第一，社交礼仪是一种行为准则或规范。它是一种程序，有一定的套路，表现为一定的章法。人们只有遵守这些行为准则或规范，才能适应社会的发展。

第二，社交礼仪是一定社会关系中人们约定俗成、共同认可的行为规范。它首先表现为一些零散的规矩、习惯，然后才逐渐上升为被大家认可的，可以用语言、文字、动作进行准确描述和规定的行为准则，并成为人们有章可循、可以自觉学习和遵守的行为规范。

第三，社交礼仪是一个情感互动的过程。在社交礼仪的实施过程中，既有施礼者的控制行为，又有受礼者的反馈行为，即社交礼仪是施礼者与受礼者之间进行尊重互换、情感互动的过程。

第四，社交礼仪的目的是实现社会交际各方的互相尊重，从而实现人与人之间关系的和谐。在现代社会，社交礼仪体现着一个人对他人和社会的认知水平、尊重程度，是一个人的学识、修养和价值的外在表现。遵守社交礼仪是使人获得自由的重要手段和途径之一。

【小贴士】

“礼”字的由来

从“礼”字的发展演化看，“礼”的最初含义与礼仪的起源——原始宗教祭祀活动有密切的关系。“礼”字在甲骨文里写为“豊”，其下半部分的“豆”字是指古代的一种器具，上半部分的“丰丰”表示一块块整齐摆放的玉，表示将玉放在盒子里。这反映了古人祭祀活动的一个侧面。后来在其基础上又繁化为“禮”，左边加的这个“示”字旁，为古代的神祇，整个字为敬神之意。随着人类对自然与社会各种关系的认识逐渐加深，礼的范围和内容就从各种神事扩大到人事。

4. 社交礼仪的内容

随着时代的变迁、社会的进步，人类的文明程度在不断提高。当代社交礼仪在对我国古代礼仪扬弃的基础上，不断推陈出新，内容更完善、更合理、更加丰富多彩。

（1）礼节。礼节是人们在社交过程中逐渐形成的约定俗成和惯用的各种行为规范的总和，是社会外在文明的组成部分，具有严格的礼仪性质。在现代社会中，由于人与人之间地位平等，其礼节从形式到内容都体现出人与人之间的相互尊重和相互关心。现代礼节主要包括介绍的礼节、握手的礼节、打招呼的礼节、鞠躬的礼节、拥抱的礼节、亲吻的礼节、举手的礼节、脱帽的礼节、致意的礼节、作揖的礼节、使用名片的礼节、使用电话的礼节、约会的礼节、聚会的礼节、宴会的礼节等。当今世界是个多元化的世界，不同国家、不同民族、不同地区的人们在各自的生存环境中形成了各自不同的价值观、世界观和风俗习惯，其礼节从形式到内容都不尽相同。

（2）礼貌。礼貌是指人们在社交过程中的良好言谈和行为。它主要包括口头语言的礼貌、书面语言的礼貌、态度和行为举止的礼貌。礼貌是人的道德品质和修养最简单、最直接的体现，也是人类文明行为最基本的要求。在现代社会，使用礼貌用语、对他人态度和蔼、举止适度、彬彬有礼、尊重他人已成为日常的行为规范。

【小故事】

“我不愿意在礼貌上不如任何人”

《林肯传》中记录了这样一件事：一天，林肯总统与一位南方绅士乘坐马车外出，途遇一老年黑人深深地向他鞠躬，林肯点头微笑并摘帽还礼。同行的绅士问他为什么要向黑人摘帽，林肯回答：“因为我不愿意在礼貌上不如任何人。”可见，林肯深受美国人民的爱戴是有原因的。1982 年，美国进行民意测验，要求人们在美国历届的总统中挑选一位“最佳总统”，林肯在候选人中名列前茅。

（3）仪表。仪表指人的外表，包括服饰、体态等。它属于美的外在因素，反映人的精神状态。仪表美是一个人心灵美与外在美的和谐统一，端庄的仪表来自高尚的道德品质，它和人的精神境界融为一体。端庄的仪表既是对他人的一种尊重，又是自尊、自重、自爱的一种表现。

（4）仪式。仪式指行礼的具体过程或程序，是一种比较正规、隆重的礼仪形式。人们在社交过程中或者组织在开展各项专题活动的过程中，常常要举办各种仪式，以体现出对某人或某事的重视，或是为了纪念等。常见的仪式包括成人仪式、结婚仪式、安葬仪式、凭吊仪式、告别仪式、开业或开幕仪式、闭幕仪式、欢迎仪式、升国旗仪式、入场仪式、签字仪式、剪彩仪式、揭匾挂牌仪式、颁奖授勋仪式、宣誓就职仪式、交接仪式、奠基仪式、洗礼仪式、捐赠仪式等。仪式往往具有程序化的特点。这种程序有些是约定俗成的。在现代礼仪中，仪式中的有些程序是必要的，有些则可以被简化，因此仪式也大有越来越简化的趋势。但是，有些仪式的程序是不可省略的。

【小贴士】

参加升国旗仪式时的礼仪

严格地遵守参加升国旗仪式时的礼仪是维护国旗尊严、增强公民国家观念的体现。参加升国旗仪式时的礼仪如下。

① 起身站立，目视前方，双手下垂，神态庄严，聚精会神，面向国旗，肃立致敬。

② 仪表规范，仪态庄重，穿着整齐，脱帽肃立。

③ 在升国旗的过程中要保持安静，不能喧哗、走动、打闹、东张西望、心不在焉。

④ 当参加升国旗仪式迟到时，若恰逢升国旗、奏国歌，则要立即停止走路，严肃立正，等待升国旗仪式完毕，方可继续行走。

⑤ 在唱国歌时要有激情、曲调准确、声音洪亮。

⑥ 在升国旗仪式结束，主持人宣布解散后方可走动。

（5）礼俗。礼俗即民俗礼仪，指各种风俗习惯，是礼仪的一种特殊形式。礼俗是由历史形成的，普及于社会和群体之中并根植于人们心中，是在一定的环境中重复出现的行为方式。不同国家、民族、地区在长期的社会实践中形成了各具特色的风俗习惯。“十里不同风，百里不同俗”，不但每个民族、地区，甚至一个小小的村落都可能形成自己的风俗习惯。

【小贴士】

“男左女右”习俗的由来

“男左女右”的习俗和古代人的哲学观关系非常密切。我国古代的哲学家认为，宇宙中通贯事物和人事的两个对立面就是阴和阳。自然界的事物有大小、长短、上下、左右等，古人将其归类分为大、长、上、左为阳，小、短、下、右为阴。阳者刚强，阴者柔弱。人的性格，男子性暴刚强属于阳于左，女子性温柔和属于阴于右。“男左女右”在中医的应用上也有实际的科学意义，“男左女右”在医学上表示男女生理上的差异，在社会风俗上则是划分区别的一种秩序安排。

5. 社交礼仪的特性

社交礼仪是人们在漫长的社会实践中逐步形成、演变和发展的，具有文明性、共通性、多样性、变化性、规范性和传承性等特性。

（1）文明性。礼仪是人类文明的结晶，是现代文明的重要组成部分。例如，人们待人接物热情周到、彬彬有礼，彼此间互帮互助、和睦相处，体现出人们日常生活中的文明、友好；注重个人卫生，穿着适时得体，见人总是微笑着问候致意，礼貌交谈，使用文明用语，这也体现出人们的品行修养。总之，礼仪是人们内心文明与外在文明的综合体现。

（2）共通性。社交礼仪是人们在社交过程中形成并共同认可的行为规范。当今世界可谓千姿百态，尽管人们分散居住于五大洲、四大洋的不同角落，但是，许多社交礼仪都是世界通用的。例如，问候、礼貌用语、各种庆典仪式、签字仪式等，大体上是世界通用的。虽然各国家、各民族、各地区形成了许多特有的风俗习惯，但就社交礼仪本身的内涵和作用来说，仍具有共通性。正是由于社交礼仪拥有共通性，才形成了国际交往礼仪。

（3）多样性。世界是丰富多彩的，其中社交礼仪也是五花八门、绚烂多姿的。世界各地的民俗礼仪千奇百怪，几乎没有人能说清楚世界上到底有多少种礼仪形式。从语言的表达礼仪到文字的使用礼仪，从举止礼仪到规范化礼仪，从服饰礼仪到仪表礼仪，从风俗礼仪到宗教礼仪等，在不同的国家、不同的场合，其表达方式也有所不同。例如，在人们常见的国际交往中，仅见面礼仪就有握手礼、点头礼、亲吻礼、鞠躬礼、合十礼、拱手礼、脱帽礼、问候礼等，可谓多种多样、纷繁复杂。不仅如此，有些礼仪形式在不同的国家可能有不同的含义。

（4）变化性。社交礼仪并不存在固定不变的永恒模式，随着时间的推移，它会发生巨大的变化。可以说，每一种社交礼仪都有其产生、演变和发展的过程。社交礼仪在运用时也具有灵活性。一般来说，在非正式场合，有些社交礼仪可不必拘泥于约定俗成的规范，可增可减，随意性较大。在正式场合，讲究礼仪规范是十分必要的。但如果双方已非常熟悉，那么即使是在较正式的场合，也不必过于讲究礼仪规范。

（5）规范性。社交礼仪指的是人们在社交场合待人接物时必须遵守的行为规范。这种规范不仅约束着人们在一切社交场合的言谈话语、行为举止，使之合乎礼仪，还是人们在社交场合必须采用的一种“通用语言”，是衡量他人、判断自己是否自律和敬人的一种尺度。社交礼仪是约定俗成的一种自尊、敬人的形式，任何人要想在社交场合表现得彬彬有礼，都必须对社交礼仪无条件地加以遵守。自搞一套或者只遵守个人适应的部分，而不遵守自己不适应的部分，都难以被交际对象接受、理解。

【小故事】

修理抽水马桶的外国小男孩

一次在瑞士，龙永图与几个朋友去公园散步，在上厕所时，从隔壁的厕所里传出“砰砰”的声音，他有点纳闷。出来之后，一个女士很着急地问他有没有看到她的孩子，她的小孩进厕所十几分钟了，还没有出来，她又不能进去找。龙永图想起了从隔壁的厕所里传出的声音，便进去打开厕所门，看到一个七八岁的小孩正在修抽水马桶，怎么弄都抽不出水来，急得满头大汗。这个小孩觉得他上厕所不冲水是违反规则的。

【点评】从这个外国小男孩身上我们看到了他对规则的遵守，规则意识已经在他幼小的心灵中扎下了根。我国的一些成年人未必有这个小男孩的规则意识。上完厕所不冲的现象不能杜绝就是一个例证。怎样才能树立国民的规则意识？这一问题值得我们深思。

（6）传承性。任何国家的礼仪都具有自己鲜明的民族特色，其现代社交礼仪都是在继承本国古代礼仪的基础上发展起来的。离开了对本国、本民族既往社交礼仪成果的传承，就不可能形成现代社交礼仪，这就是现代社交礼仪传承性的特定含义。对于既往的礼仪遗产，正确的态度不应当是食古不化、全盘沿用，而应当是有扬弃、有继承，更有发展。

【小贴士】

“礼仪”的词源

在西方，“礼仪”一词最早见于法语的“Etiquette”，原意是法庭上的通行证。无论是在古代还是在现代，所有进入法庭的人员都必须十分严格地遵守法庭纪律。古代法国的法庭不是当庭宣读这些纪律，而是将其印在或写在一张长方形的“Etiquette”上，发给进入法庭的每一个人，作为其进入法庭后必须遵守的规矩和行为准则。在社交中，人们也必须遵守一定的规矩和准则，才能显示出人类区别于动物的特有风范，才能保证文明社会得以维系和发展。于是，在“Etiquette”一词进入英文后，就有了“礼仪”的含义，意为“人际交往的通行证”。

二、社交礼仪的原则

人们的各种社交活动自始至终都有一些具有普遍性、共同性、指导性的规律可循，这就是社交礼仪的原则。探讨这些原则，有助于社交礼仪的规范化、加深人们对社交礼仪的认识，进而加强社交礼仪在社会活动中的指导作用。

1. 遵守原则

礼仪规范是为维护社会生活的稳定而形成和存在的，反映了人们的共同利益要求。社会上的每个成员不论身份高低、职位大小、财富多寡，都有自觉遵守、应用社交礼仪的义务，都要以社交礼仪去规范自己的一言一行、一举一动。如果违背了礼仪规范，就会受到社会舆论的谴责，社交就难以成功。

2. 敬人原则

【小故事】

斯坦福大学的由来

尊敬是礼的本义，是礼仪的重点和核心。在对待他人的诸多做法中最重要的一条，就是要长存敬人之心，处处不可失敬于人，不可伤害他人的尊严，更不能侮辱对方的人格。可以说，掌握了敬人的原则就等于掌握了社交礼仪的灵魂。尊敬的作用是巨大的。

【小故事】

士光敏夫的做法

日本的东芝电器公司曾一度陷入困境，员工士气低落。当士光敏夫出任董事长时，他经常不带秘书，一个人深入各工厂与员工聊天，听取员工的意见。更有意思的是，士光敏夫还经常提着一瓶酒去慰劳员工，和他们共饮。他终于赢得了公司上下的支持，员工的士气也高涨了起来。在短短几年内，士光敏夫终于重振了日暮穷途的东芝电器公司。士光敏夫的诀窍就是关心、重视、尊重每个员工，“敬人者，人恒敬之”，他也赢得了员工的信服与支持。

3. 宽容原则

【小故事】

六尺巷

“我家两堵墙，前后百米长。德义中间走，礼让站两旁……”除夕夜，歌曲《六尺巷》亮相 2016 年央视猴年春晚。歌曲《六尺巷》取材于桐城六尺巷的典故，融合了黄梅小调、京剧及现代流行音乐等元素，受到人们的普遍欢迎。歌曲《六尺巷》也使六尺巷受到人们的普遍关注。

位于安徽桐城的六尺巷，其得名源于张英对邻居“让出三尺”的故事。

据史料记载，清康熙年间，文华殿大学士、礼部尚书张英的桐城老家人与邻居吴家在宅基问题上发生争执，两家各不相让，将官司打到县衙。因双方都是官位显赫的名门望族，县官不敢轻易了断。

图 4-1 六尺巷

于是，张家人千里传书给在京城的张英求援。收书后，张英批诗一首寄回老家，便是这首流传至今的打油诗：“一纸书来只为墙，让他三尺又何妨。长城万里今犹在，不见当年秦始皇。”

一见回信，张家人豁然开朗，将围墙退让了三尺。吴家见状深受感动，也让出三尺，形成了一个六尺宽的巷子，如图 4-1 所示。

从此以后，这条六尺宽的巷子就以“六尺巷”之名闻名乡里，成为民间佳话。

时至今日，虽然张、吴两家的老宅都已在几百年的时光里走进了历史，但这条巷子依然安静地伫立在那里，并引得人们慕名而来，领悟、体会其宽容他人、互敬礼让、和谐包容、进退有度的文化内涵。

一般来说，交际双方的心理总存在一定的差异，这种差异会在交际双方之间产生思想隔膜，甚至会使关系僵化。要想缩小这种心理上的差异，求得人与人之间能多一分和谐、多一分信赖，就必须抱着宽容之心。宽容就是要求人们既要严于律己，又要宽以待人，要多容忍他人、多体谅他人、多理解他人，而不能求全责备、斤斤计较、过分苛求、咄咄逼人。孔子说：“宽则得众。”唯有宽容才能排除人际交往中的各种障碍，不能宽容他人的人，往往会得理不饶人，使人际间关系恶化。共性是寓于个性之中的，人们应该维护和发展共性，以理解和宽容来增强人们之间的凝聚力。

4. **平等原则**

在交际中坚持平等原则是非常重要的。平等是人与人之间建立情感的基础，是达到最佳交际效果的诀窍，是建立和保持良好人际关系的基础之一。心理学研究表明，人都有友爱和受人尊敬的需要。人们渴望自立，成为家庭和社会中真正的一员，平等地同他人进行沟通。可以说，凡是正常人，都希望得到别人的平等对待。与人交往只有以平等的姿态出现，不盛气凌人、不高人一等，给别人以充分的尊重，才能形成人与人之间的心理相容，产生愉悦、满足的心境，从而形成和谐的人际关系。

5. **信用原则**

信用原则即讲究信誉的原则。守信是中华民族的传统美德，信守约定也是在国际商务交往活动中必须严格遵守的一项原则。我们要遵守信用，做到守时、守约、"言必行，行必果"。在社交中只有讲究诚信，才能赢得别人的尊敬。

【小故事】

八万两银子的破箩筐

乔致庸是中国清代著名的晋商。一次，包头东城万利聚商号的吴东家因资金周转不开，向乔致庸借了八万两银子。当时，吴东家承诺：一年后连本带息全部还清。可一年的期限到了，吴东家不仅没还一分钱，借钱的事也闭口不提。更过分的是，他还主动找上门来，可怜巴巴地向乔致庸哭诉："我现在是穷得叮当响，家里仅剩下一只用来卖花生的破箩筐了，哪还得起你那八万两银子呀？"

乔致庸心里明白，吴东家这么做无非是想赖账。可他却安慰道："既然你已到了这步田地，我也不能逼你，就把那只破箩筐拿来抵债吧！"吴东家一听，心里顿时乐开了花，立刻送来了破箩筐。

吴东家走后，伙计急切地问："一个破箩筐怎么能值八万两银子，您这不是白白送他吗？"乔致庸笑了笑，说："你照我吩咐的去做，吴东家自会把钱送来。"随后，乔致庸便让伙计把那破箩筐挂在店里最显眼的地方，标价八万两银子出售。人们听说后，都跑来看热闹，自然也就知道了破箩筐的事。后来，很多生意人知道这件事后，都不愿意跟吴东家做生意了。这时，吴东家才意识到问题的严重性，只得乖乖地把欠款还清，赎回了那只破箩筐。

【点评】小胜凭智，大胜靠德，信誉是我们重要的资本。如果没了信誉，就失去了做人的根本。

6. **自律原则**

自律原则要求个体把学习和运用社交礼仪当作自己的自觉要求，通过学习，在心中树立起礼仪信念和行为准则，以此来约束自己在社交中的行为，并做到"吾日三省吾身"，不断地用礼仪规范对照检查自己的社交行为，以形成良好的礼仪习惯。只有做到慎独，才能成为一个真正讲礼仪的人。

【小贴士】

在社交场合不要随便发怒

在社交场合中随便发怒，会造成两种不良的后果。

① 对发怒的对象不友好，会伤了和气和感情，失去朋友、同事之间的友谊与信任。

② 对发怒者不利，一方面会对发怒者的身体产生不良的影响；另一方面会对发怒者的形

象产生不良的影响，会让人们认为他缺乏修养、不宜深交。

在社会生活中，人们适应环境，并求得环境的认可和接受，是一种本能的表现，在社交中主要表现为以良好的心态与朋友、同事友好相处，不发怒或不发脾气，并从多个方面克制自己。

三、社交礼仪的修养

社交礼仪的修养是指一个人在社交活动中，根据一定的社交礼仪原则和规范自觉地进行学习和训练，使自己养成一种时时事事按礼仪要求待人接物的行为习惯的过程。社交礼仪的修养要从以下几个方面着手。

1. 提高认识，高度重视礼仪

正确的认识是使人们形成良好礼仪行为的先导。社交礼仪的修养不仅是个人自尊、自律的基本要求，影响个人的事业发展及自我实现，还关系到受教育者的健康成长，关系到国家和民族的文明程度。因此，人们要在思想认识上高度重视，把学习礼仪变成一种经常、自觉的行为，内化成一种习惯，并渗透到学习、工作、生活的方方面面，最终成为自然流露，从而体现良好的个人修养。

【小故事】

诺贝尔奖获得者的回答

1978 年，75 位诺贝尔奖获得者在巴黎聚会。人们对于诺贝尔奖获得者非常崇敬，有一位记者问其中一位诺贝尔奖获得者："在您的一生里，您认为最重要的东西是在哪所大学、哪所实验室里学到的呢？"

这位白发苍苍的诺贝尔奖获得者平静地回答："是在幼儿园。"记者感到非常惊奇，又问道："为什么是在幼儿园呢？您认为您在幼儿园里学到了什么呢？"

这位诺贝尔奖获得者微笑着回答："在幼儿园里，我学会了很多。比如，把自己的东西分一半给小伙伴们；不是自己的东西不要拿；东西要放整齐；饭前要洗手；午饭后要休息；做了错事要表示歉意；学习要多思考，要仔细观察大自然。我认为，我学到的全部东西就是这些。"所有在场的人都对这位诺贝尔奖获得者的回答报以热烈的掌声。事实上，大多数科学家认为，他们所学到的最主要的东西，就是幼儿园老师教给他们的礼仪规范。

【点评】礼仪对一个人的成长多么重要！对每个人来说，礼仪都将伴其终身。

2. 努力学习，加强知识积累

社交礼仪的内涵丰富而深刻，和许多学科都有着密切的联系，一个人只有拥有广博的文化知识，才能深刻地理解社交礼仪的原则和规范。例如，学习民俗学可以使我们更好地了解一个民族的文化传统、风土人情；学习美学可以使我们更好地懂得什么是美、什么是丑，以及怎样才能做到内在美与外在美的和谐统一；学习心理学可以使我们更好地理解和尊重他人的人格和情感，从而提高自我控制能力；学习公共关系学可以使我们懂得沟通、塑造组织形象和个人形象的方法等。显然，注重文化知识的学习，对社交礼仪的修养来说是不可或缺的。

【小案例】

一次成功的销售

一天，一位中年日本游客在下榻宾馆的商场选购商品。她来到销售文房四宝的柜台，服务员小刘立刻上前用日语询问她有何需求。这位游客说：“我想买两方砚台送给我热爱书法的丈夫。”于是，她们来到销售砚台的柜台前，该游客指着两方刻有荷花的砚台对小刘说：“这两方砚台的大小正合适，可惜的是造型……”该游客的话立刻使小刘想到，在日本，荷花是用来祭奠死者的不吉之物，看来只能向她推荐其他造型的砚台了。于是，小刘说：“书画用砚台与鉴赏用砚台是不一样的，书画用砚台一般以实用为主，您看，这方鱼子纹歙砚，造型朴实、自然，保持着砚石自身固有的特征，石质又极为细腻，比荷花砚更好，而且砚堂平阔、没有雕饰，用这样的砚台研墨，一定很得心应手。”接着，小刘将清水滴在3方砚台上，请游客亲自体验这 3 方砚台在手感上的差异。最后，该游客满意地买下了这方鱼子纹歙砚，之后又买了3方砚台带给他的亲人和朋友，并连声向小刘道谢，还拉着小刘的手说：“你将永久留在我的记忆中。”

【点评】服务员小刘靠着良好的知识素养，赢得了游客的信赖和支持。

3. 陶冶情操，时刻尊重他人

在礼仪教育过程中，情感是由知到行的一个桥梁。陶冶情操就是要使受教育者产生一种尊重他人的真挚情感，能够时时处处替他人着想，对人始终抱有一种热情、友好的态度。我们可能都有这样的体验：在社交活动中，如果遇到一个对人热情、诚恳的人，就能很快与其建立一种良好的关系；相反，如果碰到的是一个冷漠无情或虚情假意的人，就难以营造融洽交流的气氛。通常，一个人可以很快了解一些礼仪方面的知识，但若缺少对人的情感，则无法把这些礼仪形式完美地表现出来，这些形式也就成了没有灵魂的、僵死的躯壳。因此，我们可以看出，情感比认识具有更大的保守性，改变情感比改变认识要困难得多，陶冶情操是礼仪教育中更为艰巨的一项任务。

【小案例】

花3分钟的时间去感谢

一家大公司的公关部招聘一位职员，许多人参与了角逐。该公司的面试和笔试十分烦琐，一轮轮淘汰下来，最后只剩下 5 个人。这 5 个人都很优秀，都有较好的外表和学识，都毕业于名牌大学。该公司通知这 5 个人，录用谁得由经理层会议讨论决定。于是，这 5 个人安心地回家，等待公司最后的决定。

几天后，其中一个人收到一封电子邮件。电子邮件是该公司的人事部发来的，内容是：“经过公司研究决定，你落聘了，但是我们欣赏你的学识、气质，因为名额所限，实是割爱之举。公司以后若有招聘名额，必会优先通知你。你所提交的材料被录入计算机存档后，不日将被邮寄返还于你。另外，为感谢你对本公司的信任，还随信寄来本公司产品的优惠券一份。祝你开心！”

她知道自己落聘了十分伤心，但又为该公司的诚意所感动。两天后，她收到了寄给她的材料和一份优惠券，另加一个信中没有提及的带有公司标志的小饰物。她十分感动，便花了 3 分钟的时间用电子邮件给该公司发了一封简短的感谢信。

但在两个星期后，她接到了该公司的电话，说经过经理层会议讨论，她已被正式录用。

后来，她才明白这是该公司的最后一道考题。该公司给其他 4 个人也发了同样的电子邮件，也送了优惠券和小饰物，但是回信感谢的人只有她一个。她能胜出，只不过因为多花了 3 分钟的时间去感谢。

【点评】发自内心地尊重他人、关心他人，充分做到以人为本，是做人的根本。

4. 磨炼意志，养成礼仪习惯

要使礼仪规范变成自觉的行为，没有坚韧不拔的意志是做不到的。意志坚强的人，能有效地控制自己的言行，特别是在不顺利的情况下，也能不畏困难，始终如一地按照自己的信念待人接物。我们不能以习惯成自然为由，姑息迁就那些不合礼仪的坏习惯，而应把对礼仪原则和规范的遵从变成一种习惯性的行为，从大处着眼、小处着手，寓礼仪于细微之中，逐渐成习。

【小故事】

华盛顿的小本子

当美国第一任总统华盛顿只有 15 岁时，他有一个小本子，上面有一些供他自己使用的社交礼仪，很简单，却很实用，具有普遍意义。

例如，他告诉自己：不要批评别人；父母或老师有责任教育孩子；当看到一个长辈或比你重要的人从你身边走过时，你应该表示尊重；看到一个遭受不幸的人，即使他是你的敌人，你也要表示你的仁慈和善良；在公众场合不能大笑、过于张扬；在写信的时候或介绍自己的时候，要适当注意自己的姓名和抬头；要注意自己的名誉；宁可自己“孤家寡人”，也不要做一个不受欢迎的参与者；做一个十分有趣的、健谈的人……

弗吉尼亚州的一个很有钱的英国庄园主、爵士很看重华盛顿，他邀请华盛顿参加他家里所有的重要活动，因为华盛顿有很完美的礼貌和社交的技巧。这种道德基础对他后来成为军队的统帅及美国总统很有帮助。他自己定的这些规矩也造就了他良好的礼貌、道德规范及人生价值观等。

第二节　认识沟通

作为一名大学生，要想在职场上有所作为，就必须有能力应对各种问题和挫折，还要学会与同事、客户等合作者及社会上的各种人打交道。因此，了解沟通知识，掌握沟通技巧，并对人际关系进行良好的运作，就成为进入职场、融入社会的重要保证。

一、沟通的内涵

沟通是各种技能中最人性化的一种技能。社会是由人与人互相沟通所形成的网络。沟通渗透于人们的一切活动之中，人们已经习惯于生活在沟通的汪洋大海中，很难想象，没有沟通，人们该怎样生活。美国相关机构曾经对 25 位优秀的管理人员进行调查，发现他们有 76%的工作时间是用于沟通的。在现代信息社会，人们对信息的搜索、加工和处理能力已经成为决定其职场竞争力的关键因素。

所谓沟通，是指信息发送者与信息接收者为了实现一定的目的而运用一定的符号，所进行的信息传递与交流的过程。沟通过程涉及沟通主体（信息发送者和信息接收者）和沟通客体（信息）的关系，以及信息发送者为影响信息接收者而使用的语言或非语言的行为。在沟通过程中，信息以怎样的方式被传递给信息接收者，信息接收者如何解读信息，信息最终以怎样的方式被理解，这些都与沟通过程中沟通主体的语言行为息息相关。具体来说，要正确理解沟通的含义，可以从下述几点入手。

（1）有效的沟通既要传递事实，又要传递信息发送者的价值观及个人态度。

（2）有效的沟通意味着信息不仅被传递，还要被理解。

（3）有效的沟通在于沟通主体能准确理解彼此的意图。

（4）沟通是一个双向动态的反馈过程。这种反馈并非一定要通过语言表现出来，信息接收者也可以通过其表情或目光、身体姿势等形式将信息反馈给信息发送者，从而使信息发送者得知信息接收者是否接收与理解其所发出的信息，并了解信息接收者的感受。

【小故事】

土著人的最高礼节

有一天，哈佛商学院的一位教授接到非洲土著人的请柬，邀请他到非洲讲授部落的竞争力战略。

教授为了表示对土著人的尊敬，准备了好几套西装。土著人为了表示对文明国度知名教授的尊敬，准备按照部落的最高礼仪欢迎他的到来。

讲课的第一天，教授西装革履地出现在土著人面前，讲了一整天，一直在出汗。为什么呢？原来土著人以其最高礼仪在听课——人们全部都不穿衣服，只戴着项圈，私处也只遮盖着树叶，在下面黑压压地站成一片。

第二天，教授在课上也是一直出汗。原来为了入乡随俗，教授没穿衣服，只戴着项圈，私处也只遮盖着树叶，但是土著人为了照顾教授的感受，并吸取了第一天的教训，全部西装革履。

直到第三天，双方做了很好的沟通，台上和台下的人都穿西装，竞争力战略才顺利地被传授下去。

【思考】本案例对你有何启示？

二、沟通的类型

1. 按照组织系统划分

按照组织系统划分，沟通可分为正式沟通和非正式沟通。

（1）正式沟通。正式沟通的方式主要包括以下 5 种。

① 链式。在链式沟通网络中，居于两端的人只能与邻近的一个人联系，居中的人则可分别与其两侧的人沟通。

② 轮式。轮式沟通网络在组织中代表一个主管直接管理部属的权威系统。

③ 圆式。圆式沟通可被看成链式沟通的一种封闭式控制结构，表示几个人之间依次联络和沟通。其中，每个人都可同时与两侧的人沟通。

④ 全通道式。这是一个开放式的网络，其中每两个人之间都有一定的联系，彼此可随时沟通。全通道式沟通的集中化程度很低。

⑤ Y 链式。在 Y 链式沟通网络中，只有一个人位于沟通的中心，成为沟通的媒介。在组织中，这一网络大体相当于组织领导、秘书班子、下级主管人员或一般成员之间的纵向关系网络。

正式沟通的方式如图 4-2 所示，各种正式沟通方式的比较如表 4-1 所示。

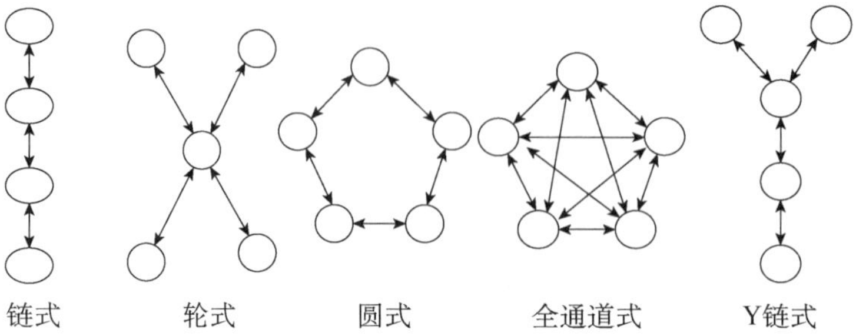

图 4-2 正式沟通的方式

表 4-1 各种正式沟通方式的比较

正式沟通的方式	链式	轮式	圆式	全通道式	Y 链式
解决问题的速度	快	较快	慢	快	中
正确性	高	高	低	中	高
突出领导者	相当显著	非常显著	不显著	无	中
士气	低	非常低	高	高	中

（2）非正式沟通。非正式沟通的方式主要包括以下 4 种。

① 单线式。单线式沟通是指通过一连串的人，把信息传递给最终的信息接收者的沟通方式。

② 集中式。集中式沟通是指把信息有选择地告诉自己的朋友或有关的人的沟通方式，这是一种藤式的沟通。

③ 偶然式。偶然式沟通是指按偶然的机会来传递信息的沟通方式，有些人未接收到信息，这与个人的交际面有关。

④ 流言式。流言式沟通是指一个人主动将信息传递给所有与他接触的人的沟通方式。

非正式沟通的方式如图 4-3 所示。

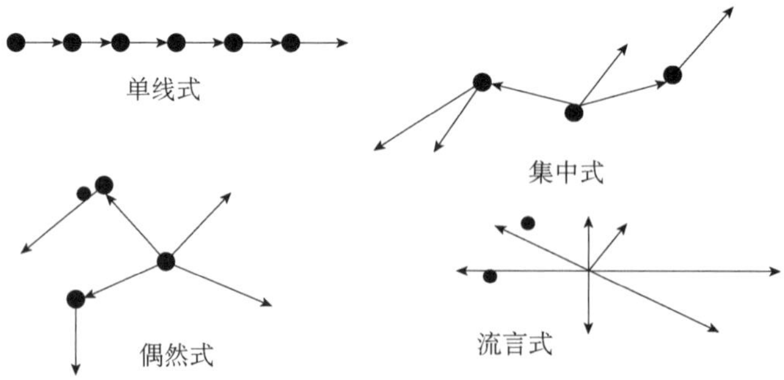

图 4-3 非正式沟通的方式

2. 按照信息传递的方向划分

按照信息传递的方向划分，沟通可分为向上、向下、平行和斜向沟通。向上沟通是指居下者向居上者陈述实情、表达意见，即人们通常所说的下情上达，如臣对君、子对父、下属对上司的沟通等。向下沟通与向上沟通正好相反，是居上者向居下者传达意见、发号施令等，即人们通常所说的上情下达。平行沟通是指同阶层人员的横向联系，如公司内部同级部门之间都需要进行平行沟通，以促进彼此的了解、加强合作。平行沟通的目的是交换意见，以求心意相通。斜向沟通是一种特殊形式的沟通，包括群体内部非同一组织层次上的单位或个人之间的信息沟通和不同群体的非同一组织层次之间的沟通。

这 4 种方向的沟通，对任何人而言，都是常用的，而且流动的方向不是一成不变的，而是会随着具体情况的不同随时改变。

【小故事】

小孩子的“磨功”

有个小孩要出去玩，妈妈正在厨房忙，没好气地说：“不准出去!”

“为什么？”小孩问。

“不为什么！不准就是不准!”妈妈说。

“为什么？”小孩又问。

“不为什么！就是不准!”

“为什么？”小孩又问。

“不为什么!”

“为什么？”小孩又问了好几遍。

妈妈实在受不了了：“好啦、好啦，你出去玩吧!”

【点评】小孩与父母的沟通属于向上沟通，他在沟通中采用了耍赖的方法和“磨”的功夫，最终达到了自己的沟通目的。可见，不同类型的沟通需要采用不同的沟通方法。

3. 按照是否进行反馈划分

按照是否进行反馈划分，沟通可分为单向沟通和双向沟通。单向沟通和双向沟通的比较如表 4-2 所示。

表 4-2　单向沟通和双向沟通的比较

类型	速度	准确性	信息发送者	信息接收者	干扰	条理性	反馈
单向沟通	快	低	压力小	无信心	小	有条理	无
双向沟通	慢	高	压力大	有信心	大	无条理	有

【小案例】

课堂中的沟通

三、沟通的层次

沟通一般可划分为 4 个层次：第一是不沟不通；第二是沟而不通；第三是沟而能通，比较顺利；第四是不沟就通，这是比较高的层次。

1. 不沟不通

从本质上讲，不沟不通算不上沟通，甚至可以说是沟通的反面。不沟不通是指人们没有沟通的欲望或沟通的必要，处于不相往来的状态。例如，两个人虽然彼此认识，但是工作、生活基本没有交集，不需要“通”，所以也没有“沟”的必要。

2. 沟而不通

在现实生活中，很多沟通都停留在沟而不通的层次上，无法实现预期的沟通目标。沟而不通的原因有很多：沟通方不主动、不善于沟通；沟通的另一方无沟通意愿，比较固执，听不进他人的意见；沟通场合不对，条件尚不成熟等。沟而不通会产生巨大的障碍，使我们寸步难行。

【小故事】

秀才买柴

有一个秀才去买柴，他对卖柴的人说：“荷薪者过来!”卖柴的人听不懂“荷薪者”（担柴的人）3 个字，但是听得懂“过来”两个字，于是把柴担到秀才面前。

秀才问他：“其价如何？”卖柴的人听不太懂这句话，但是听得懂“价”这个字，于是就告诉秀才价钱是多少。

秀才接着说：“外实而内虚，烟多而焰少，请损之。”（你的木材外表是干的，里头却是湿的，燃烧起来会浓烟多而火焰小，请便宜些吧。）卖柴的人听不懂秀才的话，于是担着柴走了，这个买卖就黄了。

【点评】为避免沟而不通情况的发生，在平时人与人之间的沟通中，信息发送者要考虑信息接收者的身份、背景、地位、知识结构等，若有必要，则还要考虑沟通的时间、地点、环境等。

3. 沟而能通

沟而能通比沟而不通进了一层。沟通双方都有沟通的意思，或者沟通双方都有沟通的善意，或者沟通双方的语言表达得体，或者沟通双方都兼顾说话的场合等，为有效沟通创造了条件。

【小故事】

父亲与女儿

4. 不沟而通

不沟而通又比沟而能通进了一层，这是一种高超的沟通技术。中国人讲究人与人之间的默契，高度的默契就是不沟而通。有时人们不需要说话，只用眼神、动作就能传情达意，双方心知肚明就达到默契。

【小故事】

董事长的疑虑

课后练习

1. 案例分析。

小处不可随便

一次，著名书法家于右任看到院内到处有便溺痕迹，就顺手拿来一张宣纸，写下“不可随处小便”几个字，叫人张贴出去。张贴者为了得到于右任的手迹，另写了一张告示，并将这张告示一字字裁开，巧妙地排成了“小处不可随便”的条幅，悬之于壁，用以律己。这便是“小处不可随便”的典故。其实，“小处不可随便”是中国人自古以来的一项处世原则。古语道：“战战栗栗，日谨一日。人莫踬于山，而踬于垤。”告诫人们时时提防被小土绊倒，这或许是“小处不可随便”最古老的典故。

不只是中国，外国人也有类似的观念。针尖大的窟窿斗大的风，小处随便的人往往不受欢迎，在某些特殊的场合甚至会造成致命的后果。这方面的典型例子大概是18世纪的法国公爵奥古斯丁。1786年，法国国王路易十六的王后玛丽•安东尼到巴黎戏剧院看戏，全场起立鼓掌。放荡不羁的奥古斯丁为了引起王后的注意，面向王后吹了两声很响的口哨。当时吹口哨被视为严重的调戏行为，国王大怒，把奥古斯丁投入监狱。而奥古斯丁在入狱后似乎就被遗忘了，既不被审讯，又不被判刑，就日复一日地被关押着。后因时局变化，也曾有过再次出狱的机会，但阴差阳错，终究还是无人问津。直到1863年，老态龙钟的奥古斯丁才被释放。两声口哨换来几十年的牢狱之灾，实在是天大的代价。

与此相反，一滴水可以折射太阳的光辉，小处端正的人往往能取得人们的信任。法国有个银行大王，名字叫恰科。但他年轻时并不顺利，52次应聘均遭拒绝。第53次应聘，他又来到了那家最好的银行，礼貌地说完再见，转过身，低头往外走去。忽然，他看见地上有一枚大头针，横在离门口不远的地方。他知道大头针虽小，但也能对人造成伤害，就弯腰把它捡了起来。第二天，他出乎意料地接到了这家银行的录用通知书。原来，他捡大头针的举动被董事长看见了。从这个不经意的小动作中，董事长发现了他品格中闪光的东西。这样精细的人是很适合做银行职员的。于是，董事长决定录用他。恰科也因此得到了施展才华的机会，走向了成功之路。

【思考与讨论】

（1）你是怎样理解“小处不可随便”的？

（2）本案例对你有哪些启示？

日本木村事务所

日本有一家叫木村事务所的企业想扩建厂房，木村事务所看中了一块近郊土地，意欲购买，但也有其他几家企业想购买这块地。为购得这块土地，木村事务所的董事长木村先生多次登门，费尽口舌，但土地的所有者——一位倔强的老太太，说什么也不卖。

一个下雪天，老太太进城购物，顺便来到木村事务所，她本意想告诉木村先生死了这份心。

老太太推门刚要进去，突然犹豫起来，原来屋内十分干净，而自己脚下的木屐沾满雪水，肮脏不堪。正当老人欲进又退之时，一位年轻的女职员出现在老人面前："欢迎光临！"女职员看到老太太的窘态，马上回屋想为她找一双拖鞋，不巧的是拖鞋没有了。女职员便毫不犹豫地把自己的拖鞋脱下来，整齐地放在老太太脚前，笑着说："很抱歉，请穿这个好吗？"老太太犹豫了：她不怕脚冷？"别客气，请穿吧！我没有什么关系。"等老太太换好鞋，女职员才问道："女士，请问我能为您做些什么？""哦，我要找木村先生。"老太太说。"他在楼上，我带您去。"女职员就像女儿扶母亲那样，小心翼翼地把老太太扶上楼。老太太在踏进木村办公室的一瞬间改变了主意，决定把地卖给木村事务所。老太太后来告诉木村先生："在漫长的一生里，我遇到的大多数人是冷漠的。我也去过其他几家想买我地的企业，他们的接待人员没有一个像你这里的职员对我这么好的，你的女职员这么年轻，就对人这么善良、体贴，真令我感动。真的，我不缺钱花，我不是为了钱才卖地的。"就这样，一个大企业家倾其全力交涉多次也徒劳无功的事情，竟然被一位女职员有礼而亲切的举动促成了，真是奇妙之极。

【思考与讨论】

（1）本案例体现了女职员怎样的修养？

（2）本案例对你有何启示？

孔子与颜回

孔子被各地所聘，携众弟子讲学，但是迟迟得不到报酬。当时，孔子生活拮据，当地村民给了他们一些米。孔子想，这个米饭让谁来煮我才放心呢，他想到了大弟子颜回。颜回平日忠厚老实，不贪图小便宜，于是孔子把煮米饭的任务交给颜回，颜回欣然接受。过了一会，孔子忍受不了米饭香味的诱惑，便到厨房，刚到厨房门口，他看到了这样的一幕：颜回正用手抓着米饭，大口地在吃。孔子十分生气，自己最喜爱的好弟子，怎么会这样呢？孔子回到书房，此时颜回把米饭也端进了书房让孔子吃，孔子心想，我要考验他一下，看看他是否真的不懂尊师重道呢。于是，孔子就和颜回说："我们难得吃一回米饭，先祭祭祖吧！"古时，祭祖必须使用干净的食物，如果食物被沾染了肮脏的东西，就是对祖先的大不敬。当时，颜回一听要祭祖，扑通一声给孔子跪了下来，说："师傅，不能祭祖，因为这些米饭已经被我抓过了、也吃过了。"孔子当时心中暗喜，想孺子还算可教，接着颜回说了一句让孔子非常震惊的话："因为厨房年久失修，又没有清理过，当我打开锅盖时，热气使棚上的灰掉到了锅里，米饭脏了，我想扔掉太可惜了，我把这些脏的吃掉，既可以让我吃饱，又可以让师傅吃到干净的米饭，多好啊。"当时，孔子心中深深叹息，原来我亲眼看到的也不是真的。

【思考与讨论】

（1）结合本案例，请谈谈沟通的重要意义。

（2）本案例对你有何启示？

焦急的李经理

星期一通常是人们最繁忙的日子，当李经理走进办公室时，秘书早已将一沓文件放在他的办公桌上。每天都要花费大量的时间处理很多这样的文件，李经理很是头疼。

在李经理开始埋头处理文件时，电话铃响了，是技术总监打来的，他告诉李经理他准备辞职。最近在公司内部一直流传着的小道消息"公司的竞争对手在挖技术总监"被证实了，李经理心中一阵恼火。技术总监了解公司最新开发产品所有的第一手资料，而这些资料是竞争对手梦寐以求的，技术总监此时投奔竞争对手对公司很不利。既恼怒又担心的李经理在电话中没想好如何跟技术总监谈这件事，而技术总监又很快挂断了电话。

放下电话，李经理一时也想不出什么好办法，他着急地在屋子里踱步。此时，秘书推门进来，说员工对此次裁员计划有很多不满，特别是前两天裁掉老刘这件事。老刘已在公司工作多年并接近退休，这样裁员让员工觉得公司很无情，员工也没有安全感，需要李经理给出一个解释。此时，被裁员工的代表也聚集在会议室里等待李经理的说法。裁员本身已经影响了公司的士气，但一想到可能要面对盛怒的被裁员工的代表，李经理不由地产生一丝担忧，这可不是一般的谈话，如果处理不好，那么带来的后果可能是不堪设想的。

可是，由于技术总监的辞职电话干扰了他的注意力，他甚至猜想竞争对手是否已经掌握了新产品的技术，接下来他该怎么办？需要与竞争对手的人力资源经理联系吗？是直接汇报上司？还是找技术总监本人谈话呢？

目前，最紧急的问题是，他该如何面对并说服被裁员工的代表。由于焦急，他竟然找不到合适的说辞来向大家解释公司目前的处境。与被裁员工的代表会谈的时间就要到了，可李经理还在自己的办公室焦急地走来走去……

【思考与讨论】

（1）李经理的沟通能力如何？他应怎样解决目前面临的问题？

（2）你认为李经理应如何提高自身的沟通能力？

2. 你准备怎样提高自己的社交礼仪修养？

3. 举出近一个月来你发现的不符合礼仪规范的 5 个例子，并分析其问题所在及改进办法。

4. 讨论并分析现代社交礼仪与职业道德有怎样的关系。

5. 讨论并分析大学生尤其是职业技术学院的学生掌握社交礼仪的重要意义。

6. 学生分成不同类别的小组，走上街头观察并收集社交礼仪在生活中应用的小案例。

7. 以小组为单位，走访一两位业界人士，了解他们对社交礼仪的看法及切身经历与体会。

8. 观看电影《公主日记》《窈窕绅士》，总结主人公在从麻雀变凤凰过程中涉及的诸多礼仪元素，以及其礼仪修养方法。

9. 你通过电子邮件联系国外的朋友，请你说出在这个沟通过程中沟通的各个要素是什么。

10. 在沟通遇到障碍时，人们经常提到代沟，请问代沟主要体现在哪些方面？你与家长之间有代沟吗？代沟能不能被消除？

11. 礼仪实训：社交礼仪行为养成。

实训目标：了解社交礼仪的基本知识和规范，遵循礼仪的基本原则，并在日常生活、学习、工作中养成良好的社交礼仪行为。

实训课时：开学第 1～15 周的课外时间，在第 16 周，全班进行总结（2 课时）。

实训地点：教室、寝室、食堂、图书馆等公共场所。

实训内容：

（1）学习社交礼仪修养的基本知识。

（2）学习社交礼仪修养的基本规范。

（3）从第 1 节课后起，每天在教室、寝室、食堂、图书馆等公共场所，把课堂所学的社交礼仪知识在实践中运用，进行待人接物，培养礼仪习惯。

实训要求：

（1）把社交礼仪的修养知识与规范融入日常生活、学习及社交实践中。

（2）记录你每实践一项原则和规范的心得，心得不得少于 10 条。

（3）在第 16 周，每位同学上讲台向老师和同学介绍一下自己已掌握了哪些社交礼仪的原则和规范，哪些是自己认为较难做到的、有何感想，以及今后打算怎样应用这些社交礼仪的原则和规范。

12. 沟通游戏：撕纸。

游戏目标：了解沟通过程中的障碍，选择恰当的沟通方式。

参加人数：20 人左右。

游戏时间：15 分钟。

游戏工具：总人数两倍的 A4 纸（废纸亦可）。

要求：

（1）老师给每位学生发一张纸。

（2）老师发出以下单项指令：①大家闭上眼睛；②整个过程中不许问问题；③把纸对折；④再对折；⑤再对折；⑥把右上角撕下来，转 180°，把左上角也撕下来；⑦睁开眼睛，把纸打开。

（3）这时，老师可以请一位学生上来，重复上述指令，唯一不同的是这次学生可以问问题。

讨论：

（1）为什么会有这么多不同的结果？

（2）沟通的障碍有哪些？

实践课堂

实践课堂一　社交礼仪掌握测试

背景诠释：礼仪是个人修养和素质的表现，是社会发展和进步的标志，是国家和民族文明程度、道德风尚的体现；修养是人们在思想、道德、学术及技艺等方面所进行的勤奋学习和刻苦锻炼的功夫，以及经过长期努力所达到的一种品质和能力。

测试部分：在下面的自评量表中，请根据每道题的描述，务必选择符合自己情况的选项。

1. 每到一个新的场合，你对那里原来不认识的人总是（　　）。

A. 能很快记住他们的姓名，并成为朋友（1 分）

B. 尽管也想记住他们的姓名并成为朋友，但很难做到（3 分）

C. 喜欢一个人消磨时光，不大想结交朋友，因此不注意他们的姓名（5 分）

2. 你结识人、交朋友的动机是（　　）。

A. 你认为朋友能使你生活愉快（1 分）

B. 朋友喜欢你（3 分）
C. 朋友能帮助你解决问题（5 分）
3. 你和朋友交往时，持续的时间多是（　　）。
A. 很久，时有来往（1 分）
B. 有长有短（3 分）
C. 根据情况变化，不断弃旧更新（5 分）
4. 你对曾在精神上、物质上诸多方面帮助过你的朋友总是（　　）。
A. 感激在心，永世不忘，并时常向朋友提及此事（1 分）
B. 认为朋友间互相帮助是应该的，不必客气（3 分）
C. 事过境迁，将其抛在脑后（5 分）
5. 在你遇到困难或发生不幸的时候，（　　）。
A. 了解你的情况的朋友几乎都曾安慰、帮助你（1 分）
B. 只有那些知己来安慰、帮助你（3 分）
C. 几乎没有朋友登门（5 分）
6. 你和那些与你气质、性格、生活方式不同的人相处的时候总是（　　）。
A. 适应比较慢（3 分）
B. 几乎很难或不能适应（5 分）
C. 能很快适应（1 分）
7. 对于那些异性朋友、同事，你（　　）。
A. 只是在十分必要的情况下才会接近他们（3 分）
B. 和他们几乎没有交往（5 分）
C. 能同他们接近，并正常交往（1 分）
8. 你对朋友、同事的劝告和批评总是（　　）。
A. 能接受一部分（3 分）
B. 难以接受（5 分）
C. 很乐意接受（1 分）
9. 在对待朋友的生活、工作诸多方面，你喜欢（　　）。
A. 只赞扬他（她）的优点（3 分）
B. 只批评他（她）的缺点（5 分）
C. 因为是朋友，所以既要赞扬他（她）的优点，又要批评他（她）他的缺点（1 分）
10. 在你情绪不好、工作很忙的时候，朋友请求你帮他（她），你会（　　）。
A. 找个借口推辞（3 分）
B. 表现出不耐烦并断然拒绝（5 分）
C. 表示有兴趣，尽力而为（1 分）
11. 你在穿针引线编织自己的人际网络时，希望把哪些人编入？（　　）
A. 上司、有权势者（5 分）
B. 诚实、心地善良者（1 分）
C. 与自己社会地位相同或低于自己的人（3 分）
12. 当你在生活、工作中遇到困难时，你（　　）。
A. 向来不求助于人，即使无能为力也是如此（5 分）

B. 很少求助于人，只有在确实无能为力时，才请朋友帮助（1分）

C. 事无巨细，都喜欢向朋友求助（3分）

13. 你结交朋友的途径通常是（　　）。

A. 通过朋友介绍（5分）

B. 在各种场合与他人接触（1分）

C. 通过较长时间的相处、了解而结交（3分）

14. 如果你的朋友做了一件使你不愉快的事，那么你会（　　）。

A. 以牙还牙（5分）

B. 宽容，原谅（1分）

C. 敬而远之（3分）

15. 你对朋友的隐私总是（　　）。

A. 很感兴趣，热心传播（5分）

B. 从不关心此类事情，甚至想都没想过，即使了解也不告诉旁人（1分）

C. 有时感兴趣并会传播（3分）

结果分析：

结果分析

实践课堂二　社交礼仪故事演绎分享会

在当代，学生要展现中华礼仪之美。本活动通过实化社交情景，使学生在沉浸式情景中以理论知识践行知礼、用礼、行礼。

活动背景：中国素有礼仪之邦的美誉，礼貌待人是中华民族的传统美德。《论语》有曰："不学礼，无以立。"学生可以通过演绎不同的故事，来了解社交礼仪的重要性。

活动准备：学生自行通过各种途径搜集当地工作单位及学校的社交礼仪故事，并且分析其中涉及哪些社交礼仪，通过情景演绎方式反映各方面的社交问题。

小组人数：5～10人。

活动地点：教室。

活动开展：每组根据自行制定的策划方案及流程进行演绎，演绎过程需要严格按照策划流程进行，学生应对每个环节进行说明。

活动评估与总结：①在每组完成演绎后，由教师和其他组的学生共同评分（评分表如表4-3所示）、点评；②小组讨论（1～2分钟），每组的组长进行总结陈述。

表4-3　评分表

被评小组：		成员：		
序号	内容	分值	得分	理由
1	主题突出、鲜明、深刻	15		
2	情节完整、具有吸引力	10		
3	语言规范、围绕主题	20		

续表

被评小组：		成员：		
序号	内容	分值	得分	理由
4	口齿清晰	10		
5	普通话标准	10		
6	表达流畅	10		
7	仪表端庄、举止端正	15		
8	时间控制在 5～10 分钟	10		
最终得分：				
评分小组：				

第五章　职场礼仪

说话和事业的进展有很大的关系，是一个人力量的主要体现。

——[美]本杰明·富兰克林

善待你所厌恶的人，因为说不定哪一天你就会为这样的一个人工作。

——[美]比尔·盖茨

学习目标

掌握与领导沟通的基本原则和方法；明确请示和汇报的技巧。

掌握与同事沟通的要求、方法和禁忌。

掌握下达命令的技巧；掌握与下属谈心的技巧；掌握调解下属矛盾的技巧。

案例导入

不善沟通的约翰

约翰所在的公司正在进行人事调动，负责人罗伯特对约翰说："你把手中的工作放一放，去销售部工作，我觉得那里更适合你，你有什么意见吗？"

约翰撇了撇嘴说："意见？您是负责人，我敢有意见吗？"实际上，他的意见大得很，因为当时销售部的状况特别糟糕。

到了销售部后，约翰的消极情绪非常严重，总是板着一副面孔，对同事爱搭不理。同事主动和他打招呼，他也只是应付地点点头，一来二去，同事们渐渐疏远了他。

有一天，某客户打电话请约翰转告罗伯特，让罗伯特第二天务必到客户那里参加洽谈会，有一笔非常重要的生意需要洽谈。约翰认为这是绝佳的报复机会，就当作什么事也没有发生一样回家了。

第二天，罗伯特将约翰叫进办公室，严厉地对他说："约翰，客户那么重要的电话为什么不告诉我？你知道吗？如果不是客户早晨打电话给我，一笔 1000 万美元的大生意就泡汤了！"

罗伯特看了看约翰，对方一脸毫不在乎的样子，根本没有承认错误的迹象，便说："约翰，说实在的，你的工作能力还不错，但在为人处世方面不够成熟。我本来想借此机会锻炼锻炼你，可你让我大失所望。我知道你心里对我不满，可你不但不与我沟通，反而暗中给我使绊子。你知道吗？部门的前途差一点毁在你手里！你没有通过考验，所以我只能遗憾地宣布，你被解雇了。”

鉴于这个教训，该公司高管阶层专门召开了一次名为“张开你的嘴巴”的会议，强调并鼓励所有员工都要与上级多沟通。

问题：约翰为什么被解雇了？本案例对你有何启示？

人在职场，必然要与领导、同事、下属等进行交往，交往的效果将直接影响个人的职业生涯甚至发展前途。我们每天至少有 1/3 的时间是在职场度过的，能否从工作中获得快乐和满足，能否敬业、乐业，能否最终成就一番事业，领导、同事和下属会起到很重要的作用。讲究职场沟通艺术，不仅可以减少矛盾和冲突，还可以使职场人际关系更加和谐融洽，大大提高工作效率。专家认为，职场人士必须具备 3 项基本技能，即“沟通技巧+管理才能+团队合作意识”。世界上很多著名的大公司也以此来要求员工。

【小贴士】

职场沟通的基本原则

一、真诚。在沟通的过程中，只有坦诚相见，才能建立理解和信任关系，化解矛盾和隔阂。

二、自信。成功者其实就是拥有坚定信念的普通人。在沟通时，只有充满自信，才能从容不迫、应对自如，进而赢得对方的尊重和认可。

三、友善。从他人的立场看事情，从对方的角度想问题，以友善的态度与人沟通。

四、理性。在沟通时一定要清醒、理智，明确沟通的目的，预判沟通的效果，采取可行的沟通方法。不信口雌黄、口无遮拦，不一时冲动、说“过头话”，不无谓争执、伤了和气，不斤斤计较、耿耿于怀。

五、尊重。沟通的主体是平等的，只有互相尊重、平等交流，沟通才能顺利进行。在职场沟通中，切记不责备、不抱怨、不攻击、不谩骂、不说教。

六、互动。沟通是双向性的，既不是洗耳恭听、默不作声，也不是口若悬河、夸夸其谈。

沟通应该是双方之间平等、融洽的互动交流。只有恪守上述基本原则，才能在沟通中有说有听、有问有答，对等交流，从而实现共赢。

第一节　与领导沟通

与领导沟通，指的是下级通过一定的渠道和方式，与管理者或决策层进行信息交流。上下级之间的有效沟通，无论是对组织还是对个人，都具有十分重要的意义。对下级而言，与上级进行主动有效的沟通，既能准确了解信息，提高工作效率，又能及时表达自己的意愿，形成积极的双向互动。

一、与领导沟通的基本原则

【小案例】

任命

某大型公司企划部的王先生已经工作了两年多，参与过许多重要公关活动的策划和实施，是该部门最有经验的员工之一。该部门副经理的职位至今空缺，凭借自己的资历和能力，王先生认为自己很可能是该职位的候选人。

然而，最近一段时间，王先生发现了竞争对手——刚来公司不到半年的费女士。按说，就费女士的资历而言，她还要熬几年才能出头。可是，接连发生的几件事，让王先生不得不对费女士刮目相看。从那以后，王先生细心观察费女士的工作风格，发现她最大的优点就是勤于和经理沟通，无论是大事小情、工作的进展和困扰，还是偶然产生的灵感，她都能在适当的时间和经理进行充分沟通。半年后，公司下发了一项人事任命，由费女士担任企划部副经理。

与职场中的其他交际对象相比，上级领导具有如图 5-1 所示的基本特征。在沟通的过程中，下级尤其要注意遵循一些基本原则。

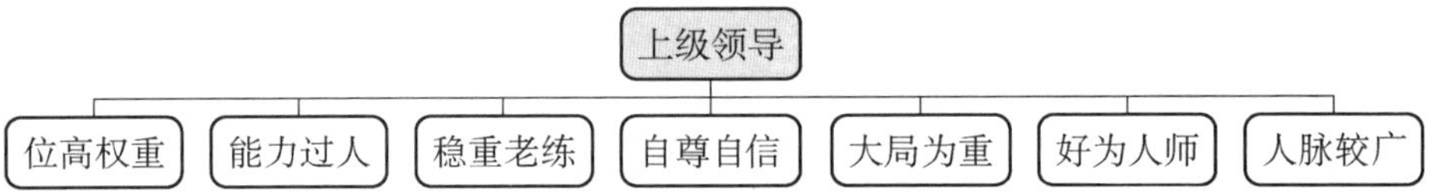

图 5-1　上级领导的基本特征

1. 不卑不亢

与领导沟通，应该采取不卑不亢的态度，既不能唯唯诺诺、一味附和，也不能恃才傲物、盛气凌人。只有在公平的前提下进行沟通，才能坦诚相见、达成共识。

在社交的过程中，大多数人有一种心理期待，即希望得到他人的尊重和帮助，希望自己应有的地位、荣誉得到肯定和巩固，没有人愿意在群体中被孤立和冷落。如果这种期待得不到满足，人们就会对周围的人产生隔阂，甚至拒绝合作。因此，尊重他人是每一个职场人士的必备修养。在工作中，下级应尊重领导的意见，维护领导的威信，理解领导的难处和苦衷，即使提出不同的意见，也要讲究适当的时机，选择对方易于接受的方式。这样无论是对工作，还是对沟通双方的感情、建立融洽的关系，都是很有益处的。

尊重与讨好、奉承有着本质上的区别。前者以理解他人，满足他人正常的心理和感情需要为基础，后者往往是为了满足一己私欲。在现实生活中，确实有一些人为了达到不可告人的目的，不惜降低人格，曲意迎合、奉承、讨好领导，不仅蒙蔽了领导的耳目，损害了领导的威信，还造成了同事之间的不和谐。大多数有主见的领导，对于一味奉承、随声附和的人是比较反感的。

2. 工作为重

上下级之间的关系主要是工作关系。下级在与上级领导沟通时，应从工作出发，以“做好工作”为沟通协调的要义。下级既要摒弃个人的恩怨和私利，又要摆脱人身依附关系，在任何时间、任何问题上都是为了工作和整个团队的利益；应作风正派，光明磊落，切忌一味对领导讨好献媚、阿谀奉承、百依百顺，丧失理性和原则，甚至违法乱纪。

3. 服从至上

上级居于领导地位，掌握全盘情况，在一般情况下，考虑问题比较周全，能从大局出发处理问题。在与上级沟通时坚持服从原则，是绝大多数组织的通行原则，是组织巩固和发展的基本条件。事实证明，如果下级在与上级沟通时拒不服从，那么组织很难形成统一的意志和严密的整体，像一盘散沙一样，很难顺利发展。当然，服从不是盲从，下级如果发现领导的某些错误，那么应抱着对工作高度负责的态度，及时向领导反映，并建议领导尽快改正。

【小案例】

尊重领导的决定

4. 非理想化

在与领导沟通的过程中，下级不能用头脑中的理想化模式来要求现实中的领导，对领导过分苛求。非理想化原则要求下级全面地看待领导，既要看到其优点和长处，又要看到其缺点和短处，还要容纳领导的一般性错误和缺点，纠正求全责备的思想。

【小故事】

我最了解它的心

一把坚实的大锁挂在铁门上，一根铁杆费了九牛二虎之力，还是无法将大锁撬开。钥匙来了，它瘦小的身子钻进锁孔，轻轻一转，大锁就“啪”的一声打开了。铁杆奇怪地问：“为什么我费了那么大力气也打不开，你却轻而易举地就把它打开了呢？”钥匙说：“因为我最了解它的心。”①

【点评】这个小故事很形象地说明了有效沟通的重要性。沟通就是开启“心灵之门”的“钥匙”，下级要想与领导有效沟通，应了解领导的个性、行事风格和对工作的要求，做到最了解领导的心。

二、与领导沟通的方法

1. 主动沟通

有人说：“要想当好管理者，首先要当好被管理者。”下级要树立主动与领导沟通的意识，因为领导的工作比较繁忙，不能经常深入到员工中寻求沟通。在实际工作中，一些下级害怕直面上级，不敢积极主动地与上级沟通交流，这是一种职场通病。我们应该消除对上级的恐惧感，上级也是人，也有情感。人与人之间如果没有交流和沟通，那么情感也会因此而疏离。

怎样消除对上级的恐惧感呢？

首先，纠正“不宜与上级过多接触”的错误观念，树立正确的沟通观念，即“与上级沟通是职场人士的基本职责之一”。上级是决策者和管理者，下级是执行者和完成者。在执行

① 约翰·巴尔多尼. 向领导大师学沟通[M]. 马跃，译. 北京：机械工业出版社，2004.

决策和实现目标的过程中，下级必须通过沟通来了解上级的意图，争取上级的支持，获得上级的认可。

其次，不要害怕在上级那里碰钉子。当上级的反馈意见不理想时，下级应从沟通态度、方式等角度进行自我反省，同时仔细揣摩上级的态度和意见，并通过换位思考来理解上级的处理方法。

最后，锻炼沟通技能，增强自信。在沟通内容上，下级应做到观点清晰、有理有据、层次清楚；在沟通方式上，应采用容易被对方接受的沟通频率、语言风格和态度情绪。在刚开始沟通时，最好采用面对面的直接交流方式，熟悉之后可借助电话、短信、电子邮件等方式。

2. 适度沟通

“适度”指的是下级与领导的关系应保持在有利于工作和双方正常相处的适当范围内，营造和谐的工作环境。沟通既不能“不及”，也不能“过分”。

下级对上级的沟通主要存在两个极端。一是沟通频率过高。有一些下级为了博得领导的赏识和信任，经常往领导的办公室跑，既给领导的正常工作造成了干扰，又让领导认为下级缺乏独立工作能力，遇事没有主见。二是沟通频率过低。有一些下级以为，只要做好本职工作就行了，至于是否向领导汇报思想和工作情况，没有太大关系，该请示时不请示，该汇报时不汇报，目无组织和领导，久而久之，既不利于开展工作，又会在一定程度上影响个人和团队的发展前途。

3. 适时沟通

上级需要考虑的事情非常多，下级应根据问题的重要程度，选择恰当的沟通时机。

首先，选择上级相对轻松的时候。在与上级沟通之前，下级可以通过打电话、发短信等方式预约，或者请对方确定沟通的时间和地点，自己按时赴约。如果是个人的私事，那么不宜在上级处理工作大事时打扰，那样会忙中添乱，适得其反。

其次，选择上级心情较好的时候。在沟通之前，下级可以与上级的秘书或助理取得联系，了解上级的情绪状态。当上级情绪欠佳时，最好不要打搅对方，尤其不要向对方提要求、抱怨困难，或者发表不同的意见。

再次，寻找适合单独交谈的机会。下级在试图改变上级的决定或意向的时候，要多利用非正式场合和没有第三者在场的机会。这样既能给自己留出回旋的余地，又有利于维护上级的尊严。

最后，不要在上级准备度假、度假刚回来，或者吃饭、休息的时候沟通。在这些情况下，对方容易分散精力，心不在焉，或者匆忙做出决定。

【小贴士】

回答领导问题的语言艺术

① 巧妙回答自己不知道的事。当领导问你与业务有关的某个问题，而你不知道该如何回答，千万不可以直接说“不知道”，应该灵活应变，如“让我认真地想一想，下午 3:00 以前给您答复好吗”“您先等一下，我的笔记本上有笔记”等。这样不仅可以暂时为自己解围，还能让领导认为你对相关问题很用心。不过，事后必须做足功课，按时给出答复。

② 巧妙回答日常生活中的事。领导有时候会问一些与工作无关的事，在回答相关问题时，讲几句笑话、俏皮话或富有哲理的话，不仅可以让谈话气氛更活跃，还可以排忧解难，

某些难以解答的问题可能会迎刃而解。

③ 巧妙回答关于派遣的事。领导随时可能给你分派任务，在领导传唤时，你应该冷静、迅速地做出回答，如“我马上去处理”“我一定完成好”等，这样的回答会让领导感觉你是一个高效率的好员工。

4. 灵活沟通

每个人的素质和经历不同，不同的上级有不同的处事风格。揣摩上级的风格，在交往的过程中区别对待，往往能够达到更好的沟通效果。不同上级的风格类型、性格特点、沟通技巧如表 5-1 所示。

表 5-1　不同上级的风格类型、性格特点、沟通技巧

风格类型	性格特点	沟通技巧
控制型（权力欲强）	实际，果决，求胜心切	简明扼要，直截了当 尊重权威，执行命令 称赞成就，而非个性或人品
	态度强硬，要求服从	
	关注结果，而非过程	
互动型（重人际关系）	亲切友善，善于交际	公开、真诚地赞美 开诚布公地发表意见 切忌背后发泄不满情绪
	愿意聆听困难和要求	
	喜欢参与，主动营造融洽氛围	
务实型（实事求是）	为人处事自有标准	开门见山，就事论事 据实陈述 不能忽略关键细节
	理性思考，不喜感情用事	
	注重细节，探究来龙去脉	

5. 定位沟通

正确认识自己的角色和地位，真正做到出力而不越位，是处理好上下级关系的重要艺术。“越位”是下级在处理与上级关系的过程中经常出现的一种错误，主要表现在以下几个方面。

第一，决策越位。决策是领导活动的基本内容，不同层级的领导，其决策权限不同。如果本该由上级做出的决策却由下级做出了，就是超越权限的行为。

第二，表态越位。一个人对某件事的基本态度，往往与其特定的身份相联系。超越身份胡乱表态，既是不负责任的表现，也是无效的。

第三，工作越位。本该由上级出面才合适的工作，下级却越俎代庖，这样会导致工作越位。

第四，场合越位。在某些场合（如应酬客人、参加宴会等），应适当突出上级，如果下级过度张罗、出尽风头，那么也会造成越位。

6. 持续沟通

在大多数情况下，与领导沟通不是一次性就能完成的，而是持续不断的。组织应在内部各部门之间，以及与外部环境之间进行信息传递、交流的过程中不断调整，并发展壮大。尤其是在变革和危机时期，持续沟通的重要性尤为突出。如果组织成员无法通过正当的沟通渠道来获得所需的信息，就会出现小道消息满天飞的现象，即使它们毫无根据，也会严重影响组织成员的情绪。相反，如果领导注重并致力于保持沟通的持续性，那么即使组织偶然出现决策或执行上的失误，也会得到组织成员的谅解。

【小案例】

杨瑞该怎么办

三、请示和汇报的技巧

请示是下级向上级请求决断、指示或批示的行为，汇报是下级向上级报告情况、提出建议的行为。它们是职场人士经常性的工作。

【小案例】

哪一种请示和汇报的方式更好

“领导，我感觉员工最近的士气不太高，您能不能给我一些建议？”

“领导，我感觉员工最近的士气不太高，业绩也受到了影响。这两天，我和大家沟通了一下，发现主要是因为临近春节，很多客户忙着拜年和要账，没有精力和我们谈业务，我们的员工也想着回家过年，所以整个团队的士气不太高。我认为，春节前的这段时间是很宝贵的，我们必须提高团队的士气。我有两个方案，您看一看。一是在团队内部举办一次竞赛，对于业绩排名前六的员工，公司报销回家的火车票；二是设计一个激励活动，对于表现良好的员工，公司准备一个春节大礼包。两个方案的花费都不超过 6000 元，而增加的收入可能是 60 万元。您看选择哪一个方案比较好？”

【点评】上级主要做“选择题”，而不是“问答题”。下级把“问答题”抛给上级是不明智的做法，甚至可能导致上级做出错误的判断或决定。在向上级请示和汇报时，下级一定要掌握请示和汇报的技巧。

1. 明确程序

请示和汇报主要包括以下几个步骤。

（1）明确指令。在明确某项工作的方向和目标后，上级通常会指定专人负责这项工作。如果上级明确指定由你来完成这项工作，那么你一定要迅速、准确地把握上级的意图和工作的重点，包括谁传达的指令（Who）、做什么（What）、什么时间（When）、什么地点（Where）、为什么（Why），以及怎么做（How）、工作量（How much）。对其中的任何一点不明白，你都要主动询问上级，并及时记录下来，最后简明扼要地复述一遍，以确认有没有遗漏之处或领会有误的地方。当对上级的指令理解模糊时，绝对不能想当然。在执行任务的过程中，遇到困难或疑惑之处，下级要及时和上级沟通，避免走弯路，耽误工作。

【小贴士】

在面对上级的指示时应询问以下问题

上级希望做的是什么？

这项任务的具体目标是什么？

完成这项任务的最佳方法是什么？

公司在这项任务上准备投入多少资源?

怎样进行工作报告?报告中应该包括哪些内容?什么时候需要报告?应该向谁报告?要求以什么形式报告相关信息?

(2)制订计划。在明确工作目标之后，下级应尽快制订工作计划，并交给领导审批。在制订工作计划时，下级应详细阐述行动方案和步骤，尤其是工作进度，要有明确的时间表，以便领导进行跟踪。以制订月销售计划为例。首先，明确下个月需要实现的业绩目标；其次，说明为了实现这些目标，有多少贡献源于老客户，有多少贡献源于新客户；最后，说明打算通过哪些渠道、促销方案来实现这些目标。这样的月销售计划既具体可行，也方便领导及时纠正。

(3)适时请教。在工作的过程中，下级要及时向领导汇报和请教，让领导了解下级的工作进程和已经取得的阶段性成绩，并及时听取领导的意见和建议，切不可等工作全部结束后，才将工作情况和盘托出。

(4)总结汇报。在完成工作任务后，下级应及时向领导总结汇报，归纳成功的经验和不足之处，以便在今后的工作中改进优化。下级与上级沟通自己的总结汇报，既能显示出对上级的尊重，也有利于展示自己的才干，为赢得上级的赏识和器重奠定基础。

【小案例】

善于汇报的销售员

有一个名叫小波的小伙子是一家酒店的销售员，颇得上级的赏识。他之所以能够得到上级的青睐，一方面是因为业绩突出，另一方面是因为小波每完成一项业务，都会以书面的形式总结业务成功或失败的原因，上级对此非常满意。虽然小波有一些业务完成得不是很出色，但是上级从来没有责备过小波，相反，还经常给他提出一些合理化建议。

2. 充分准备

凡事预则立，不预则废。无论是请示还是汇报，要想达到预期目的，都必须事先认真做好准备。

首先，做好思想准备。向领导汇报，既要战胜紧张心理，又要纠正无所谓的态度，调整情绪，树立信心，认真对待。

其次，做好资料准备。“巧妇难为无米之炊”，充分准备资料是汇报成功的基础。如果对情况不熟悉或某方面的情况还不明了，就不能基于主观臆断、道听途说来汇报，抱着“领导要，我就报，准不准，不知道”的错误心态。只有经过调查了解，准确掌握情况，才能进行请示或汇报。

最后，做好“战术想定”。如果是就某一个特殊问题请示上级，那么下级至少要有两套解决方案，并对各自的利弊了然于胸，必要时向领导阐述明白，提出自己的主张，争取领导的理解和支持。如果是就某一项工作进行汇报，那么下级应在明确领导意图的基础上，确定汇报主题，把握汇报重点，组织汇报材料，合理安排内容的顺序和层次，对于汇报中可能出现的情况和领导可能提出的问题，要做到心中有数，绝对不能仓促上阵。

3. 选择时机

除了紧急事件需要及时请示和汇报，下级还可以选择以下时机进行请示和汇报：本人分管或领导交办的工作告一段落时；在工作中遇到较大困难，希望获得领导的帮助、支持时；

领导决策需要某方面的信息时；领导主动询问有关情况时；领导有空余时间时；等等。汇报不仅要注意时机，还要区分场合，可以通过会议形式正式汇报的内容，尽量不要不分场合地临时汇报；当领导公务繁忙，或者在工作中遇到困难、心情烦躁时，不宜贸然汇报，应选择领导乐意听取汇报的时机，以便取得预期的效果。

4. 因人而异

在请示和汇报时，下级应采取不同的方式，以适应不同领导的风格特点。例如，对于严谨细致的领导，要解释得详细一点，最好列举必要的事例和数据；对于干练果断的领导，注意言简意赅，提纲挈领；对于务实沉稳的领导，注意语言朴实，少加修饰；对于活泼开朗的领导，语言可以轻松幽默一些。总之，下级要根据领导的个性特点，有针对性地做好请示和汇报。

【小案例】

冯涛的汇报技巧

市建材公司的冯涛从某个客户那里考察完毕后，来到经理的办公室。“情况怎么样？”经理劈头就朝冯涛问道。冯涛坐定后，并不急于回答经理的问话，而是显得有些心事重重的样子。他十分了解经理的脾气，如果直接将不利的情况汇报给经理，那么经理肯定会不高兴，甚至会认为他没有尽力办事。经理看到冯涛的样子，已经猜出了肯定是对公司不利的情况，于是改用另一种方式问道：“情况糟到什么程度？有没有挽救的可能？”

“有！”这一次，冯涛回答得十分干脆。

“那谈谈你的看法吧！”

冯涛这才把他考察的情况汇报给经理：“我了解到，这个客户之所以不用我们公司的产品，主要是因为他已经答应从另一家乡镇建材厂进货了。”

“竟然有这样的事！那你怎么看呢？”

“我是想这样的，我们公司的产品比乡镇建材厂的产品更有优势，我们的产品不但质量好，而且价格很公道，在省内已经具有一定的知名度……”

【点评】下级向上级汇报，一定要掌握技巧，对不同类型的上级采用不同的汇报方式，特别是在汇报坏消息时，如果处理不当，那么很可能引火上身。在这个案例中，冯涛的汇报技巧是根据经理的性格特点，先给经理“打预防针”，再顺势而行。

5. 斟酌语言

下级向领导汇报工作，一定要抓住重点、简短明快，不能东拉西扯、词不达意，否则既浪费领导宝贵的时间，又令人生厌。下级向领导汇报，一定要列出提纲或打好腹稿，用精辟的语言归纳、整理需要汇报的内容，做到思路清晰、观点精练、语言流畅、逻辑缜密、用语朴实准确。关键语句要认真推敲；评价工作要把握分寸，切忌说“过头话”；列举数字一定要准确无误，尽量避免“大概”“估计”“可能”之类的模糊词语。如果语言啰唆、拖泥带水，那么即使再好的内容，也汇报不出应有的效果。

6. 遵守礼仪

准时赴约，下级应按照事先约定的时间到达约定地点，过早到达或迟迟不到都是严重失礼的行为；举止得体，下级应站有站相，坐有坐相，文雅大方，彬彬有礼；控制时间，在一般情况下，领导往往想先了解事情的结果，下级在汇报工作时应先说结果，再谈过程和程序，这样汇报工作能简明扼要，有效节省时间；注意场合，切忌在路上、饭桌、家里汇报工作，更不能在公开场合与领导耳语汇报工作。

此外，下级在请示和汇报还应注意以下事项：遵循“下级服从上级”的原则，坚持逐级请示和汇报；避免多头请示和汇报，坚持谁交办就向谁请示和汇报，以减少不必要的矛盾，提高工作质量和工作效率；尊重而不依赖，主动而不擅权。请示和汇报应根据工作需要，不能仰仗、依附于领导，时时、事事都请教或求助领导。下级应在深刻领会领导工作思路的前提下，积极主动、大胆负责地开展工作。

第二节　与同事沟通

处理好同事关系，对每一位职场人士来说都很重要。同事关系，是指同一组织内部处于同一层次的员工之间存在的横向人际关系。同事之间既是天然的合作者，又是潜在的竞争对手，这是一种微妙的人际关系，会产生既渴望合作，又警觉竞争的复杂心理。职场人士在与同事相处时，应特别注意沟通艺术。同事的基本特征如图 5-2 所示。

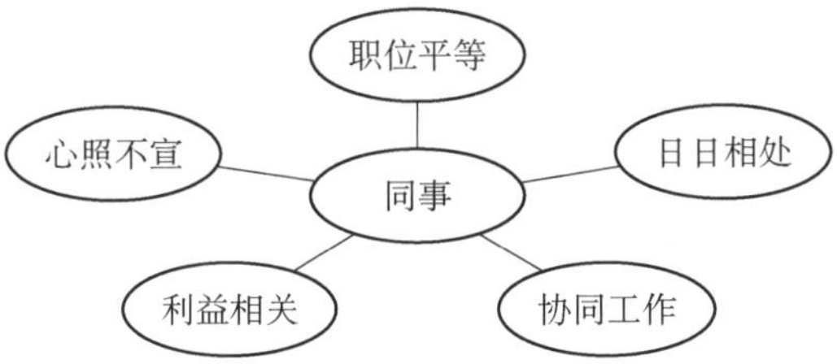

图 5-2　同事的基本特征

【小故事】

荀攸的智慧

三国时期的荀攸智慧超群，谋略过人。他辅佐曹操征张绣、擒吕布、战袁绍、定乌桓，为曹操统一北方做出了重要的贡献。在朝 20 余年，荀攸能够从容自如地处理政治旋涡中的复杂关系，在残酷的同僚斗争中，始终稳如泰山，立于不败之地。究其原因，在于荀攸能谨以安身，以忍为安，很好地处理同僚关系。他平时特别注意周围的环境，从不刻意和同僚争高下，表现得十分谦卑、文弱，甚至愚钝、怯懦，对自己的功勋讳莫如深。因此，他既能和同僚和平共处，也深受曹操信任。从来没有人向曹操进谗言加害于他，足见荀攸在朝中、朝外的口碑极佳。

一、与同事沟通的要求

1. 互相尊重

尊重既是人的需要，也是沟通的前提。职场人士的尊重需要包括组织成员给予的重视、威望、承认、名誉、地位和赏识等。每一个成员都希望获得其他成员的承认，希望得到较高的评价和礼遇，获得较高的名誉和地位。高明的领导往往十分尊重员工。尊重是相互的，“敬人者，人恒敬之”。要想在职场中得到同事的尊重，必须尊重同事的人格和工作，尊重同事在整个团队中的地位和作用。

2. 真诚待人

精诚所至，金石为开。同事之间要想互相沟通，必须消除不必要的戒备心理，摒弃“逢人只说三句话，未可全抛一片心”的处事原则，襟怀坦荡，以诚相见。只有真诚待人，才能打开心灵的窗口，激发同事之间思想和情感上的共鸣。反之，如果当面一套、背后一套，或者说一套、做一套，就会失信于人，引起同事的反感。

【小案例】

互相帮助

伍兰兰在大学毕业后进入了一家公司，从事销售工作。她是一个勤劳善良的女孩，每天都提前到达公司，把同事的桌椅收拾整齐，把办公室打扫干净，尤其是帮同事江龙收拾好桌椅。由于江龙常常加班，因此桌上堆满资料，十分凌乱。江龙对伍兰兰的所作所为非常感激，主动提出带伍兰兰洽谈业务。在“师傅”的指引下，伍兰兰的能力提高得很快。半年后，伍兰兰自认为已经能够胜任业务工作，私自替江龙撰写了一份策划方案，并交给了客户。

没想到，由于疏忽大意，伍兰兰把一组数据弄错了。客户因此否决了伍兰兰的方案，并且拒绝与他们合作。江龙得知后非常生气。伍兰兰诚恳地承认了错误，并在以后的工作中更加努力，将洽谈好的业务算在江龙的头上，以此弥补自己的过失。

有一天，江龙生病住院。伍兰兰主动去医院精心照顾，同时没有落下工作，甚至把江龙的工作也一起处理了。

伍兰兰的一言一行被同事们看在眼里，渐渐地，她的人缘越来越好，出了什么事情，大家都愿意真诚地帮助她。

【点评】伍兰兰之所以能受到同事的欢迎，是因为她在用一颗真诚的心和同事沟通。其实，她与同事交往的方法并不复杂。真诚既是做人的基石，也是与人相处的根本。

3. 互谅互让

绝大多数职场人士希望有一个平和、令人心情舒畅的工作环境。不过，由于思想认识、性格修养、观点立场等方面的差异，同事之间看问题的角度难免有所不同，处理问题的思路和方法也不尽相同。面对这些差异和分歧，首先，不要过度争论，以免激化矛盾，影响彼此之间的关系；其次，换位思考，充分理解对方，并本着公平、公正、公开的原则，从工作出发，为全局着想，求同存异，互相谦让。

【小案例】

善于沟通的小雪

小雪是某大型建筑装饰集团总经理的秘书。某一天，她正在办公室准备会议纪要。突然，办公室外面传来争吵声，她立即放下手中的工作跑了出去。原来，同事甲和同事乙因为某个客户的归属问题发生了争吵，两人都说该客户是自己的，声音越吵越大。虽然小雪平时与同事甲的关系比较好，但是她深知，此事不仅关系到两位同事的个人利益，还因两人分属不同部门而关系到两个部门的业绩，如果处理得不好，那么很可能造成两个部门之间的矛盾。这真是给她出了一道难题！

总经理出差在外，小雪首先通过电话向总经理汇报此事，然后把两位同事叫到办公室，给他们倒上热茶，劝双方冷静下来，停止争吵。经调查了解，原来同事甲因为个人的疏忽，导致该客户在抵达展销会现场时找到了同事乙。小雪把情况如实反映给总经理，总经理把该客户给了与小雪并非好友关系的同事乙。小雪在沟通协调的过程中坚持守正持中的原则，赢得了领导和同事的赞赏，之后通过耐心解释，得到了同事甲的理解。

4. 分享成绩

同在职场中，成绩的取得、分享和利益的分配是大家关注的焦点。如果你在工作中有特别的表现，受到了嘉奖，千万不能独享成功的荣耀。因为，成绩往往不是一个人独自取得的，需要同事或多或少地协助，是大家共同努力的结果。俗话说："一个篱笆三个桩，一个好汉三个帮。"无论有没有人与你争功，你都应该抱着分享、感恩的心态，这样才能赢得同事的好感和支持。

【小案例】

功劳是大家的

在某单位的一次公开竞聘中，左某战胜了其他几位竞争对手，成为经理。许多同事对他表示祝贺，还有人当众夸他能力非凡。左某却坦诚地说："其实几位候选人各有长处，论管理我不如老刘，论经验我不如老叶，论公关我不如小王。"后来，左某不但用诚意挽留了这几位竞争对手，而且根据他们各自的特长做出了相应的安排。宽宏大量的气度，不仅使他赢得了大家的尊重，在工作中也取得了显著的成就。左某上任没多久，该单位就达成了很高的业绩。左某再一次谦虚地表示："功劳是大家的。"

【点评】左某之所以能得到同事的支持，是因为他不把功劳揽在自己怀里。一句"功劳是大家的"，温暖的是人心，赢得的是尊重。

5. 大局为重

同事由于工作关系而走到一起，形成了一个利益共同体。其中的每一个人，都要有集体意识和大局意识。职场人士在与上级、同事交往时，应尽量保持同等距离，即使和某些同事志趣相投、关系密切，也不要在工作场合表现出来，以免让其他同事产生猜疑心理；在与本单位以外的人员接触时，更应树立荣辱与共的团队观念，多补台、少拆台，不能为了自身小利，损害集体大利；不可外扬"家丑"，对自己的同事品头论足甚至恶意攻击，损害同事的形象。

二、与同事沟通的方法

1. 重视团队合作

荀子曾经说过："人，力不若牛，走不若马，而牛马为用，何也？曰'人能群，彼不能群也'。"这段话道出了团队合作的重要性。随着社会分工越来越细，现代企业越来越强调员工之间的沟通协调。作为企业的个体，无论处于什么职位，在保持个性特点的同时，都必须融入集体。比尔•盖茨认为："小成功靠个人，大成功靠团队。"在工作中，同事要同心协力、互相支持、共同合作；需要大家共同完成的工作，应预先商定，在配合的过程中守时、守信、守约；分内的工作要认真完成，在出现问题或差错时应主动承担责任，不拖延、不推诿；如果确实需要他人的协助，那么应使用请求的态度和商量性的语气，不能居高临下、颐指气使。

【小故事】

天堂和地狱的故事

2. 懂得相互欣赏

人是具有能动思维的主体。这种特性表现在工作中，就是有一定的价值目标，即追求理想和信念的成功，也就是成就感。人的成就感包括职业感和事业感两个方面。职业感体现为个人对本职工作的态度，事业感体现为个人追求被群体和社会承认的较高层次的成就。职场人士大多有得到赞许的欲望，希望自己的职业和工作受到他人的重视，得到恰如其分的评价和鼓励。懂得了这些，我们就能在长期共事的过程中，发现同事的优点、长处，以及同事在工作中取得的成绩和进步，并及时加以肯定和赞美。欣赏是人际关系的“润滑剂”。一句由衷的赞美，既可以表达对同事的尊重，又能赢得对方的好感，进而融洽彼此之间的关系。

3. 主动交流沟通

人际关系是在互动中发生联系和变化的。要想密切人际关系，注重彼此的交往是前提。在紧张的工作之余，我们不妨主动找同事谈谈心、聊聊天，或者请教一些问题，以便加深印象、增进了解。在主动沟通的过程中，应把握以下几点：选择合适的时间、场合和容易引起对方兴趣的话题；保持诚恳、谦虚的态度；善于体察对方的心理变化，因势利导，随机应变；讲究语言的艺术，选择商量式、安慰式、互酬式等沟通模式，并注意分寸。

4. 保持适当距离

过密则狎，过疏则间。同事之间只有保持适当的距离，为人处事才能客观、公正。每个人都有自己的私人空间，搞好职场人际关系，并不等于无话不谈、亲密无间。有时候，同事之间之所以摩擦不断、矛盾重重，恰恰是因为交往太过密切、随意，侵犯了他人的隐私。当个人生活出现危机时，不要在办公室随意倾诉；应该尊重同事的权利和隐私，不打探同事的秘密，不擅自翻阅同事的文件、信件，不查看对方的电脑；不要对同事品头论足，更不要做搬弄是非的饶舌者。

【小案例】

焦先生的后悔

焦先生刚刚调入某单位一个月。一个月来，他处处小心做事，常常笑脸相迎，同事们对他的态度颇为友善。某一天，全科室的人决定一起去餐厅聚餐，也邀请了焦先生。席间大家有说有笑，无所不谈。其中有一位同事与焦先生最谈得来，几乎把单位里的所有问题，以及科室里每一位同事的性格、缺点都吐露无遗。焦先生受宠若惊，加之对单位里的人事知之甚少，所以很珍惜这样一位“知无不言，言无不尽”的同事，彼此聊得相当投机。渐渐地，焦先生开始放松自己的防备之心，将一个月来看到的不顺眼、不服气的人和事通通向这位同事一吐为快，甚至批评了科室里一两位同事的错误之处，借以发泄心中的闷气。

不料，这位同事竟是一个翻云覆雨之人，不出几日便将焦先生的这些话转达给了其他同事，令焦先生狼狈至极、孤立至极，几乎在科室里失去立足之地。这时，焦先生才如梦初醒，悔不该一时激动没管好自己的嘴巴，忘记了“来说是非者，必是是非人”的浅显道理。

【点评】初到新环境中，职场人士必须学会与同事保持一段距离，凡事中道而行，适可而止。在大家面前不要轻易显露行动和言行，学习做一个聆听者，“人不犯我，我不犯人”，公平对待每一位同事，避免建立任何小圈子，对谣言一笑置之，深藏不露。这样才能尽快适应新环境、打开新局面，成为职场中的生存者，而非受害者。

三、与同事沟通的禁忌

同事们同在一个单位，甚至同处一间办公室，每天都要见面谈话，谈话的内容可能无所不包，涉及工作内外的方方面面。在日常沟通中如何把握分寸，成为职场人士不可忽视的重要问题。

1. 不谈论私事

办公室不是互诉心事的场所，虽然这样的交谈富有人情味儿，能让彼此之间变得更加亲切、友善。但是，据调查，只有不到 1%的人能够严守他人的秘密。因此，当个人生活出现危机时（如失恋、婚变等），不宜在办公室里倾诉；当工作出现危机时（如工作不顺利，对领导、同事有意见等），更不应该在办公室里向他人袒露。我们不能把同事的“友善”和朋友的“友谊”混为一谈，以免影响正常的工作秩序和自身形象。

2. 不好争喜辩

同事之间在某些问题上有分歧很正常，尤其是在座谈、讨论等场合。当他人提出不同意见时，要尊重对方，认真倾听，不随意打断，不急于反驳，在清楚对方观点及其理由的前提下，语气平和地陈述自己的观点，并提供站得住脚的理由。我们切不可抱着“胜过对方”或“证明自己是对的，对方是错的”的心态，一味地争执下去，否则会影响彼此的关系，伤害他人的自尊。

3. 不传播耳语

耳语，即小道消息，是指非经正式途径传播的消息，往往传闻失实，并不可靠。在一个单位里，可能存在各种各样的耳语，关于上级的耳语可能更多。这些耳语如同噪声一般，影响着我们的工作情绪。对此，我们应该做到“三不”，即“不打听、不评论、不传播”。

4. 不过分表现

表现自己并没有错，在现代社会，充分发挥自己的潜能，表现自己的才能和优势，是适应挑战的必然选择。不过，表现自己要分场合、分方式。美国戏剧评论家威廉·温特尔曾经说过：“自我表现是人类天性中最主要的因素。”人类喜欢表现自己，就像孔雀喜欢炫耀美丽的羽毛一样正常。然而，刻意的自我表现会令热忱变得虚伪，令自然变得做作，最终效果还不如不表现。

【小案例】

小马的表现

小马是一家大公司的高级职员，平时工作积极主动，表现很好，待人也热情大方。可是某一天，一个小小的举动令他的形象在同事眼中一落千丈。当时在会议室里有很多人等着开会，一位同事发现地板有些脏，便主动拖起地来。小马似乎身体有些不舒服，一直站在窗台边往楼下看。突然，他走到那位同事身边，执意要拿过那位同事手中的拖把。其实地差不多已经拖完了，不再需要他的帮忙。可小马执意要求，那位同事只好把拖把给了他。

刚过半分钟，总经理推门而入。小马正拿着拖把勤勤恳恳、一丝不苟地拖着地。一切似乎不言而喻。从此，大家看到小马时，顿觉他“假”了许多。以往的良好形象被这一个小举动一扫而光。

【点评】在工作中，一些人掌握不好热忱和刻意表现之间的界限，把一腔热忱的行为弄得像故意装出来的一样。这些人学会的是表现自己，而不是真正的热忱。热忱不等于刻意表现。在他人需要关心的时候关心他人，在应当拼搏的时候努力付出，真诚自然，这样的行为大家都会赞许。抓住一切机会刻意表现自己“与群众打成一片”“关心他人”“是领导的好下属”，只会让人觉得虚假，反而不愿与之接近。

5. 不当众炫耀

在人际交往中，大多数人希望得到他人的肯定评价，会不自觉地维护自己的形象和尊严。如果当众炫耀自己的才能、长相、财富、地位等，处处显出高人一等的优越感，无形之中就是对他人自尊、自信的挑战和轻视，会激起他人的排斥心理甚至敌对情绪。在与同事相处的过程中，我们应该谨小慎微，认真做事，低调做人，即使自己的专业技术过硬，深得领导的赏识和器重，也不能过于张扬。

6. 不直来直去

我们常常认为心直口快是一种难得的品质，有话就说，直来直去，给人一种光明磊落、酣畅淋漓之感。不过，不分场合、不看对象的直率，可能会成为沟通的障碍，特别是当我们有求于对方或想发表不同的见解时，更不能颐指气使、盛气凌人。

【小案例】

当面批评的后果

年底，市场部组织了一场关于公司产品和服务的公开宣讲活动，由几位老员工主讲。市场一部的经理秘书小王和市场二部的经理秘书小穆负责整场活动的督查工作。有一位老员工的讲解不尽如人意，秘书小王不等那位老员工把课讲完，便当着新员工的面批评那位老员工，引得新员工不停地张望议论。台上的老员工面色阴沉，十分尴尬。他打断小王的话，生气地说：“你行，你来讲吧！”说完愤然离去。同样是面对公开宣讲经验不足的老员工，秘书小穆选择在事后先把有关人员叫到无人的场合，再一一指正其不足之处。

7. 不随意纠正或补充同事的话

在日常交流的过程中，我们可以对某个问题发表自己的见解，不过不要随意纠正或补充同事的话，除非工作需要或对方主动请教，否则既有自以为是、故作聪明之嫌，也可能在无意中打击对方的自尊心。

【小案例】

怎样与同事沟通

第三节　与下属沟通

一、下达命令的技巧

【小贴士】

注意表达方式

“喂，你进来一下。”

“小王，请你进来一下。”

“小李，把盘子洗一下。”

“小李，麻烦你把盘子洗一下。”

问题：以上哪一种表达方式更受员工的欢迎？领导对员工下达命令应掌握哪些技巧？

命令是领导对下属特定行动的要求或禁止。命令的目的是让下属按照领导的意图完成特定的行为或工作。命令也是一种沟通，只是带有组织阶层上的职权关系，隐含着强制性，可能会让下属产生被强迫的感觉。如果领导经常使用直接命令的方式，要求员工做好这个、完成那个，那么单位（部门）也许看起来非常有效率，实则工作质量往往无法提升。为什么呢？因为直接命令剥夺了下属自我支配的权利，压抑了下属的创造性思考和积极负责的心态，使下属失去了参与决策的机会。

虽然命令有缺点，但是为了确保下属按照组织确定的方向和计划工作，命令是非常有必要的。领导在下达命令时，应该做到以下两点。

一、正确传达命令意图。领导在下达命令时，应正确传达命令，不要经常变更命令，不要下连自己都不知道缘由的命令，不要下过于抽象的命令，导致下属无法掌握命令的意图，不要为了证明自己的权威而下命令。

二、让下属积极接受命令。为了提升下属接受命令的意愿，领导可以用有利于提升下属意愿的沟通方式来替代大部分命令。对于“命令”的含义，我们应该打破固有的窠臼，不要陷入“命令-服从”的固有认知。命令应该建立在下属正确理解领导意图的基础上，让下属容易接受并愿意执行。下属惧于领导的职权，往往必须执行命令。不过，有意愿的执行和没有意愿的执行，其结果有很大的差异。有意愿执行的下属，会尽全力把领导命令的工作做好；没有意愿执行的下属，只想着能应付过去就好。要想提升下属执行命令的意愿，必须掌握下达命令的技巧。

1. 态度和善，用词礼貌

领导在与下属沟通的时候，可能会忘记使用礼貌用语，如“小张，进来一下”“小李，把文件复印一下”。这样的用语会让下属产生一种被呼来唤去的感觉，缺少对下属基本的尊重。为了改善和下属的关系，让他们感觉自己受到了尊重，领导不妨使用一些礼貌用语，如“小张，请你进来一下”“小李，麻烦你把文件复印一下”。一位受人尊敬的领导，应该是一位懂得尊重他人的领导。

2. 突出工作任务的重要性

在下达命令之后，领导应告知下属工作任务的重要性，如“小王，这次项目投标能否成功，将决定我们单位今年在总公司的业绩排名，对我们来说至关重要。希望你能竭尽全力，争取成功”。通过告知下属工作任务的重要性，来激发下属的成就感。

3. 给下属更大的自主权

领导一旦决定让下属负责某一项工作，就应该尽可能地给下属更大的自主权，让下属根据工作的性质和要求，更好地发挥个人的创造力，如“这次展示会交给你负责，关于展示主题、地点、时间、预算等，请你做出一个详细的策划，下星期你选一个时间，我们来听一听你的计划”。此外，领导还应该帮助下属获得必要的信息，如“我已经和财务部门协调好了，他们会提供一些必要的报表”。

4. 共同分析，探讨对策

即使命令已经下达，下属已经明白了自己的工作重点，领导也已经授权，也不可以不再过问事情的进展，尤其是在下属遇到问题和困难，希望领导协助自己解决时。领导应该意识到，下属之所以是自己的下属，是因为对方的阅历、经验还不如自己。领导应该和下属共同分析问题，探讨对策，尽快制定解决方案。领导可以向下属提出疑问，询问下属有什么问题和意见，如“小王，关于这个投标方案，你还有什么意见和建议”。领导应该采纳下属的正确意见，并称赞对方，如“关于这一点，你的意见很好，就按照你的意见去做”。

【小贴士】

下达命令的“四性”

① 正确性。只有正确的命令才是有效的命令。为了确保命令的正确性，领导应该对命令了如指掌，不仅要知其然，还要知其所以然，并对命令的可行性做出预判。

② 一致性。命令一旦确定，一般不可随意变更。朝令夕改、反复无常会让下属感到无所适从，不仅失去对领导的信任，还会丧失工作热情，甚至导致工作程序混乱，不利于开展工作。

③ 具体性。领导在向下属下达命令时，表述应尽量具体，突出重点，直指关键，避免使用一些模糊、抽象、机械的表述。为了确保命令的具体性，领导可以采用“5W2H”的方法来表述，即明确任务的时间（When）、地点（Where）、执行者（Who）、目的（Why）、工作内容（What）、怎样做（How）和工作量（How much）。

④ 灵活性。命令不应该是强迫下属做事，而应该是让下属正确理解领导的意图，容易接受并愿意执行。领导在向下属下达命令时，尽量不要态度生硬，而应语调平和，态度和蔼，富有人情味儿。

二、与下属谈心的技巧

在实际的管理工作中，领导往往重视自身的带头示范作用，却忽视了和员工的沟通，尤其是上下级之间的真诚谈心。

1. 贴近下属，寻求沟通

下级面对上级，往往存在各种各样的心态，如试探、戒备、恐惧、对立、轻视、佩服、无所谓等。有些员工在上级面前唯唯诺诺、不敢妄言，在同事面前则落落大方、侃侃而谈。领导应该避免用命令、训斥的口吻讲话，要放下架子，以平易近人、亲切和蔼的姿态寻求沟通，如经常深入基层和员工之中，通过召开座谈会、单独访谈、聊天等形式，了解员工关心的焦点问题，征求员工的意见和建议，关心员工的工作和生活。只有这样，下属才能敞开心扉，畅所欲言。

2. 仔细倾听，适时提问

沟通艺术的核心在于仔细倾听和适时提问。优秀的领导应该具备“作为一个倾听者所拥有的非凡技能”和一针见血提出问题的能力，通过倾听，充分体会下属的心境，了解信息的全部内容；通过提问，促进沟通的深化，探究信息的深层内涵。二者可为准确分析反馈信息、调整管理方式提供客观依据。在谈心的过程中，领导要尽量少说多听，不随意插话，不轻易反驳；提问要语言简洁，等对方说完或说话告一段落时再发言。

3. 设身处地，换位思考

站在他人的立场上分析问题，能给人一种善解人意、体察入微的感觉，这种技巧常常具有较强的说服力。要想做到这一点，“知彼”十分重要。只有“知彼”，才能从对方的立场考虑问题。这需要领导经常深入基层，开展调研，及时了解、掌握下属的思想动态和关心的利益。在谈心时，领导应善于联系对方的身份、职位和目前的工作、生活境况，揣摩对方的心理，做到“想对方之所想，急对方之所急”，以真正理解对方的思想观点。

【小案例】

关心

财务部陈经理结算了上个月的部门招待费，发现有1000多元没有用完。按照惯例，他会用这笔钱请部门员工吃一顿饭。于是，他走到休息室，想让员工小马通知其他人晚上吃饭。

快到休息室时，陈经理听到休息室里有人在交谈，他从门缝往里看，原来是小马和销售部员工小李在里面。

小李对小马说：“你们部门的陈经理对你们很关心啊，经常用招待费请你们吃饭。”

“得了吧，”小马不屑地说，“他就知道用这么点本事来笼络人心，碰到我们真正需要他关心、帮助的事情，他没有一件办成的。上一次公司办培训班，谁都知道上了那个培训班，工作能力会得到很大的提高，升职的机会也会大大增加。我们部门的几个人都很想去，陈经理却一点都没有察觉到，也没有积极地为我们争取，结果让其他部门抢了先。我真怀疑他有没有真正关心过我们。”

“别不高兴了，”小李说，“走，吃饭去吧。”

陈经理听完后，满腹委屈地躲进了自己的办公室。

【问题】在本案例中，陈经理与部下在沟通上存在什么问题？如果你是陈经理，那么你会怎么做？

4. 拉近距离，平等交流

在谈心刚开始时，要特别重视开场白的作用。领导可以先拉几句家常，开一些善意的玩笑，以消除对方的拘束感，拉近双方心理上的距离，再慢慢引出正题。在阐述自己的观点时，领导应该用平等的姿态，晓之以理，动之以情，不以势压人，不训斥命令；音量适中，语气平和，语调自然，态度和蔼；手势不宜过多、动作幅度不宜过大；多使用商量性的口吻，如“你觉得我的话有道理吗”“你同意我的意见吗”等。

三、调解下属矛盾的技巧

有人的地方很容易发生矛盾和冲突，这样不但会破坏人与人之间的和谐关系，而且会削弱集体的凝聚力和战斗力，损害整个团队的声誉和绩效。因此，领导的日常管理活动之一就是处理下属之间的矛盾和冲突。

【小案例】

握手言欢

那么，领导应该怎样调解下属之间的矛盾，营造和谐、积极的工作氛围呢？

1. 事前有预案

识别冲突、调解矛盾，是领导最重要的能力之一。在下属之间发生冲突时，如果盲目调解，那么往往收效甚微，甚至会火上浇油，弄巧成拙。领导应在对冲突的原因、过程和程度等进行详尽的了解后，研究并制定可行的调解方案，按照方案进行调解。

2. 大局为重

现代社会的一个重要特点是分工明确，这样可以提高工作效率。不过，这也形成了一个不可避免的缺陷，那就是彼此之间缺乏了解。在很多矛盾和冲突中，虽然双方关于各自的利益产生了纷争，但是双方的目标其实是一致的。领导应让冲突双方清楚地意识到，一味地指责对方是无济于事的，只有相互配合、密切合作，才能解决纷争，实现团队的共同目标。当双方都以团队的整体利益为重时，心中的怒气往往会烟消云散。

3. 换位思考

在局部利益冲突中，冲突双方所犯的错误大多是只考虑自己，以自己为中心，不能体谅对方。让冲突双方了解、体谅对方的最好办法，莫过于让他们站在对方的立场来考虑问题。如果双方可以真正做到这一点，可能就会握手言和，心平气和地协商解决冲突的积极方法。孔子曾说“己所不欲，勿施于人”，这正是其设身处地，从对方的角度看问题而得出的结论。

4. 折中调和

领导是下属之间矛盾的最终仲裁者。仲裁者要想保持权威，必须坚持公平、公正的原则。如果偏袒其中一方，就会使另一方产生不满和对立情绪，进而加剧矛盾，甚至将矛盾转化为上下级之间的矛盾，使矛盾性质发生变化。冷静公允、不偏不倚，是处理下属之间矛盾的基本原则，尤其是在调节利益冲突时。此外，在很多情况下，冲突双方各有道理，各执一词，很难判断谁是谁非。此时，折中调和、息事宁人是比较好的解决办法。

5. 创造轻松气氛

发生冲突的双方往往对对方抱有成见和敌意，在进行调解时，缓和气氛很重要。调解不一定在会议上、办公室里进行，有时在餐桌上、咖啡厅里调解的效果反而会更好。

总之，下属之间的矛盾和冲突是多样的，调解的办法不能千篇一律。在实际工作中，领导应根据不同的冲突对象、起因和程度，采用灵活的技巧来加以调解。

【课堂训练】

从《杜拉拉升职记》中学职场沟通的技巧

《杜拉拉升职记》改编自李可的同名小说，由中国电影集团出品。该片是由徐静蕾执导，由黄立行、吴佩慈、莫文蔚等出演的都市爱情片，讲述了职场女性杜拉拉在外企工作 8 年，从一个职场菜鸟，见识了各种职场变迁和磨炼，最终成长为一个专业、干练的人力资源经理，同时收获爱情的故事。请组织观看该片，从中学习并总结职场沟通的技巧。

课后练习

1. 案例分析。

消除上司的误解

凯丽是某销售公司的文员。春节前，经理交给她很多名片和一些精心挑选的明信片，要她按照名片逐一打印寄出。凯丽曾提醒经理，将业务上已经没有往来的客户挑出来。但经理不耐烦地说："你别管了，把所有名片都寄出去就是了！"

两天后，当凯丽把打印好的明信片交给经理过目时，经理却大声指责她将一些已经不在国内的客户错误地打印在比较精美的明信片上。凯丽觉得很委屈，既想说出来，又担心被经理安一个"顶撞上司"的罪名，把她开除，便认了下来。回家后，她大哭一场，心里还是觉得很别扭，以致影响了工作。后来，凯丽利用休息时间拜访经理，坦诚地说出内心的想法。结果出乎她的意料，高高在上的经理竟然向她承认了错误。从此，他们在工作上配合得更加默契，为公司创造了显著的业绩。

【思考与讨论】

请问凯丽是如何对待和消除上司的误解的?

汇报

佩佩年轻干练、活泼开朗，入行没几年，职位迅速上升，很快成为单位里的主力干将。几天前，新领导走马上任，把佩佩叫了过来，说："佩佩，你经验丰富，能力又强，现在有一个新项目，你就多费心盯一盯吧！"

受到新领导的重用，佩佩欢欣鼓舞。某一天，佩佩要去某城市谈判，她一琢磨，一行好几个人，坐公交车既不方便，人又受累，可能影响谈判效果；打车过去，一辆车坐不下，两辆车费用又太高；还是包一辆车更好，经济又方便。

打定主意后，佩佩并没有直接去办。几年的职场生涯让她懂得，遇事向领导汇报一声是绝对有必要的。于是，佩佩找到领导。

"领导，您看，我们今天要出去，"佩佩把几个方案的利弊分析了一番，接着说，"所以，我决定包一辆车去。"汇报完毕，佩佩发现领导的脸色黑了下来。领导生硬地说："是吗？可是我认为这个方案不太好，你们还是买票坐长途车去吧！”佩佩愣住了，她万万没想到，一个如此合情合理的方案竟然被“打了回票”。

“没道理呀，谁都能看出来我的方案是最佳的。”佩佩大惑不解。

【思考与讨论】

请问佩佩哪里做得不对？她应该怎样向领导汇报呢？

请假

下面是职员向经理请假的两个结果完全相反的案例。

案例一。

职员：我今天有点急事，不来了。

经理：今天公司有好多重要业务要处理。

职员：但是我今天确实有急事啊！

经理：那你昨天怎么不事先打招呼呢？那样，我会提前安排其他人顶替你的业务。

职员：既然是急事，我怎么能未卜先知呢？谁家里没点急事啊？

经理：当然，那你就以家为重吧！（重重地扔上电话。）

案例二。

职员：经理，您好！非常抱歉，今天我家里有点急事，实在没办法，只能向您请假了。

经理：可是，今天公司有一项非常重要的业务需要你处理啊！

职员：经理，这个我知道。不过，经理啊，我的情况您也知道，不到万不得已，我是从不在紧要关头向您请假的。您一向非常关照我，我也不忍心在紧要关头给您添麻烦。

经理（犹豫了一下）：那这样吧，你先给小王打个电话，把你准备好的材料发给她，我再和她打个招呼，让她辛苦一点，今天替你挡一阵。

职员：经理，您真是体贴下属的好领导！太感谢您了！改天请您吃饭！

经理（愉快地轻笑一声）：别拍马屁了。那就这样吧，拜拜！（轻轻地挂上电话。）

【思考与讨论】

（1）两个职员向经理请假时的沟通方式有何不同？各自产生了什么效果？为什么？

（2）本案例对你有哪些启示？

2. 作为大学生，应为走向社会做好准备。从你的打工经历或周围朋友那里吸取一些在工作中与领导、下属、同事沟通的经验，在课堂上讲给同学们听一听。

3. 观察老师与学生、同事、领导的沟通，体会领导如何与下属沟通，同事之间如何沟通，下属如何与领导沟通。

4. “张秘书，请你将这份调查报告复印 2 份，在下班前送到总经理办公室，交给总经理。请留意复印的质量，总经理要带给客户参考。”请基于“5W2H”法进行分析，体会该命令传递的重点意图。

5. 设想自己实习或大学毕业后来到了一个新的工作环境，面对初次见面的领导和同事，应该说什么话？掌握哪些说话的技巧？

实践课堂

实践课堂一　举办职场沟通模拟比赛

职场就是一个没有硝烟的战场。关于职场礼仪，你知道多少?关于职场中的人情世故，你又了解多少？如何处理与领导的关系，如何与下属交流，如何避免与同事之间的矛盾，如何协调生活和工作的关系等一系列现实的职场问题，你能否妥善处理?本实践将通过比赛的形式，引导同学们在真实的职场情景中学习职场沟通的技巧和礼仪。

1. 请同学们自行分组，并如实填写分组信息。

（1）小组人数：________________________________。

（2）小组组长：________________________________。

（3）小组成员：________________________________。

2. 每个小组自定情景剧主题，编写剧本，并如实填写以下信息。

（1）为什么选择该主题?

（2）该剧本体现了哪些职场沟通的技巧和礼仪?

3. 每个小组依次表演剧本（时间不超过 15 分钟），要求每一位小组成员都必须上台表演，并填写以下信息。

（1）你在小组中担任的角色：________________________________。

（2）你在小组中负责的工作：________________________________。

（3）你所表演人物（故事）的主要内容：________________________。

4. 每个小组按照如表 5-2 所示的评分表 1 给其他小组打分，评出本次比赛的前三名。

表 5-2　评分表 1

被评小组：		成员：		
序号	内容	分值	得分	理由
1	主题突出、鲜明、深刻	15		
2	情节完整、具有吸引力	10		
3	表演到位、引人入胜	10		
4	口齿清晰	10		
5	语言规范、围绕主题	10		
6	普通话标准	10		
7	仪表举止得体	15		
8	情绪渲染到位	10		
9	时间控制在 10～15 分钟	10		
最终得分：				
评分小组：				

5. 赛后感想：每一位同学写下参加比赛的感想，以及自己对职场沟通有了哪些新的认识。

实践课堂二　职场沟通成功案例分享会

搜集职场沟通成功案例，分析其成功之处，以及能为大学生走向职场带来哪些帮助。

1. 请同学们自行分组（3～5 人），并如实填写分组信息。

（1）小组人数：________________________________。

（2）小组组长：________________________________。

（3）小组成员：________________________________。

2. 活动规则。

（1）请同学们自行通过各种途径搜集职场沟通成功案例，并整理出至少 3 个案例进行分享。

（2）请同学们以“图文+讲述”的形式分享，并在分享结束后填写以下信息。

① 为何选择分享该案例?

② 该案例体现了什么样的职场沟通技巧或职场礼仪?

（3）每个小组上台分享职场沟通成功案例的时间为 10～15 分钟。

3. 评价方式。

（1）成员自评：

① 你在小组中担任的角色：________________________________。

② 你在小组中负责的工作：________________________________。

③ 你在小组合作中学习到什么：______________________________。

④ 你给自己在本次小组实践中评多少分：________________________。

（2）组间互评：每个小组按照如表 5-3 所示的评分表 2 给其他小组打分，评出本次比赛的前三名。

表 5-3 评分表 2

被评小组：				
序号	内容	分值	得分	理由
1	主题突出、鲜明、深刻	15		
2	情节完整、具有吸引力	15		
3	讲述到位、引人入胜	15		
4	口齿清晰	10		
5	语言规范、围绕主题	10		
6	普通话标准	10		
7	仪表举止得体	15		
8	时间控制在 10～15 分钟	10		
最终得分：				
评分小组：				

第六章　活动礼仪

有什么样的目的，就有什么样的礼节。

——[古罗马]西塞罗

礼节和礼貌是一封通向四方的推荐信。

——[西]伊丽莎白女王

学习目标

组织洽谈会、发布会、展览会、茶话会等会议，在会议进程中遵循礼仪规范。

签字仪式、庆典仪式、开业仪式、剪彩仪式符合礼仪规范，成功组织各类仪式活动。

根据宴会类型、形式的不同，选择合适的赴宴方式；熟悉宴请的程序和规范，熟练、得体地遵守中西宴会礼仪；根据中西餐的特点和区别，有针对性地遵守宴会礼仪。

做好求职面试的各项准备；根据自身的实际情况，设计能够引起用人单位关注的简历；面试符合礼仪规范，保持职业化的举止；在面试中与面试官得体地沟通交流，展现良好的职业形象。

案例导入

成功的开业庆典

某青年企业家为了庆祝自己的第三家金店开业，特地安排了开业庆典活动。由秘书人员具体筹备该活动。

新开业的金店中特别布置了新品陈列区，展出独家款式的黄金、珠宝产品。店内所有柜台都请专人设计了优雅舒适的灯光，既有实用的照明作用，又能衬托首饰的艺术品位。

在开业庆典的过程中，秘书选派了非常资深的导购人员陪同嘉宾、介绍饰品，并帮助试戴。这些导购人员经验丰富，态度热情礼貌，并统一穿着金店为她们定制的深蓝色西装套裙，在取送首饰时还佩戴白色手套。这一切不仅让到场的嘉宾感到了家一般的温暖，还展示了工作人员良好的业务素质，提高了嘉宾对金店的信任度。

开业庆典活动还安排了模特佩戴首饰走秀的活动，不仅吸引了到场嘉宾的眼球，路过的人们也驻足观看。走秀活动将开业庆典的气氛推向了高潮。

为了给到场嘉宾留下深刻而美好的回忆，同时彰显金店的实力和特色，该企业家亲手为每一位嘉宾送上了纯金制作的名片。

问题：本案例中开业庆典活动的成功举办得益于哪些因素？

第一节 会议

会议是指 3 人以上参加，聚集在一起讨论和解决问题的社会活动形式。人们通过会议交流信息、集思广益、研究问题、决定对策、协调关系、传达知识、布置工作、表彰先进、鼓舞士气等。随着社会的发展，我们很难想象没有任何会议的情形。会务礼仪正是为了满足会议工作内容的需要而产生的。开好一次会议绝非易事，如何有条不紊地做好各项会务工作，是相关人员必须面对并解决的问题。

一、洽谈会

在商界有一条格言："商界无处不洽谈。"许多商家往往通过洽谈来开辟通往成功的道路。洽谈是指在商务交往中，存在某种关系的有关各方，为了保持接触、建立联系、开展合作、达成交易、签订协议、签署合同、要求索赔，或者为了处理争端、消除分歧，而进行面对面的讨论和协商，以求达成某种程度上的共识。因洽谈而举行的有关各方的会晤被称为洽谈会。与商务谈判相比，洽谈会更普遍、经常、简约。它采用的是彼此和睦对话的方式，色彩更温和，形式更灵活。洽谈会的总原则是平等、互利、双赢。洽谈程序一般包括探询、准备、磋商、小结、再磋商、终结、洽谈的重建等环节。其中，每一个环节都有特有的"起、承、转、合"，洽谈人员应该沉着应对、处变不惊，对具体问题进行具体分析，并见机行事、随机应变，这样才能取得洽谈的成功。

1. 洽谈会的准备

（1）广泛收集信息。在双方开始洽谈之前，如果可以对对方进行全面而深入的了解，早早着手准备，就能在洽谈的过程中"以己之长，克敌之短"，达到预期的效果。商务洽谈前应该收集的信息主要包括以下内容。

① 对方公司的基本情况。例如，对方公司的法人资格、诚信状况、经营范围、历史沿革、主导产品、市场占有率、产品竞争情况、公司规模和管理水平等。如果是与外商洽谈，那么还要查清对方的身份，以及经中国银行认可的外国银行的资本和信誉证明。

② 洽谈对手的基本情况。在洽谈前，一定要充分了解主谈对手的基本情况，包括对方的年龄、学历背景、资历、个性特征、心理特点、做事风格及其对我方的态度、评价等。对于参与洽谈的其他对手和对方整个团队的情况，也应做到心中有数。

（2）确定洽谈地点。根据商务谈判举行地点的不同，洽谈可以分为客座洽谈、主座洽谈、客主座轮流洽谈和第三地点洽谈。客座洽谈，即在洽谈对手所在地进行的洽谈。主座洽谈，即在我方所在地进行的洽谈。客主座轮流洽谈，即在洽谈双方所在地轮流进行的洽谈。第三地点洽谈，即在不属于洽谈双方任何一方的地点进行的洽谈。具体的洽谈地点，应通过双方或多方协商来确定，不可自作主张。如果由我方担任东道主安排洽谈，那么一定要将各个环节安排到位，合乎礼仪。

（3）安排洽谈座次。在洽谈会上，如果我方为东道主，那么不仅应当依照礼节布置洽谈厅，预备相关用品，还应当特别重视礼仪性较强的座次问题，这既是洽谈人员对礼仪规范的尊重，也是洽谈人员给予对方的礼遇。在举行双边洽谈时，应使用长方形桌子或椭圆形桌子，宾主应分别坐于桌子两侧。若桌子横放，则面对正门的一方为上，应属于客方；背对正门的一方为下，应属于主方。若桌子竖放，则应以进门方向为准，右侧为上，属于客方；左侧为下，属于主方。在进行洽谈时，各方的主谈人员应在自己的一方居中而坐，其余人员遵循“右高左低”的原则，按照职位的高低，由近到远地在主谈人员的两侧就座。若需要译员，则应安排其在仅次于主谈人员的位置就座，即主谈人员的右侧。在举行多边洽谈时，为了避免失礼，按照国际惯例，一般以圆桌为洽谈桌，举行圆桌会议。这样，主客的界限就被淡化了。

洽谈会如图 6-1 所示。

图 6-1　洽谈会

2. 洽谈会的礼仪

（1）介绍得体。在商务洽谈中，洽谈双方首先要进行自我介绍。在自我介绍时，不必拘泥于小节。如果是同行，那么可以表现得更加自然、轻松，除了在自我介绍时将姓和名并提，还可以简短地说明自己所在的单位和职务、职称等信息。在问及对方的姓名时，应注意礼节，讲究文明。

（2）提问礼貌。在商务洽谈中，相互提问在所难免，需要注意以下礼仪。

① 注意内容，不要打破砂锅问到底，问对方难以应对的问题。

② 委婉发问，不要像查户口一样盘问对方。

③ 善于转换话题，特别是在对方答不上来或面露难色时，不宜生硬地继续追问。

（3）沉着应对。在某种意义上讲，商务洽谈是一场心理、精神、智力的较量。洽谈人员在与对手“交战”时，要时刻保持头脑清醒、心态平和，这样才能沉着应战，以智取胜。在洽谈前，洽谈人员应当想方设法了解对方的动机、心绪、态度、目标、优势、不足，甚至为人处事的态度。在洽谈中最忌讳的就是急躁、不冷静，当洽谈遇到挫折时，老到的洽谈人员会冷静分析洽谈的进展和已经达成的共识，希望求同存异，寻找柳暗花明的最佳途径，避免洽谈陷入僵局，导致双方关系破裂。

（4）文明交谈。洽谈既是一个紧张思考的过程，也是一个高度运用语言艺术的过程。在这个过程中，洽谈用语的叙述、辩驳、论证、说服等功能被综合运用，并得到最大限度的发挥。洽谈成功与否，以及如何在最有利的条件下达成一致意见，建立合作关系，取得圆满的结果，在一定程度上取决于语言技巧的运用和语言表达的礼仪。商务洽谈中的文明交谈不但体现在健谈上，而且体现在做一个好的倾听者上。在倾听对方谈话时要用心、真诚，并且善于从对方的谈话中发现问题，从而有的放矢地打动对方。口若悬河、滔滔不绝，不给对方发表意见的机会，甚至不礼貌地打断对方的谈话，往往会让对方产生强烈的反感，导致洽谈无法顺利进行。

此外，洽谈人员还要注意，洽谈会的时间一定要合理，应视具体情况而定。在洽谈之前，洽谈人员一定要对洽谈内容进行充分的准备，以便在最短的时间内，以最有效的方式完成洽谈任务，实现洽谈目标，这样也可以有效提高工作效率。

二、发布会

发布会一般指新闻发布会，又被称为记者招待会。政府、企业、社会团体或个人都可以公开举行发布会，并邀请新闻媒体的记者参加。举行发布会，主要是为了把组织较为重要的成就或信息报告给相关新闻机构，在发布会上发布的消息对产品和产品形象、组织和组织形象、先进人物和重要人物当选具有非常重要的价值。

1. 发布会的准备

发布会的准备工作有很多，其中比较重要的是时机的选择、人员的安排、记者的邀请、会场的布置和材料的准备等。

（1）时机的选择。在确定发布会的时机之前，应明确以下两点。首先，确定新闻的价值，即论证新闻是否具有专门召集记者前来予以报道的价值，也就是选择恰当的新闻由头。其次，确认发布新闻的最佳时机。以企业为例，开发了新产品、经营方针产生了改变或新举措、更换企业领导或高级管理人员、企业合并，以及在重大纪念日、发生重大伤亡事故等事件时，都可以举行发布会。如果确定需要召开新闻发布会，那么应选择恰当的召开时机，如避开节假日、当地的重大活动、其他组织的发布会，避免与新闻界的宣传报道重点相左或“撞车”。选择恰当的时机，是发布会取得成功的保障。

（2）人员的安排。发布会人员安排的关键是选好主持人和发言人。发布会的主持人应由主办单位的公关部长、办公室主任或秘书长担任。其基本条件是仪表堂堂、见多识广、反应灵敏、语言流畅、幽默风趣，善于把握大局、引导提问和控制会场，具有丰富的主持会议的经验。

发布会的发言人应由主办单位的主要负责人担任。除了在社会上口碑较好，与新闻界的关系较为融洽，对发言人的基本要求还包括修养良好、学识渊博、思维敏捷、能言善辩、彬彬有礼。

在举行发布会前，主办单位应精选一批负责会议现场工作的礼仪接待人员，一般由相貌端正、工作认真负责、善于交际应酬的年轻女性担任。

值得注意的是，所有出席发布会的人员都要在发布会上统一佩戴事先制作的胸卡，胸卡上要写清姓名、单位、部门和职务。

（3）记者的邀请。对于出席发布会的记者，主办单位应事先确定其范围，具体应视问题或事件发生的地点而定。在一般情况下，与会者应该是与特定事件相关的新闻界人士、公众代表。主办单位为了提高自身的知名度、扩大自身的影响而宣布某一消息时，邀请的新闻单位通常多多益善；为了说明某一活动、解释某一事件，特别是在自身处于劣势时，邀请新闻单位的范围不宜过于宽泛。在邀请时，主办单位应尽可能先邀请影响力大、报道公正、口碑良好的新闻单位，如果事件和消息只涉及某个城市，那么一般只邀请当地的新闻记者参加即可。

另外，在确定邀请的记者后，最好提前一星期发出请柬，会前还应电话提醒相关记者。

（4）会场的布置。举行发布会的地点，除了主办单位或事件所在地，还可以考虑租用大宾馆、大饭店，如果希望造成全国性影响，那么可以在首都或某个大城市举行。发布会现场应交通便利、条件舒适、大小合适。在确定会议地点后，主办单位人员应实地考察，在会议召开前认真进行会场的布置。会议的桌子最好不要用长方形的桌子，而要用圆形的桌子。这样，与会者围成一个圆圈，显得气氛和谐、主客平等。当然，这更适用于小型会议。大型会议应设主席台席位、记者席位、来宾席位等。

（5）材料的准备。在举行发布会之前，主办单位应提前准备以下材料。①发言提纲。它是发言人在发布会上进行正式发言的发言提要，应该紧扣主题，遵循“全面、准确、生动、真实”的原则。②问答提纲。为了让发言人在现场正式回答提问时表现自如，可在预测可能被提问的主要问题的基础上，准备问答提纲和相应答案，供发言人参考。③报道提纲。主办单位必须事先精心准备一份以有关数据、图片、资料为主的报道提纲，并打印出来，在发布会上分发给新闻记者。报道提纲上应列出本单位的名称、联系方式等，便于日后联系。④形象化的视听材料。将这些材料分发给与会者，可增强发布会的效果，具体包括图表、照片、实物、模型、录音、录像、影片、幻灯片、光盘等。

2. 发布会进行过程中的礼仪

（1）做好会议签到。主办单位要做好发布会的签到工作，让记者和来宾在事先准备的签到簿上签下自己的姓名、单位、联系方式等内容。在记者和来宾完成签到后，由接待人员按照事先的安排把他们带到会场就座。

（2）严格遵守程序。发布会现场必须严格遵守会议程序。主持人要充分发挥主持者和组织者的作用，宣布会议的主要内容、提问范围和进行时间（一般不超过 2 小时）。主持人和发言人的讲话时间不宜过长，否则容易影响记者提问；对记者所提的问题应逐一予以回答，不可与记者发生冲突。主持人要始终把握会议主题，维护会场秩序。主持人和发言人不能在会前单独会见记者或提供任何信息。

（3）注意相互配合。在发布会上，主持人和发言人要相互配合、明确分工、各司其职，不允许越俎代庖。在发布会进行的过程中，主持人和发言人通常要保持一致的口径，不允许公开顶牛、相互拆台。当新闻记者提出的某些问题过于尖锐或难以回答时，主持人要想方设法转移话题，不让发言人难堪。当主持人邀请某位新闻记者提问时，发言人要给予对方适当的回答，否则对该新闻记者和主持人都是不礼貌的。

（4）态度真诚主动。发布会接待人员自始至终都要注意对待记者的态度，接待记者的质量直接关系到新闻媒体发布消息的成败。作为专业人士，记者希望接待人员对自己尊重、热情，并了解其所在的新闻媒体和作品等；希望接待人员提供有价值的信息，如一条有发布价值的消息，一个有利于拍照的角度等。对于记者的合理要求，接待人员应尽量满足，千万不能趾高气扬、态度傲慢，一定要温文尔雅、彬彬有礼。

发布会如图 6-2 所示。

图 6-2 发布会

3. 发布会的善后事宜

在发布会举行完毕后，主办单位需要在一定时间内，对发布会进行认真的评估善后工作，主要包括以下内容。

（1）整理会议资料。整理会议资料有助于全面评估发布会的效果，为今后举行类似会议提供借鉴。在发布会结束后，主办单位应尽快整理会议资料，对发布会的组织、布置、主持、回答问题等方面的工作进行回顾和总结，从中吸取经验，找出不足。

（2）收集各方反馈。主办单位首先要收集与会者对会议的总体反馈，检查接待、安排、服务等方面的工作有没有欠妥之处，以便今后改进。其次，主办单位要收集新闻界的反馈，了解在与会的所有新闻界人士中，有多少人为新闻发布会发布了稿件，并对其进行归类分析，洞察舆论倾向，同时对各种报道进行检查，若出现不利于自身的报道，则应采取良好的应对策略；若发现不正确或歪曲事实的报道，则应立即采取行动，说明真相；若是由于自身失误造成的问题，则应通过新闻机构表示虚心接受社会各界的意见并致歉，以挽回声誉。

三、展览会

展览会是指组织通过真实可见的产品，热情周到的服务，全面透彻的资料、图片介绍和技术人员的现场操作，吸引大量的参观者，以求给其留下深刻印象的活动。展览会是组织的重要公关活动。

1. 展览会的特点

（1）形象的传播方式。展览会是一种非常直观、形象、生动的传播方式。展览会通常以展出实物为主，并进行现场示范表演，如在产品展览会上，有专人讲解和示范产品的使用方法。这种直观、形象的传播方式，容易给参观者留下深刻的印象。

（2）绝佳的沟通机会。展览会为组织提供了与公众直接沟通的绝佳机会。通常情况下，在展览会上有专人解答参观者的问题，并就他们感兴趣的问题进行深入讨论。这样，参展组织在让公众了解本组织的同时，还能及时了解公众对本组织传播内容的反馈，以便根据公众反馈的信息做好下一步的工作。

（3）多种传播媒介的运用。展览会既是一种复合性的传播方式，也是一个使用多种媒介进行交叉混合传播的过程。它集多种传播媒介于一体，包括声音媒介（如讲解、交谈和现场广播等）、文字媒介（如印刷的宣传手册、资料等），以及图像媒介（如各种照片、录像、幻灯片等）。这种复合性的沟通效果是单一的传播媒介无法比拟的。

2. 展览会的组织

举办展览会需要精心组织，细致全面地做好以下工作。

（1）明确展览会的主题。每一次、每一种类型的展览会都应该有明确的主题和目的。只有主题明确，才能提纲挈领，对所有展品进行有机的排列组合，充分展示展品的风采。否则，主题不明，“眉毛胡子一把抓”，很难把展品与各种资料有机结合起来，杂乱无章，势必影响展览效果。

（2）做好展览会的整体设计。每一次展览会都是一项系统工程，必须要有详细的整体设计，包括展览场地、标语口号、展览标志、参展组织和项目、辅助设备、相关服务部门的设置和人员安排、信息的发布和新闻界的联络、对工作人员的培训等，都要进行全面设计、周密安排。否则，任何一个环节安排不当，都有可能影响整个展览会的效果。

（3）成立新闻发布机构。展览组织应成立对外发布新闻的专门机构，负责与新闻界进行密切的联系。在展览的过程中，往往会发生许多有新闻价值的事情。有关人员需要通过敏锐的观察来挖掘、分析，并将其写成各种新闻稿件，对外发布，以扩大影响。同时，展览组织还应成立专门的辅助机构，负责制订发布新闻的计划，如确定发布内容、发布时机、发布形式等，这样效果会更好。

（4）测定展览会的效果。展览会的效果一般体现在参观者对展品的反馈、对组织形象的认识，以及对整个展览会（包括内容、形式等）的总体看法等方面。为了检验是否达到举办展览会的目的，必须对展览会的效果进行测定。测定的方法有很多种，如设立参观者留言簿，召开座谈会听取反馈意见，检验参观者对展品的留意程度等。

【小贴士】

小展位引人注目的 8 个技巧

① 采用照明系统。据调查，合理的照明可使展品认知度提高 30%～50%。

② 设计主题式展位。大企业通常采用传统方式进行展览，并且依赖大规模的场地。小企业可以进行创新设计，以突出展品。

③ 根据展位大小，选择合适的展览用品和参展产品，以免过度拥挤或太空。

④ 利用组合式展览用品，避免使用看起来比较廉价的桌布覆盖桌子。

⑤ 尽量整齐化展览，展示一两个产品。

⑥ 选用少量且面积较大的图片，创造强烈的视觉效果。太过密集和面积太小的图片都不易观看。

⑦ 将图片放置在视线以上，图片应自背板 36 英寸（1 英寸≈2.54 厘米）以上的地方开始放置。

⑧ 展位应使用大胆、抢眼的颜色，让人在远距离外也能看清楚，避免使用容易和背景混淆的中性色彩。

3. 展览会的礼仪

展览会的工作人员应当具备良好的素养，明确举办展览会的目的和主题，了解展览的知识和技能，具备与展览产品有关的专业素质，还要懂得礼仪，能够从不同的角度影响参观者，令参观者满意。

（1）主持人礼仪。主持人是展览会的操控者，应该表现出决定性人物的权威。在着装上，主持人要穿西服套装、打领带、拿真皮公文包，显示出仪表堂堂的样子，这样能让参观者对其主持的展览会和展出的产品产生信赖感。主持人的形象是组织实力的一种体现，在与宾客握手时，主持人应该先伸手，等宾客放手后再放手。

（2）讲解员礼仪。讲解员应热情礼貌地称呼参观者，讲解流畅，不用生僻字，尽量让对方听懂。讲解的内容要实事求是，不能弄虚作假。语调清晰流畅，声音响亮悦耳，语速快慢适中。在讲解完毕后，讲解员应对参观者表示谢意。讲解员的着装要整洁大方，打扮要自然得体，不能过于怪异、新奇，喧宾夺主，应举止庄重，动作大方。

（3）接待员礼仪。接待员在站着迎接参观者时，双脚应该略微打开，与肩同宽，双手自然下垂或在身前交叉。这种站姿不但大方，而且有力。接待员在站立时，双脚既不能不停地移动，表现出内心的不安稳、不耐烦，也不能一脚交叉于另一只脚前，因为这是不友善的表现。接待员不应随心所欲地趴在展台上、跷二郎腿或嚼口香糖，充当“守摊者”，而应随时与参观者保持目光接触，眼神要坚定，既不可游移不定，也不可眼看他处，要表现出坦然和自信。

图 6-3　展览会

展览会如图 6-3 所示。

四、茶话会

茶话会是我国传统的聚会方式。非正式的茶话会一般是民间自发组织或形成的，如一伙熟人聚在一起聊天，主人往往会给每一位客人倒上一杯茶。大家一边喝茶，一边聊天，热热闹闹，十分惬意，谈话一般也没有固定的议题。现在有很多组织经常利用这种形式进行日常的沟通，所以熟悉茶话会的礼仪是很有必要的。

1. 茶话会的准备

正式的茶话会一般有主办单位或主办人，应事先向被邀请人发送通知或请柬，举办地可以是会议厅、客厅或花园。除了备有足够的茶水，茶话会一般还备有水果、糕点、瓜子、糖果等。召开茶话会的时间多在节日（如“五一”劳动节、“五四”青年节、中秋节、国庆节、元旦等），借节日之题发挥，一般采用漫谈形式，无固定议题。正式茶话会的中心议题既可以是祝贺、发感慨、说感想、做总结、提建议、谈远景，也可以是吟诗作对、畅叙友谊，无固定格式，气氛比较活跃、轻松、自由。

图 6-4　茶话会

茶话会如图 6-4 所示。

在举办茶话会时，除了准备上好的茶叶，还应注意擦净茶具。茶具一般以泥制茶具和瓷制茶具为佳，其次是玻璃茶具和搪瓷茶具。在我国，泡茶一般不加水和茶叶之外的其他东西，某些民族和国外的某些国家喜欢在泡茶时添加牛奶、白糖、柠檬片等。有些茶话会还会准备咖啡等饮料。

茶话会简便易行，在服饰上没有严格规定或特殊要求。正式的茶话会应该有主办人和有关领导。主办人负责迎送、招呼来宾和主持会议，有关领导常常以普通与会者的身份发言。茶话会不排座次，宾主可以随意交谈。

2. 茶话会的举办

在茶话会开始时，一般应由主办人致辞，开宗明义地说明茶话会的宗旨，并且介绍与会单位代表或个人，为交流和谈话创造适宜的气氛。

茶话会主持人要随时注意来宾在茶话会上的反应，及时把话题引导到大家感兴趣的问题或轻松愉快的话题上。参加茶话会的每一个人都有义务维护茶话会的气氛，既不能使茶话会冷场，也不能使现场秩序太乱。

在有人讲话时，其他人要专心致志地倾听，既不要随意打断他人的讲话，也不要显露出烦躁、心不在焉的样子，更不要妄加评论。轮到自己发言的时候，用词、语气、态度要表现出文明礼貌的修养，神态要自然得体，仪态要端庄大方。过分拘谨或做作会令人不快。在发言时，口中应停止咀嚼食物，嘴角不要留有残渣。

来宾在自由交谈时，不应独坐一隅、纹丝不动，而应与左右交谈，尽快找到共同话题，打破僵局，活跃气氛。

幽默风趣的语言在茶话会上是很受欢迎的，不过要避免玩笑过度，伤害他人的自尊；行为举止不能没有约束，随便走动、推推搡搡会扰乱秩序。

在茶话会结束时，来宾应向主办人道别，并且和新朋友、老相识辞行，不能中途退场或不辞而别。

茶话会应讲究实效，时间不宜过长，以 1～2 小时为宜。茶话会没有硬性任务，主要追求气氛和聚会的效果。通过与会者的交谈、畅叙，加之一起喝茶时共同创造的氛围，感受他人的思想感情，增进相互之间的了解和友谊。

【课堂训练】

以小组为单位，现场组织安排一次小规模的会议活动，注意相关细节。

第二节 仪式

对组织而言，仪式具有重要的作用。它有利于提高组织的知名度和美誉度，塑造组织的形象；有利于鼓舞员工的士气，激发员工对组织的热爱，培育员工的价值观念，增强员工的凝聚力；有利于传递组织的信息，帮助组织赢得更多的成功机会和合作伙伴；有利于沟通思想、传达意愿、增进友情。讲究仪式礼仪，既是现代交际的一项重要内容，也是组织成功的关键。在现实生活中，我们可能会接触到的仪式有很多种，如签字仪式、庆典仪式、开业仪式、剪彩仪式等。

一、签字仪式

签字仪式是指组织与对方经过会谈、协商，形成某项协议或协定，并互换正式文本的仪式。这是一种比较隆重的活动，应严格按照礼仪规范来举行。

1. 签字仪式的准备

对组织而言，签字仪式是具有里程碑意义的大事，组织应进行充分准备，做到万无一失。

（1）准备待签文本。在洽谈或谈判结束后，双方应指定专人，根据谈判达成的协议，做好待签文本的定稿、翻译、校对、印刷、装订、盖印等工作。待签文本一旦签字，就具有了法律效力。因此，组织应当郑重严肃地对待待签文本。

在准备待签文本的过程中，除了核对谈判协议条件与待签文本的一致性，还要核对各种批件，主要包括项目批件、许可证、设备分交文件、用汇证明、订货卡等是否完备，合同内容与批件内容是否相符等。审核待签文本必须对照原稿，做到一字不漏。对于审核中发现的问题，双方应该及时通报，通过再谈判来达成一致意见，并相应调整签约时间。在协议或合同上签字的有几个组织，就要为签字仪式提供几份样本。如果有必要，那么还应为各方提供一份副本。在与外商签订协议、合同时，按照国际惯例，待签文本应同时使用双方的母语。

待签文本通常应装订成册，并以仿皮或其他高档材料为封面，以示郑重。其规格一般为大 8 开，所用的纸张务必高档，印刷务必精美。主方应为准备待签文本提供准确、周到、高效的服务。

（2）布置签字场地。签字场地既有常设、专用的签字厅，也有临时以会议厅、会客厅来代替的情况。布置签字场地的总原则是庄重、整洁、清净。签字厅布置项目如表 6-1 所示。

表 6-1　签字厅布置项目

布置项目	操作说明
挂屏风式挂画	在厅室正面挂屏风式挂画
布置签字桌	① 将长条桌摆放在离墙 2.5 米处，并居中； ② 在长条桌上均匀铺上深绿色台布：外侧布，距地面 10 厘米；内侧短，距地面 40 厘米
布置签字椅	将 2 把高背扶手椅摆放在签字桌后面，2 把椅子相距 1.5 米
布置照相设备	① 在椅子背后 1.2 米处，根据人数多少摆上梯式照相脚架； ② 在照相脚架两侧布置常青树
摆放待签文本	在 2 把椅子前的桌面上摆放待签文本，在右上方放置文具
摆放旗架	在签署双边涉外商务合同时，需要摆放旗架，将旗架摆放在 2 份待签文本中间的前方位置，注意“客右主左”
摆放沙发	在房间两侧布置少量沙发，供人休息

（3）进行座次安排。签字仪式的座次安排很有讲究，主方应当认真安排签字仪式的座次。签字仪式的座次排列通常有并列式、相对式和主席式 3 种。

并列式座次排列主要适用于双边签字仪式，其基本规则如下。

签约双方的主签人及其随席人员并列位于签字桌的一侧；

双方的主签人按照“以右为尊”（以室内面向正门的视角为基准）的惯例，居中、面门而坐，客方居右，主方居左；

双方的助签人站在主签人的外侧；

双方的随席人员站在主签人的座位后面，并且按照职位高低，由中间向两侧依次排开；

若是涉外双边签字仪式，则还应将双方的国旗分别插放在主签人的正前方，并与双方的主签人相对应，即客方国旗居右，主方国旗居左。并列式座次排列如图 6-5 所示。

相对式座次排列与并列式座次排列基本相同，二者唯一的差别在于，相对式座次排列将签约双方的随席人员移到了主签人的对面。相对式座次排列如图 6-6 所示。

主席式座次排列主要适用于多边签字仪式，其基本规则如下。

在签字桌前只设一把签字椅，签约各方的主签人按照事先同意的顺序（如国家英文名称首字母的先后顺序等）站在签字椅后面，面向签字桌。其中，排在第一顺序的主签人居中，其他主签人按照“先右后左”的顺序，向两侧由近及远地依次排开；

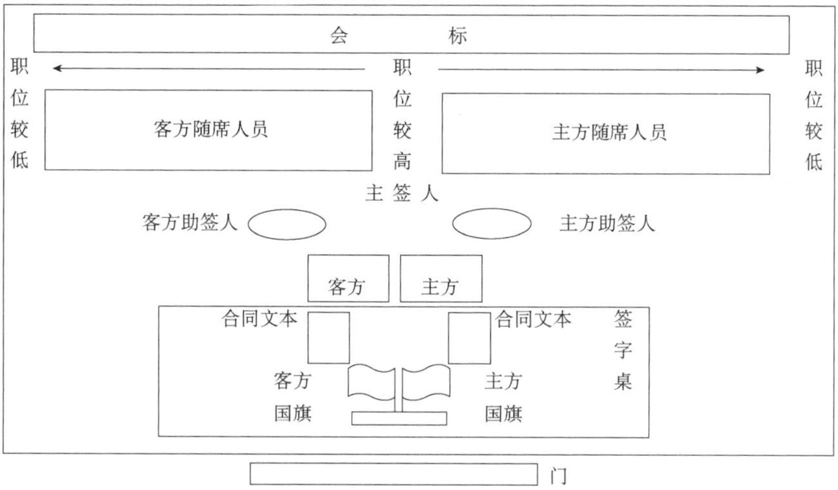

图 6-5　并列式座次排列

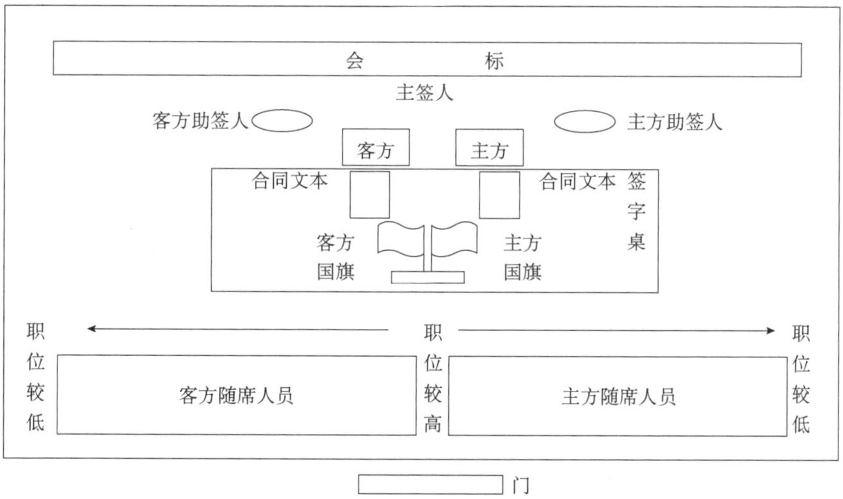

图 6-6　相对式座次排列

各方的随席人员背对正门，面向签字桌，就座于主签人的对面，并按照职位高低，从前往后依次排开，各方随席人员的位置通常与主签人的位置相对应；

在签字时，各方主签人按照事先同意的先后顺序依次入座签字，各方助签人随主签人上前助签，并遵循“以右为尊”的原则，站立在主签人的左侧；

若是涉外多边签字仪式，则还应在会标与主签人之间插放各方国旗，国旗的插放顺序应与各方主签人的位置相对应，需要注意的是，在这种情况下只签一份正本。主席式座次排列如图 6-7 所示。

（4）安排签字人员。在举行签字仪式之前，有关各方应预先确定参加签字仪式的人员，并向有关方面通报，尤其是客方要将出席签字仪式的人数提前告知主方，以便主方安排。主签人应根据文件的性质来确定，可由最高负责人担任，双方主签人的身份应该对等。参加签字仪式的有关各方还要事先安排一名熟悉签字仪式详细程序的助签人，并商定签字仪式的有关细节。出席签字仪式的其他陪同人员，基本上是双方参加谈判的全体人员，按照一般的礼貌做法，人数最好大体相等。为了表示重视，双方也可以对等邀请更高一层的领导者出席签字仪式。

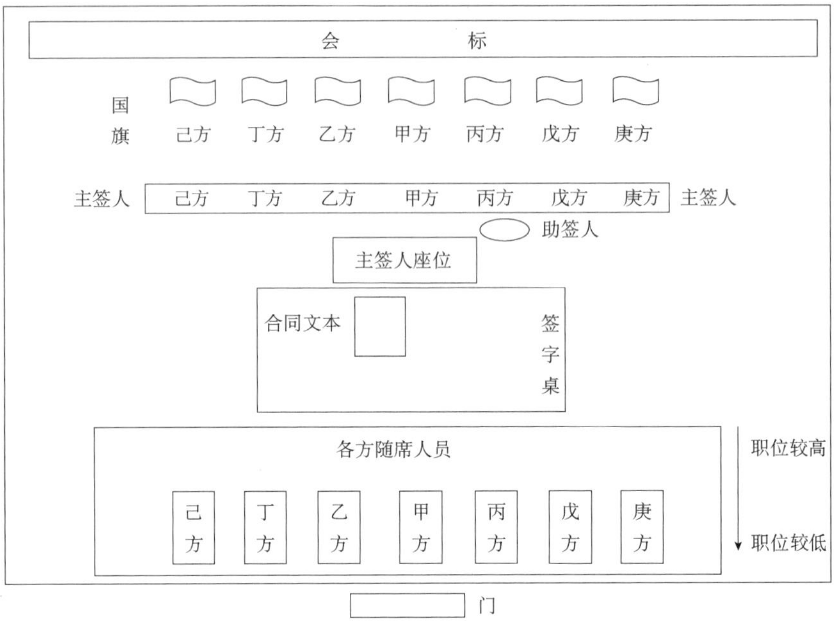

图 6-7 主席式座次排列

签字仪式的礼仪性较强，对签字人员的穿着有具体要求。按照规定，主签人、助签人和随席人员应当穿具有礼服性质的深色西装套装或西装套裙，并且搭配白色衬衫和黑色皮鞋。

参加签字仪式的服务人员（礼仪人员）可以穿工作制服，或者旗袍一类的礼仪性服装。服务人员应注意仪态和举止落落大方、得体自然，既不要过分严肃，也不要喜形于色。服务人员的礼仪项目如表 6-2 所示。

表 6-2 服务人员的礼仪项目

礼仪项目	操作说明
门口候客	① 站立在门口，迎候签字人员； ② 在签字人员到达时敬语相迎，将其引领至签字桌旁，并拉椅让座； ③ 引领其他人员按顺序就位
签字仪式开始	手托摆有香槟酒杯的托盘（杯中酒约七分满），站立在距签字桌两侧约 2 米远处
签字仪式完毕	① 在看到签字人员握手并交换合同文本时，迅速将签字椅撤除； ② 立即将酒杯送到双方签字人员的面前，并讲“请”； ③ 从桌后站立者的中间处开始，依次向两边分发酒杯； ④ 在签字人员干杯后，立即上前用托盘接收酒杯
送客	① 签字仪式结束，为签字人员开门； ② 引领签字人员到电梯处按电梯，用敬语送别

2. 签字仪式的程序

签字仪式的时间虽然不长，但是它是签署合同、协议的高潮环节，其程序规范而庄重，主要包括以下几个环节。

（1）签字仪式开始。有关各方人员进入签字厅，在既定的座位上坐好。主签人按照“主居左、客居右”的原则入座，其他陪同人员以各方的职位、身份高低为序，自左向右（客方）或自右向左（主方）站于主签人之后，或者坐在主签人的对面。各方助签人分别站在己方主签人的外侧，协助翻揭文本、指明签字处，并为签署完毕的文件吸墨防烟。

（2）主签人签署文本。常见做法是先签署己方保存的合同文本，再签署他方保存的合同文本。这种做法在礼仪中被称为“轮换制”，可以显示机会均等、各方平等。

（3）交换合同文本。各方主签人正式交换已经由有关各方正式签署的合同文本，交换后，各方主签人应热烈握手，互致祝贺，并交换签字时使用的签字笔，以示纪念。这时，全场人员应该热烈鼓掌，表示祝贺。

（4）共同举杯庆贺。交换完已签署的合同文本后，服务人员会用托盘端上香槟酒，有关人员（尤其是主签人）应当场喝一杯香槟酒，这是国际通用的旨在增添喜庆色彩的做法。

（5）有序退场。在举杯庆贺后，各方最高领导者和客方先退场，东道主再退场。整个签字仪式的时间以半小时为宜。

签字仪式如图 6-8 所示。

图 6-8　签字仪式

【小贴士】

产权交易项目签约仪式的主持用语

二、庆典仪式

1. 庆典仪式的类型

庆典仪式是各种庆祝仪式的统称。举行庆典仪式，应遵循“热烈、隆重、节俭”的原则。就内容而言，商界举行的庆典仪式大致可以分为 4 类，如表 6-3 所示。

表 6-3　庆典仪式的类型

类型	具体含义
周年庆典仪式	通常在逢五、逢十的时间举行，即在本单位成立 5 周年、10 周年和它们的倍数时举行
荣誉庆典仪式	当本单位荣获某项荣誉称号或本单位的拳头产品在国内外重大展评中获奖后，会举行这类庆典仪式
业绩庆典仪式	本单位取得重大业绩的庆典仪式，如 1000 天无生产事故、生产某种产品的数量突破 10 万个或某商品的销售额达到 1 亿元等
发展庆典仪式	本单位建立集团、确定新的合作伙伴、兼并其他单位和分公司、连锁店不断发展时举行的庆典仪式

2. 组织并筹备庆典仪式

庆典仪式的组织和筹备应注意确定出席者名单、安排来宾的接待、布置庆典仪式现场、拟定庆典仪式的程序。

（1）确定出席者名单。庆典仪式的出席者不应包括滥竽充数的人，不应让对方勉为其难。在确定庆典仪式的出席者名单时，应当始终以庆典仪式的宗旨为指导思想。在一般情况下，庆典仪式的出席者包括如表 6-4 所示的人员。

表 6-4　庆典仪式的出席者

出席者	邀请原因和目的
上级领导	上级主管部门的领导大多对本单位的发展给予过关心、指导，邀请他们参加庆典仪式，主要是为了表示感激之心
社会名流	社会各界的名流对公众比较有吸引力，邀请他们参加庆典仪式，有助于提高本单位的知名度
大众传媒	大众传媒被称为“第四权力”，邀请其参加庆典仪式并主动与其合作，有助于让其公正地介绍本单位的成就，进而加深社会对本单位的了解和认识
合作伙伴	在商务活动中，合作伙伴同呼吸、共命运，应该邀请他们与本单位一起分享成功的喜悦
社区关系	社区关系是指与本单位共居于同一区域，对本单位具有制约作用的社会实体。邀请他们参加本单位的庆典仪式，可以让对方进一步了解、尊重、支持本单位，或者给予本单位更多的帮助
单位员工	员工是单位的主人，单位取得的每一项成就都离不开他们的努力奋斗。邀请员工参加庆典仪式，可以增强员工的主人翁意识和集体荣誉感

具体的出席者名单一旦确定，就应尽早发出邀请或通知。庆典仪式的出席者较多，牵涉范围较广，不到万不得已的时候，不允许取消、改期或延期。

（2）安排来宾的接待。与组织交往中的其他接待工作相比，接待庆典仪式的来宾应更突出礼仪性的特点，如安排专门的礼宾小姐。主办方不但应热心、细致地照顾全体来宾，而且应做好接待工作，让来宾感受到主办方真挚的尊重和敬意，让每一位来宾都心情舒畅。

在决定举行庆典仪式后，主办方最好立即成立对此全权负责的筹备组。筹备组通常由各方面能办事、会办事、办实事的相关人员组成。

在成立筹备组之后，主办方还应根据具体的需要，下设若干专项小组，让公关、礼宾、财务和会务等各方面人员“分兵把守”。公关小组负责庆典仪式的对内、对外宣传和联络，礼宾小组负责来宾的迎送、引导、陪同、招待，财务小组负责庆典仪式的各项费用预算和支出，会务小组负责庆典仪式的策划、现场的布置和各项活动的统筹。

在应邀出席庆典的来宾中，绝大多数人对主办方是比较关心和友好的。当他们光临时，主办方应让他们受到热烈且合乎礼仪的接待。若对来宾的接待工作马马虎虎，则会伤害来宾的自尊心。

（3）布置庆典仪式现场。举行庆典仪式的现场是庆典活动的中心地点。对它的安排、布置是否恰当，直接关系到庆典仪式给全体出席者留下的印象。根据仪式礼仪的有关规范，在布置庆典仪式现场时，主办方需要思考的主要问题如表 6-5 所示。

表 6-5　布置庆典仪式现场的主要问题

主要问题	具体细节
地点的选择	应结合庆典仪式的规模、影响力和本单位的实际情况来确定，单位礼堂、会议厅，本单位内部或门前的广场，以及外借的大厅等均可选择。在室外举行庆典仪式时，切勿因地点选择不慎，导致其变为制造噪声、妨碍交通或治安的活动
环境的美化	在厉行节俭的同时，着力美化庆典仪式的现场环境。主办方既可以悬挂彩灯、彩带，张贴宣传标语，张挂标明庆典仪式具体内容的大型横幅，也可以请由本单位员工组成的乐队、锣鼓队演奏音乐或敲锣打鼓，活跃气氛，不过这类活动要适度

续表

主要问题	具体细节
场地的大小	场地并非越大越好，场地的大小应与出席者人数的多少相匹配
音响的准备	在举行庆典仪式之前，主办方务必把音响、麦克风和传声设备准备好，可在庆典仪式举行前后播放一些喜庆、欢快的乐曲；对于播放的乐曲，应提前进行审查

庆典仪式如图 6-9 所示。

图 6-9　庆典仪式

（4）拟定庆典仪式的程序。庆典仪式成功与否，与具体程序有紧密的关系。仪式礼仪规定，在拟定庆典仪式的程序时，必须坚持两条原则。一是庆典仪式的时间宜短不宜长，应以 1 小时为限，这既是为了确保良好的效果，也是为了尊重全体出席者，尤其是尊重来宾。二是程序宜少不宜多，若程序过多，则不但会延长时间，而且会分散出席者的注意力，给人一种内容过于凌乱之感。总之，不能使庆典仪式成为内容乱七八糟的“马拉松”。按照常规，庆典仪式大致应包括如表 6-6 所示的几项程序。

表 6-6　庆典仪式的程序

程序	具体细节
预备	请来宾入座，让出席者保持安静，介绍嘉宾
宣布庆典仪式正式开始	全体起立，奏国歌
本单位主要负责人致辞	对来宾表示感谢，介绍庆典仪式的缘由等，重点是报捷和介绍庆典的可“庆”之处
邀请嘉宾讲话	出席庆典仪式的上级领导、协作单位和社区关系单位均应派代表讲话或致贺词，应当提前约好顺序，不要当众推让
安排文艺演出	这项程序可有可无，若要安排，则应慎选内容，不能有悖于庆典仪式的主旨
邀请来宾进行参观	安排来宾参观本单位的有关展览或车间等，这项程序有时亦可省略

【小案例】

嘉宾为何不高兴

某企业的新商场布置完毕，决定在周日举行开业庆典仪式。组织者派发了请柬，嘉宾到了现场，根据名签找到了自己的座位。主持人宣布开业庆典仪式开始后，首先奏国歌，然后企业领导致辞，上级主管领导致辞，开业庆典仪式就结束了，没有对重要的嘉宾做介绍，甚至对主席台上的嘉宾也未做介绍。开业庆典仪式一结束，嘉宾们就很不高兴地离开了，有人边走边议论：“这算什么开业？连开业的规矩都不懂。”

【点评】介绍嘉宾是开业庆典仪式的重要环节，绝对不能省略，这能体现出企业对嘉宾的尊重。

3. 参加庆典仪式的礼仪

在参加庆典仪式时，无论是主办单位的人员，还是外单位的人员，都要注意自己的举止和表现。其中，主办单位人员的表现尤其重要。在举行庆典仪式之前，主办单位除了对本单位的全体员工进行必要的礼仪教育，还应对本单位出席庆典仪式的人员规定有关的注意事项，并且要求大家严格遵守。在这个问题上，主办单位的负责人，尤其是迎送来宾和上主席台的人士，应“身先士卒”，绝对不允许有任何例外。按照仪式礼仪的规范，主办单位的注意事项如表 6-7 所示。

表 6-7　主办单位的注意事项

注意事项	具体细节
仪容整洁	出席庆典仪式的所有人员都应事先洗澡、理发，男士还应刮光胡须
服饰规范	有统一制服的单位，员工应以制服为庆典仪式着装；无统一制服的单位，员工和被邀请参加庆典仪式的嘉宾应穿礼仪性服装，即男士应穿深色中山装套装或深色西装套装，搭配白衬衫、素色领带和黑色皮鞋，女士应穿深色西装套裙，搭配长筒肉色丝袜和黑色高跟鞋，也可以穿深色套裤或花色素雅的连衣裙
遵守时间	上到本单位最高负责人，下到普通员工，都不得迟到、无故缺席或中途退场。若庆典仪式起止时间已有规定，则应准时开始、准时结束，向社会证明本单位言而有信
表情庄重	在庆典仪式的整个过程中，主办单位人员的表情要庄重且聚精会神。若庆典仪式中有升国旗、奏国歌的程序，则一定要依礼行事，起立、脱帽、立正，面向国旗或主席台行注目礼，表情庄严、肃穆地一起唱国歌
态度友好	主办单位的人员遇到来宾，要主动、热情问好；对于来宾提出的问题，要立即予以友善的答复；当来宾发表贺词时，要主动鼓掌，以表示欢迎或感谢
行为自律	以自己的实际行动来确保庆典仪式的顺利和成功，不应当因为自己举止失当，导致庆典仪式的效果打折扣
发言简短	上、下场时要沉着冷静，发言时要讲究礼貌，在规定的时间内结束，少做手势，尤其不能做含义不明的手势

【小贴士】

来宾参加庆典仪式的礼仪

① 准时参加。若来宾有特殊情况不能到场，则应尽早通知主办单位，说明理由并表达歉意。

② 最好送贺礼。贺礼可以选择花篮、镜匾、楹联等，以表示对主办单位的祝贺，并在贺礼上写明祝贺对象、祝贺缘由和贺词。

③ 恭贺致辞。来宾致辞要简短精练，以祝贺顺利、发财、兴旺的吉利话为主，不能随意发挥。

④ 广交朋友。来宾到场后应礼貌地与周围人打招呼，可通过自我介绍、互换名片等方式结交更多的朋友。

⑤ 礼节性支持。来宾可以鼓掌、合影、跟随参观、写留言等。

⑥ 礼貌告辞。在庆典仪式结束后，来宾应和主办单位的人员握手告别，并表达谢意。

三、开业仪式

【小案例】

独特的开业仪式

某公司新开了一家露天水上游乐园，开业之日，其浩大的声势引起了人们的关注。该公司安排了 10 余辆造型逼真的彩车，在市区主要街道巡游。彩车上“去夏威夷太远，请来水上大世界”的横幅标语令人跃跃欲试，音响中播送着动听的乐曲和关于水上游乐园的介绍。不同的彩车上分别安排了军乐队演奏、泳装模特表演、歌舞演出等节目，吸引了无数行人驻足观看。彩车队在途经市区几处广场时，还停下来集中进行节目表演，并且由礼仪小姐发放宣传材料、赠送招待券等，给市民留下了良好的印象。当地多家媒体报道了该水上游乐园开业的消息。

【点评】游乐园开业的关键是以最快的速度告诉公众开业的消息。组织彩车在市区主要街道巡游，加上新闻媒体多角度的报道，这样的开业仪式比一般的开业仪式效果更好。

开业仪式是指在单位创建、开业，项目完工、落成，某栋建筑物正式启用，或者某项工程正式开始之际，为了表示庆贺或纪念，按照一定的程序隆重举行的专门仪式。筹备和举行开业仪式，应遵循“热烈、隆重、节约、缜密”的原则。

1. 开幕仪式

开幕仪式是开业仪式的常见形式之一，通常是指在公司、宾馆、商店、银行等正式启用之前，或者各类商品的展示会、博览会、订货会开始之前正式举行的相关仪式。在举行开幕仪式之后，公司、宾馆、商店、银行等将正式营业，商品的展示会、博览会、订货会将正式接待顾客和观众。在一般情况下，举行开幕仪式应选择比较宽敞的活动空间，门前广场、展厅门前、室内大厅等都是较为合适的地点。

开幕仪式的主要程序如下。①宣布仪式开始，全体肃立，介绍来宾。②邀请专人揭幕或剪彩。在揭幕时，揭幕人行至彩幕前恭敬站立，礼仪小姐双手将开启彩幕的彩索递交给对方。揭幕人随之目视彩幕，双手拉起彩索，展开彩幕。全场目视彩幕，鼓掌并奏乐。③在主人的引导下，全体到场者依次进入幕门。④主人致辞答谢。⑤来宾代表发言祝贺。⑥主人陪同来宾参观，正式接待顾客和观众，对外营业或对外展览宣告开始。

开幕仪式如图 6-10 所示。

图 6-10　开幕仪式

2. 奠基仪式

奠基仪式是指某些重要的建筑物（如大厦、场馆、亭台、纪念碑等），在动工修建前正式举行的庆贺性活动。其举行地点应选择在动工修建建筑物的施工现场，一般在建筑物的正门右侧。奠基仪式的现场设有彩棚，用来安放相关建筑物的模型、设计图、效果图，并且供各种建筑机械就位待命。

用来奠基的奠基石应是一块完整无损、外观精美的长方形石料。奠基石上的文字应当竖写，在其右上款写上建筑物的名称，正中央应有“奠基”两个大字，在左下款应刻上奠基单位的全称和举行奠基仪式的具体年月日。奠基石上的字体大多是楷体字，并且最好是白底金字或黑字。在奠基石的下方或一侧，还应安放一个密封完好的铁盒，内装与建筑物相关的资料、奠基人的姓名。届时，该铁盒将与奠基石一起被奠基人等培土掩埋于地下，以示纪念。

图 6-11　奠基仪式

奠基仪式的程序如下。①仪式正式开始，介绍来宾，全体起立。②奏国歌。③主人对建筑物的功能、规划设计等进行介绍。④来宾致辞道贺。⑤正式进行奠基，先由奠基人双手持握系有红绸的新铁锹为奠基石培土，再由主人和其他来宾依次为其培土，直至将其埋没为止。在奠基时应演奏喜庆的乐曲或敲锣打鼓，营造良好的气氛。

奠基仪式如图 6-11 所示。

3. 落成仪式

图 6-12　落成仪式

落成仪式也被称为竣工仪式，是指在本单位所属的某栋建筑物、某项设施的建设、安装工作完成之后，或者某栋纪念性、标志性建筑物（如纪念碑、纪念塔、纪念堂等）建成之后，或者某种意义特别重大的产品生产成功之后，专门举行的庆贺性活动。

落成仪式如图 6-12 所示。

落成仪式一般应在现场举行，如新落成的建筑物之外，纪念碑、纪念塔的旁边等。参加落成仪式的人要注意情绪，在庆贺大厦落成、重要产品生产成功时应表现出欢乐和喜悦的样子，在庆祝纪念碑、纪念塔落成时应表现出庄严而肃穆的神情。落成仪式的程序如下。①宣布仪式正式开始，全体起立，介绍各位来宾。②奏国歌，并演奏本单位的标志性乐曲。③本单位负责人发言，以介绍、回顾、感谢为主要内容。④进行揭幕或剪彩。⑤全体人员向刚刚落成的建筑物行注目礼。⑥来宾致辞。⑦全体人员进行参观。

4. 下水仪式

下水仪式是指造船厂在吨位较大的轮船建造完成、验收完毕、交付使用之际，为其正式下水启航而特意举行的庆祝性活动。

图 6-13　下水仪式

目前，按照国际通行的做法，下水仪式基本上是在新船码头举行的。仪式现场应进行一定程度的美化。例如，在船坞门口和干道两侧，应装饰彩旗、彩带；在新船所在的码头附近，应设置专供来宾观礼或休息的彩棚。对下水仪式的“主角”，即新船，必须认真装扮，一般在船头扎上由红绸结成的大红花，并且在新船的两侧船舷扎上彩旗、系上彩带。

下水仪式如图 6-13 所示。

下水仪式的主要程序如下。①主持人宣布仪式正式开始，介绍来宾，乐队演奏喜庆的乐曲或敲锣打鼓。②全体肃立，奏国歌。③主人简单介绍新船的基本状况，如船名、吨位、马力、长度、高度、吃水、载重、用途、工价等。④特邀掷瓶人行掷瓶礼，砍断缆绳，新船正式下水。⑤来宾代表致贺词。

四、剪彩仪式

剪彩仪式是指有关单位为庆贺公司成立或周年庆典、银行开业、商场或酒店开张、大型建筑物启用、道路或航道开通、展销会或博览会开幕等而隆重举行的礼仪性互动，主要内容是邀请专人用剪刀剪断被称为“彩”的红色缎带，故称为“剪彩”。剪彩作为一种庆典仪式，既可以在开业庆典中举行，也可以举行专门的剪彩仪式，以引起社会各界的重视。

【小贴士】

剪彩仪式的由来

1. **剪彩的准备**

剪彩仪式的准备工作一般与开业庆典的准备工作大同小异。在仪式开始前，首先，主办单位应通过各种媒介进行广泛的宣传，制造轰动效应，以引起社会各界人士的关注，提高自身的知名度；其次，制定剪彩仪式的具体执行方案，应考虑周全；再次，在确定剪彩仪式的举行时间、地点之后，向有关单位和个人发送请柬，特别是向剪彩者发出郑重邀请，剪彩者一般是上级领导、主管部门负责人或某方面的知名人士，应该是有较高威望，深受大家尊敬和信任的人；最后，进行场地的布置、环境的打扫、灯光和音响的预备、媒体的邀请、人员的培训等准备工作。

剪彩仪式的会场一般在展销会、博览会等门口，如果是新建设施、工程竣工启用，那么会场一般安排在新建设施、工程的现场。会场标语可以写“××商厦开张典礼”“××大桥通车仪式”等字样，会场四周可适当张灯结彩、悬挂气球等。

2. **剪彩的必备用品**

（1）红色缎带。剪彩仪式中的主角——“彩”，应当是一整匹未曾使用过的红色绸缎，并在中间结成数朵花朵。有些剪彩仪式稍微简单一些，直接以长度为 2 米左右、细窄的红色缎带，或者以红布条、红线绳、红纸条为“彩”。在一般情况下，红色缎带上所结的花团应生动、硕大、醒目，其具体数目往往与现场剪彩者的人数直接相关，主要有两种情况，一种是花团的数目比现场剪彩者的人数多一个，另一种是花团的数目比现场剪彩者的人数少一个。前者可使每一位剪彩者处于 2 朵花团之间，尤显正式；后者不同常规，亦有新意。

（2）新剪刀，即专供剪彩者在剪彩仪式上正式剪彩时所用的剪刀，必须崭新、锋利、顺手，每一位现场剪彩者都要有一把。在正式剪彩开始之前，主办单位应该对剪刀进行认真的检查。在剪彩结束后，主办单位可对每一位剪彩者使用的剪刀进行包装，并送给对方，以示纪念。

（3）白色薄纱手套，即专门为剪彩者准备的手套。最好为每一位剪彩者都提供一副白色薄纱手套，以示郑重。当然，有时也可不准备白色薄纱手套。

（4）托盘，即剪彩仪式上助剪者手中用来盛放红色缎带、剪刀和手套的托盘。托盘最好是崭新、洁净的，通常首选银色的不锈钢制品，可以在使用时铺上红色绒布或绸布。就数量而言，助剪者既可以用一个托盘盛放剪彩用品，依次向各位剪彩者提供剪刀和手套，并盛放所有红色缎带，也可以为每一位剪彩者配备一个盛放剪刀和手套的托盘，红色缎带专门放在一个托盘中。通常采用第二种方法，这样显得更加正式一些。

（5）红色地毯。红色地毯主要铺设在剪彩者正式剪彩时的站立之处。其长度可视剪彩者人数的多少而定，其宽度应在 1 米以上。在剪彩现场铺设红色地毯，主要是为了营造一种喜庆的气氛，提高剪彩仪式的档次。当然，有时也可不铺设红色地毯。

3. 剪彩的人员

剪彩的人员主要是剪彩者和助剪者。

（1）剪彩者。剪彩者的选择是剪彩仪式成功与否的关键，其身份地位与剪彩仪式的档次高低有着密切的关系。根据惯例，剪彩者既可以是一个人，也可以是几个人，不过不应多于 5 人，通常由上级领导、合作伙伴、社会名流、员工代表或客户代表担任。

主办单位必须在剪彩仪式正式举行之前确定剪彩者名单。名单一经确定，就应尽早告知对方，使其有所准备。一般情况下，在确定剪彩者时，必须尊重对方的个人意见，切勿勉强对方。如果邀请多位剪彩者一起剪彩，那么应事先征求每一位剪彩者的同意，只有在征得同意后，才能正式确定名单，否则对剪彩者是很失礼的，甚至可能产生矛盾，把剪彩仪式的气氛弄僵。剪彩者应由主办单位领导亲自或派代表专程邀请。

必要时，在剪彩仪式举行之前，主办单位应将剪彩者聚集在一起，告知各方有关注意事项，并稍加排练。剪彩者的穿着要整洁庄重，精神要饱满，给人以稳健干练的感觉。剪彩者应着套装、套裙或制服，既不允许戴帽子、墨镜，也不允许穿便装。

若剪彩者只有一人，则剪彩时居中而立即可。若剪彩者不止一人，则必须对同时上场的剪彩者的位次排序予以重视。一般的位次排序是中间高于两侧，右侧高于左侧，距离中间者越远，位次越低，故主剪者应居于中央的位置。需要说明的是，之所以规定剪彩者的位次排序“右侧高于左侧”，主要是因为这是一项国际惯例，剪彩仪式理当遵守。若剪彩仪式没有外宾参加，则按照我国“左侧高于右侧”的传统做法也是可以的。

（2）助剪者。助剪者是指在剪彩仪式中为剪彩者和来宾提供服务的工作人员，主要由主办单位的女职员担任，或者邀请专业礼仪公司的礼仪小姐担任。

礼仪小姐的基本条件是容貌端庄、身材颀长、年轻健康、气质高雅、音色甜美、反应敏捷、机智灵活、善于交际。礼仪小姐的最佳装束是化淡妆、盘头发，穿款式、面料、色彩统一的单色旗袍，以及肉色连裤丝袜、黑色高跟皮鞋，除戒指、耳环或耳钉以外，不佩戴其他首饰。有时候，礼仪小姐也可以穿深色或单色的套裙，必须尽可能整齐划一。必要时，主办单位可从外单位临时聘请礼仪小姐。礼仪小姐的分工如表 6-8 所示。

表 6-8 礼仪小姐的分工

岗位	任务	人数
迎宾者	在活动现场负责迎来送往	不止一人
引导者	在剪彩时负责带领剪彩者登场和退场	既可以是一人，也可以为每一位剪彩者各配一人
服务者	为来宾（尤其是剪彩者）提供饮料、安排休息的地方	多人
拉彩者	在剪彩时展开、拉直红色缎带	通常应为 2 人
捧花者	在剪彩时手捧花团	视花团的具体数目而定，通常是一花一人
托盘者	为剪彩者提供剪刀、手套等剪彩用品	既可以是一人，也可以为每一位剪彩者各配一人

4. 剪彩的程序

一般情况下，剪彩仪式应在即将启用的建筑、工程，或者即将开始的展销会、博览会现场举行，主办单位可以优先考虑正门外的广场、正门内的大厅等场所。活动现场可略做装饰，在剪彩之处悬挂写有剪彩仪式具体名称的大型横幅是必不可少的。剪彩仪式宜紧凑，忌拖沓，时间越短越好，短则一刻钟，长则最多不超过 1 小时。独立举行的剪彩仪式，通常应包含以下 6 项基本程序。

（1）入座。在剪彩仪式上，通常只为剪彩者、来宾和主办单位的负责人安排座位。在剪彩仪式开始时，应请有关人员在已排好顺序的座位上入座。

（2）宣布仪式正式开始。在主持人宣布仪式正式开始后，乐队应演奏音乐，全体到场者应热烈鼓掌。此后，主持人应向全体到场者介绍到场的重要来宾。

（3）奏国歌。全场起立唱国歌，必要时，亦可演奏主办单位的标志性歌曲。

（4）代表发言。发言者应依次为主办单位代表、上级主管部门代表、合作单位代表等。发言内容应言简意赅，每人不超过 3 分钟，重点应分别为介绍、道谢、致贺。

（5）剪彩开始。在剪彩前，主持人应向全体到场者介绍剪彩者。在主持人宣布剪彩仪式正式开始之后，开始剪彩。在剪彩的过程中，剪彩者和助剪者应当注意以下礼仪。

① 在主持人宣布剪彩后，助剪的捧花者和托盘者应率先登场。在登场时，捧花者和托盘者通常各自排成一排，从仪式台的右侧（以全体到场者面向仪式台的视角为基准，下同）登场。在登场后，捧花者均双手捧 1 朵花团，面向全体到场者，并排成一行。托盘者应站在捧花者身后约 1 米处，并排成一行。捧花者和托盘者的站立位置如图 6-14 所示。

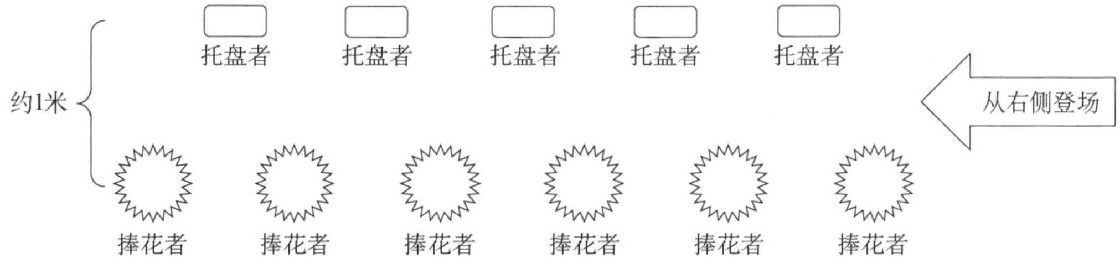

图 6-14　捧花者和托盘者的站立位置

② 助剪的引导者应走在剪彩者的左前方，引导其从仪式台的右侧登场，让其在捧花者和托盘者之间站成一排，并面向全体到场者。若剪彩者不止一人，则众多剪彩者应在登场时自成一列，主剪者应走在前面。当主持人向全体到场者介绍剪彩者时，被介绍者应面带微笑向全体到场者欠身或点头致意。

③ 剪彩者在到达既定的位置后，应向捧花者含笑致意。此时，托盘者应前行一步，站到剪彩者的右后侧，以便为剪彩者递剪刀和手套。当托盘者递上剪刀和手套时，剪彩者应向其道谢。

④ 在捧花者有所准备后，剪彩者应集中精力，右手持剪刀，庄重地将红色缎带一刀剪断。若多人同时剪彩，则各位剪彩者应留意其他剪彩者的动作，以使彼此的剪彩动作协调一致，从而同时剪断红色缎带。

⑤ 在剪彩后，剪彩者应将剪刀和手套放回托盘，并举手鼓掌。之后，剪彩者应依次与主办单位的负责人握手道喜，并在引导者的引导下从仪式台的右侧退场。

⑥ 待剪彩者退场后，捧花者和托盘者可以列队从仪式台的右侧退场。

⑦ 无论是剪彩者还是助剪者，在登场和退场时都应步履稳健、神态自然、举止优雅，保证剪彩现场井然有序。

剪彩仪式如图 6-15 所示。

图 6-15 剪彩仪式

（6）参观。在剪彩之后，主人应陪同来宾参观被剪彩之物，剪彩仪式至此宣告结束。随后，主办单位可向来宾赠送纪念性礼品，并以自助餐款待全体来宾。

【课堂训练】

以小组为单位，现场组织安排一次仪式活动，注意相关细节。

第三节 宴请

民以食为天。在我国，宴请礼仪历来倍受重视。宴会是在社交活动中（尤其是商务场合）表示欢迎、庆贺、饯行、答谢，以增进友谊、融洽气氛的重要手段。宴会活动形式多样、礼仪复杂，掌握其礼仪规范是十分重要的。

根据宴会性质、目的、地区、国度的不同，宴请礼仪有较大的差异。在宴会活动中，无论是主人还是客人，如果不重视自己的表现，在用餐过程中举止失当，都将很难成功开展社交活动，不仅会影响个人形象，甚至会影响组织形象。因此，我们在交际活动中必须重视宴请礼仪。

一、宴会的类型

参加宴会活动，首先要清楚宴会的种类和形式。不同种类和形式的宴会具有不同的特点，适合不同的主题和场合。宴会种类复杂、形式多样，常见的宴会类型如表 6-9 所示。

表 6-9 常见的宴会类型

宴会类型	宴会特点
国宴	以国家名义举行的最高规格的礼宴，具体有两种类型。一是国家元首或政府首脑为国家庆典、新年贺喜招待各国使节或各界知名人士的宴会，二是国家元首或政府首脑为来访的外国领导人或世界名人举行的欢迎宴会
正式宴会	通常是政府有关部门、人民团体为欢迎来访的宾客，或者来访宾客为答谢主人而举行的宴会。其安排、服务程序大体与国宴相同，规格和标准稍低于国宴，并且不挂国旗，不演奏国歌
便宴	非正式的宴请，多用于招待熟悉的亲朋好友，一般规模较小，菜式有多有少，质量可高可低，不拘泥于严格的礼仪、程序，随意、亲切
家宴	在家中以私人名义举行的宴会类型，通常在节假日或其他喜庆的日子与亲朋好友欢聚，在举箸端杯之间共享快乐、庆祝喜悦，并借此交流感情、增进友谊、加强团结

续表

宴会类型	宴会特点
冷餐会	冷餐会又被称为冷食自助餐，是目前国际上通用的非正式西式宴会，在大型的商务活动中比较常见。其特点是菜点和餐具分别摆在菜台上，宾主根据个人需要自行取餐具，并选取食物，既可多次取食，也可自由走动，任意选择座位，还可站着与其他人边谈边用餐
酒会	以招待酒水为主，略备小吃。酒会一般备有鸡尾酒，其他酒水和饮料的品种也应该多一些，一般不用烈性酒。食物多为各种面包、三明治、小泥肠、炸春卷等，以牙签取食。酒会中的酒水和小吃，既可以由招待员用盘子端送，也可以置于小桌上让客人自取。酒会不设座椅，宾主可随意走动，自由交往。这种宴会类型比较灵活，便于宾主广泛接触交谈，举行的时间也比较灵活，中午、下午、晚上均可，持续时间为 2 小时左右
工作餐	一般只邀请与工作有关的人员参加，总人数以不超过 10 人为宜。工作餐一般是双边性聚会，属于非正式的宴会类型。按照常规，工作餐的餐费结算应当由东道主负责，具体分为主人付费和各付其费

【小贴士】

自助餐和鸡尾酒的由来

二、宴会的组织

根据不同的交际目的、邀请对象和经费开支（公务宴会或家庭宴会），交际场合常见的宴会类型有工作餐、自助餐、酒会、家宴等。对宾客而言，宴会是一种礼遇，主人必须按照规定和有关礼节礼仪的要求来组织。

1. 确定宴会的目的和形式

宴会的目的一般比较明确，如节假日聚会、工作交流、贵宾来访等。主人应根据宴会的目的决定邀请什么人、邀请多少人，并列出客人名单，主客身份应该对等。宴请范围是指邀请哪些方面的人士，如果是多边活动，那么还要考虑政治因素、政治关系等。宴会形式在很大程度上取决于当地的习惯做法。

2. 确定宴会的时间和地点

宴会的时间和地点应当根据宴会的目的、主宾的情况来确定。在一般情况下，宴会时间不应与宾客的工作、生活安排发生冲突，通常安排在晚上 6:00—8:00。同时，宴会时间要尽量避开宾客的禁忌日。例如，欧美人忌讳“13”，日本人忌讳“4”“9”。在举办宴会时，应避开包含以上数字的时日。宴会的地点应根据交通、宴请规格、主宾喜好等情况而定。

3. 邀请

在确定宴会的邀请对象、时间和地点后，主人应提前 1～2 周制作并分发请柬，以便让被邀请的宾客有充分的时间对自己的行程进行安排。即使举办便宴，也应提前通过电话准确通知被邀请的宾客。

4. 确定宴会规格

宴会规格对礼仪效果的影响是十分明显的。在确定宴会规格时，一般应考虑出席者的最高身份、人数、目的、主人情况等因素。若规格过低，则显得失礼；若规格过高，则无必要。在确定宴会规格后，主人应与饭店（酒店、宾馆）共同设计菜单。在设计菜单时，应考虑宾客的口味、禁忌、健康等因素。对于需要特别照顾的个别宾客，应尽早做好安排。

5. 席位安排

宴会往往使用圆桌来布置菜肴、酒水。当使用一张以上圆桌时，排列圆桌的位次尊卑有两种情况。第一种情况是由两桌组成的小型宴会。当两桌横排时，其桌次“以右为尊，以左为卑”（这里的“右”和“左”是根据面对正门的位置来确定的）。两桌横排的桌次排列方法如图 6-16 所示，这种桌次排列方法也被称为“面门定位”。

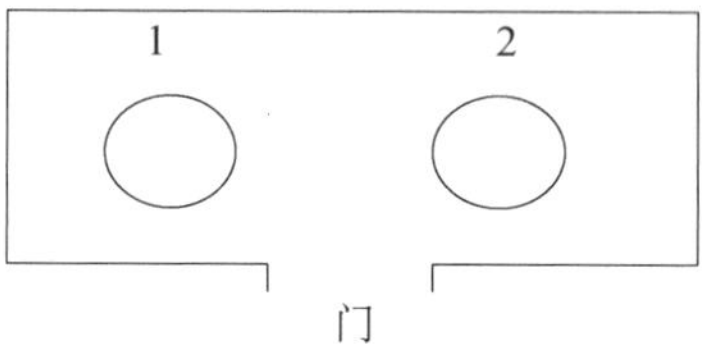

图 6-16　两桌横排的桌次排列方法

当两桌竖排时，其桌次排列讲究“以远为上，以近为下”（这里的“远”和“近”是相对于距离正门的远近而言的）。两桌竖排的桌次排列方法如图 6-17 所示，这种桌次排列方法也被称为“以远为上”。

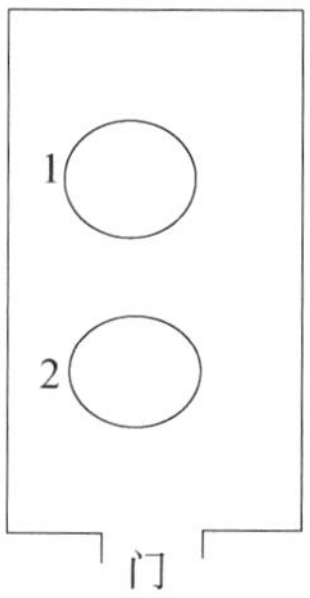

图 6-17　两桌竖排的桌次排列方法

第二种情况是由 3 桌或 3 桌以上组成的宴会，通常也被称为多桌宴会。在安排多桌宴会的桌次时，除了遵循“面门定位”“以右为尊”“以远为上”等原则，还应兼顾其他各桌距离主桌（第一桌）的远近，通常距离主桌越近，桌次越高；距离主桌越远，桌次越低。两种多桌宴会的桌次排列方法分别如图 6-18 和图 6-19 所示。

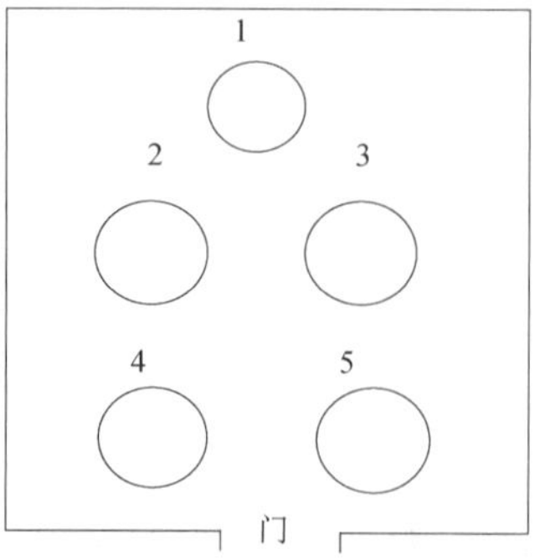

图 6-18　多桌宴会的桌次排列方法 1

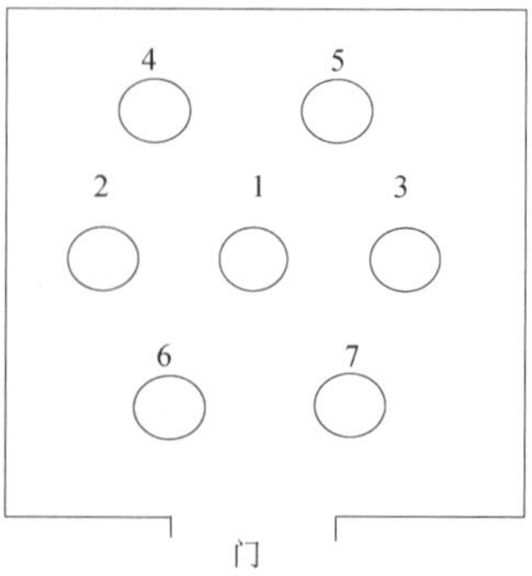

图 6-19　多桌宴会的桌次排列方法 2

需要注意的是，在安排宴会席位时，每一张餐桌上的位次也有主次尊卑之别。排列位次的方法是主人大多面对正门而坐，并在主桌就座。在举行多桌宴会时，各桌之上均应有一位主桌主人的代表就座，其位置一般与主桌主人同向，有时也可以面对主桌主人。各桌之上位次的尊卑，应根据其距离该桌主人的远近而定，“以近为上，以远为下”。各桌之上与该桌主人距离相同的位次，讲究“以右为尊”，即以该桌主人的面向为基准，其右为尊，其左为卑。

另外，每张桌上的用餐人数应在 10 人之内，并以双数为宜。

圆桌位次的排列可以分为两种情况。第一种情况是每桌有 1 个主位。其特点是每桌只有 1 个主人，主宾在其右首就座。每桌有 1 个主位的位次排列方法如图 6-20 所示。

第二种情况是每桌有 2 个主位。其特点是主人夫妇就座于同一桌，以男主人为第一主人，以女主人为第二主人，主宾和主宾夫人分别在男女主人右侧就座，这样每一桌都形成了 2 个谈话中心。每桌有 2 个主位的位次排列方法如图 6-21 所示。

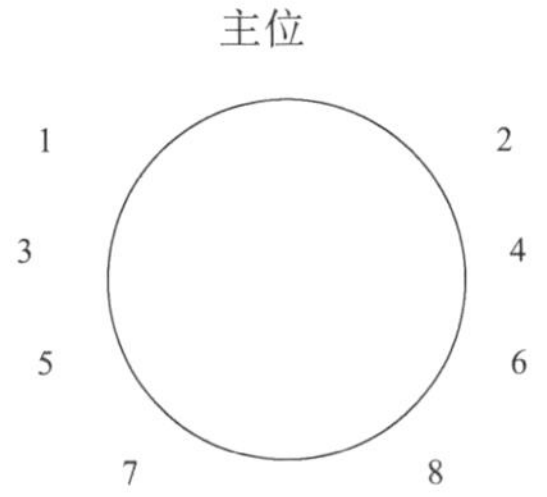

图 6-20　每桌有 1 个主位的位次排列方法

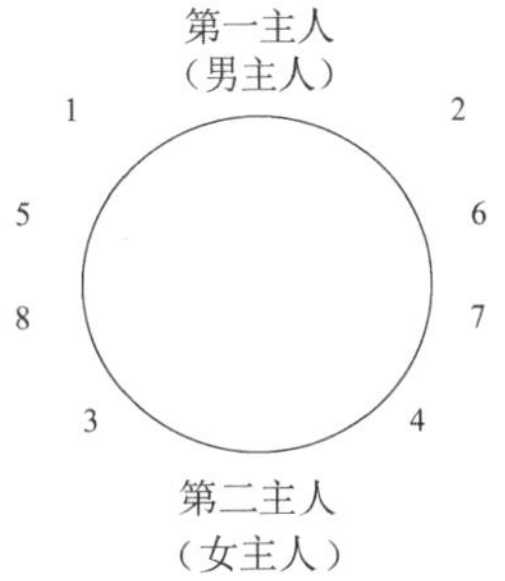

图 6-21　每桌有 2 个主位的位次排列方法

有时候，主宾的身份高于主人，为了表示尊重，可安排其在主人位次上就座，并请主人坐在主宾的位次上。

6. 餐具的准备

宴会的餐具十分重要，考究的餐具是对客人的尊重。根据宴会的人数和酒类、菜品的数目准备充足的餐具，是宴会的基本礼仪之一。餐桌上的一切物品都应干净卫生，桌布、餐巾应浆洗洁白并熨平，玻璃杯、筷子、刀叉、碗碟等餐具必须在宴会之前洗净擦亮。

7. 宴请程序

迎宾时，主人一般在门口迎接。在官方活动中，除主人以外，还要有少数主要人员陪同主人排列成行迎宾，通常称之为迎宾线，其位置一般在宾客进门存衣之后进入休息厅之前。迎宾人员与宾客握手后，由工作人员将宾客引入休息厅，或者直接进入宴会厅。在主宾抵达后，由主人陪同其进入休息厅与其他宾客见面。在休息厅内应由相应身份的人员陪同宾客，由服务员送饮料。

主人陪同主宾进入宴会厅，全体宾客入席，宴会开始。若宴会规模较大，则可请主桌以外的客人先就座，贵宾后就座。若有正式讲话，则一般安排在热菜之后甜食之前，先由主人讲话，再由主宾讲话，也可以双方一入席就讲话，冷餐会和酒会的讲话时间更灵活。吃完水果，主人和主宾起立，宴会宣告结束。

在外国人的日常宴请中，当女主人作为第一主人时，往往以女主人的行动为准。在入席时，女主人先坐下，并由女主人招呼开始进餐。用餐完毕，女主人首先起立，邀请女宾与其一起离席，然后男宾起立，随后进入休息厅或留下吸烟。男女宾客在休息厅会齐后，即可上茶或咖啡。由主宾告辞时，由主人把主宾送至门口。在主宾离开后，迎宾人员按照顺序排列，与其他宾客握手告别。

三、赴宴的礼仪

宾客参加宴会，无论是作为组织的代表，还是以私人身份出席，从入席到告辞，都应注重礼仪规范。这既是个人素质和修养的表现，也是对主人的尊重。

1. 认真准备

在接到邀请后，宾客应尽早答复主人能否出席，以便让对方做出安排。在接受邀请后，宾客不能随意改变主意，遇到特殊情况不能出席时（尤其是主宾），应尽早向主人解释、道歉，甚至登门表示歉意。在应邀出席某项活动之前，宾客应核实活动的主人，举办活动的时间、地点，是否邀请配偶，以及主人对服饰的要求等。

宾客在出席宴会前，一般应梳洗打扮。女士要化妆，男士要梳理头发并剃须。衣着应整洁、大方、美观，这可以给宴会增添隆重而热烈的气氛。

若宾客参加的是家庭宴会，则可为女主人准备一定的礼品，在宴会开始前送给主人。礼品的价值不一定很高，不过要有意义。

2. 按时出席

按时出席宴会是最基本的礼貌。出席宴会活动，抵达时间的迟早、逗留时间的长短，可以在一定程度上反映出宾客对主人的尊重。宾客应根据宴会的性质和各地的习俗来把握，迟到、早退、逗留时间过短等会被视为失礼或有意冷落。身份较高者可略晚些抵达，一般客人宜略早些抵达。宾客出席宴会，应根据各地的习惯，正点或晚一二分钟抵达，在我国是正点或提前一二分钟抵达；出席酒会，可以在请柬注明的时间内抵达。宾客在抵达宴会活动地点后，应首先到衣帽间脱下大衣和帽子，然后前往迎宾处，主动向主人问候。如果是庆祝活动，那么宾客应表示祝贺，对在场其他人均应点头示意，互致问候。

3. 礼貌入座

宾客应邀出席宴会活动，应听从主人的安排。若是宴会，则在进入宴会厅之前，宾客应首先掌握自己的桌次和座位信息；在入座时，注意桌上的座位卡有没有写自己的名字，不可随意入座；若邻座是长者或女士，则应主动协助他们坐下；入座后坐姿要端正，不可用手托腮或将双臂肘放在桌上，应把双脚踏在本人的座位下，不可随意伸出，影响他人；不可玩弄桌上的酒杯、盘碗、刀叉、筷子等餐具，不要用餐巾或纸巾擦餐具，以免让人认为餐具不洁。

在社交场合，无论天气多么炎热，都不可当众解开纽扣，脱下衣服。在小型便宴中，若主人请宾客宽衣，则男宾可脱下外衣搭在椅背上。

4. 注意交谈

在坐定后，若桌上已有茶水，则宾客可轻轻饮用。无论是主人、陪客还是宾客，都应与同桌的人交谈，特别是“左邻右座”，不可只与几位熟人或一两人交谈。若不相识，则可进行自我介绍。交谈要掌握时机，话题应视交谈对象而定，不可只顾自己、夸夸其谈，或者谈一些荒诞离奇的事，引人不悦。在交谈时宜选择轻松、愉快的话题，应遵守交谈礼仪，不应高声大笑或窃窃私语，不谈论隐私和过于严肃的话题；此外，在交谈时务必用餐巾擦嘴，以免食物残留在唇边，影响形象。宴会中安全的话题和应避开的话题如表 6-10 所示。

表 6-10 宴会中安全的话题和应避开的话题

安全的话题	应避开的话题
天气	自己的健康状况
交通	他人的健康状况
体育	物品的价格，自己或他人的收入
无争议的新闻	个人的不幸
旅游	有争议的兴趣爱好
环境	低级笑话
对会址或城市的赞美	小道消息
共同的经历	宗教
书籍	争议性较大的社会问题
文学、艺术	有关私生活的细节

5. 文雅用餐

（1）正确使用餐具。与西餐相比，中餐的一大特色是餐具有所不同。

① 餐巾要放在腿上。餐巾通常会被折叠成不同的花形，高矮不一地放在盘中或水杯中。在一般情况下，主人位置上的餐巾花形比其他位置上的高，标志着主人的身份和地位，身份较低的陪同人员不能贸然坐在主人位置上。

餐巾的功能主要是防止调味汁滴落弄脏衣物，起保洁作用。因此，正确的使用方法是将餐巾轻轻打开铺在腿上，或者将餐巾一角的 1/3 放于餐盘下，其余部分盖在腿上。用餐完毕，应将餐巾叠好放在盘子右侧，既不可放在椅子上，也不可叠得太过方方正正而被误认为未使用过。餐巾只能擦嘴，在使用时，一手捏住一面的上端，另一手相助。餐巾不能用于擦脸、擦汗。

【小幽默】

是刮胡子还是理发

一位客人坐在一家高级餐馆内的桌旁，把餐巾系在脖子上。

经理很反感，对一个招待员说：“你去让那位客人明白，在我们餐馆里是不允许那样做的，话要讲得尽量委婉一些。”

招待员来到那位客人的桌前，有礼貌地问道：“先生，您是刮胡子还是理发？”

② 香巾应用来擦手。在上菜之前，服务员会给每人递送一块热腾腾的香巾，也就是带有清香的湿毛巾。这块湿毛巾一般是用来擦手的，有些人误用它来擦脸，甚至擦脖子，这是极其不雅的。使用完毕后，可将湿毛巾整齐叠放于左手边的骨碟中，服务员会在餐间和餐尾更换。

③ 纸巾可用来擦嘴。餐桌上必不可少的清洁用品是纸巾，多用于擦嘴和清理食物残渣。女士赴宴会化淡妆，可用纸巾擦去口红。在用餐的过程中，可以将口中的食物残渣吐于纸巾

中，折叠后让服务员收走，切忌将纸巾团成团扔在桌下。此外，一定要将放入食物残渣的纸巾折叠起来，切不可将纸巾摊在桌上。

④ 餐盘可盛接食物。中餐宴会中的餐盘一般是套盘，也就是双层的餐盘。下层的餐盘较大，有漂亮的花纹图案，多为瓷盘、金盘、银盘或高档的水晶盘；上层的餐盘较小，一般是白净的瓷盘。上层的瓷盘是用餐时真正使用的餐盘，下层的餐盘也被称为装饰盘，只是点缀。

在用餐时，可先将食物夹放于餐盘上，再慢慢品尝。食物中的骨刺也可放入餐盘中，服务员会更换新的餐盘，切不可将骨刺或不吃的食物放于桌面上。

⑤ 筷子使用多忌讳。上菜后不要先拿筷，应等主人邀请，在主宾动筷时再拿筷。筷子是中餐最主要的餐具。使用筷子，通常必须成双成对。在用筷子取菜、用餐的时候，需要注意下面几个小问题：无论筷子上是否残留食物，都不要舔。试想一下，用舔过的筷子夹菜，是不是有点倒胃口呢？在和人交谈时，要暂时放下筷子，不能一边说话，一边像挥舞指挥棒似的挥舞着筷子；不要把筷子竖着插放在食物上面（这种插法只有在祭奠死者的时候使用）；严格界定筷子的职能，筷子只是用来夹取食物的，用来剔牙、挠痒或夹取食物之外的东西是非常失礼的。

【小贴士】

用筷十忌

忌“半途筷”，即把夹住的菜肴放下，转夹另一种菜肴。

忌“游动筷”，即举筷不定，东挑西拣。

忌“窥筷”，即手持筷子，东张西望。

忌“碎筷”，即用嘴或手撕扯筷子上的菜肴。

忌“刺筷”，即以筷代叉，插菜进食。

忌“签筷”，即用筷子当牙签，剔刺牙缝。

忌“泪筷”，即夹菜途中，筷子上的汤汁像泪水一样滴个不停。

忌“吮筷”，即用嘴吮舔筷子上的汤汁。

忌“敲筷”，即用筷子敲打碗盆或桌面。

忌“点筷”，即用筷子指点主人、客人或厨师。

⑥ 勺子不可用嘴吹。勺子主要是用来喝汤的，也可用于取食形状过于细小的菜肴。即使汤碗较小，盛汤时也不可过满，甚至溢出来。在用汤碗喝汤时，要用勺子舀着喝，不宜盛得过满，以免勺子里的汤溢出来，滴落在桌上或衣服上。在用勺子喝汤时，不能把勺子全部塞入口中。如果汤很烫，那么可以晾一晾再喝，切不可用嘴对着勺子吹。

⑦ 杯子使用要得当。中餐宴会上的杯子主要有茶杯、酒杯和水杯。

茶杯是用来喝茶的，不要当成酒杯来倒酒。因为茶杯是不透明的瓷杯，用它来喝酒，对方不知道你喝了多少，有作弊嫌疑，对其他人很不敬。

在使用酒杯时，要注意手持杯子的杯腿或杯底，不要直接用手指握住杯身。手指握住杯身，一是会留下指纹，显得很不雅观，二是手指的温度会使酒的温度升高，影响酒的口感。在不喝酒时，不要倒扣酒杯。女士注意不要把唇印留在杯口。

在使用水杯时，要注意手握杯子的中下部位，切忌用手指握住杯口直接饮用。使用酒杯、水杯的错误方法和正确方法如图 6-22 所示。

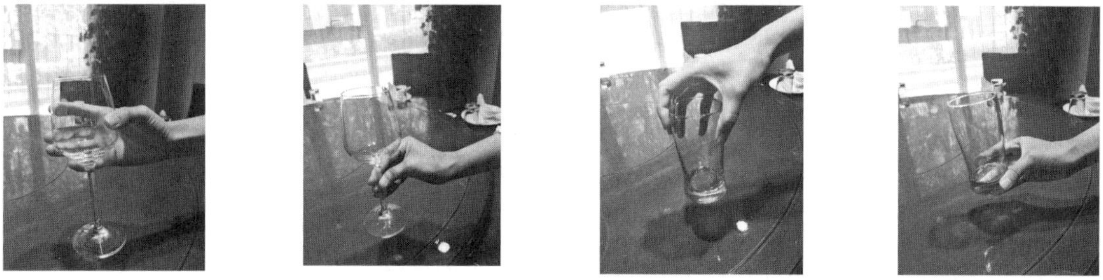

（a）　错误方法　　（b）　正确方法　　（c）　错误方法　　（d）　正确方法

图 6-22　使用酒杯、水杯的错误方法和正确方法

⑧ 牙签剔牙有讲究。用餐结束后，很多人有用牙签剔牙的习惯。在宴会的过程中，最好不要当众剔牙，非剔不可时，要用手掩住口部，不要张大嘴剔牙或叼着牙签。对于剔出来的食物，不要当众观看或再次入口，更不要乱弹乱吐。剔过牙的牙签不可用来扎取食物。①

（2）吃相文雅大方。出席宴会不是一件轻松的事情，在觥筹交错之际，我们的吃相正在向其他人昭示着我们的修养和品格。古往今来，餐桌一直是社会交际的重要场所，餐桌礼仪也历来受到人们的重视。在餐桌上，非常重要的一件事就是检点自己的吃相。

【小贴士】

文雅用餐口诀

取菜文雅，注意礼让；文明用筷，举箸得当；闭嘴细嚼，不发声响；嚼食不语，唇不留痕；骨刺秽物，切莫乱扔；禁烟少酒，用餐文明；使用公筷，讲究卫生；席间交谈，增进感情。

在宴会开始时，一般先由主人致祝酒词，此时宾客应停止谈话，不可吃东西，注意倾听。“主不请，客不尝”，主人致辞完毕，先待其说“请”，宾客再动手夹菜。取菜要适量，不要显得过于贪婪。若主人向宾客敬酒，则宾客应起立回应，喝过酒后开始吃菜。在吃东西时，应小口小口地吃，咀嚼食物要闭嘴，既不要发出声响（吧唧嘴会惹人讨厌），也不要一边咽食，一边说话。在喝汤时，汤匙应由身边向外舀出，既不要吸汤匙，也不要左手拿匙，右手拿筷，“双管齐下”。在用餐时，嘴里的骨头和鱼刺等应用筷子夹放在装饰盘中，吃剩的菜和用过的勺等也应放在装饰盘中。在用餐的整个过程中，要注意礼让，关照邻座的宾客，不要一见到自己喜欢吃的菜就“埋头苦干”，不理其他人。男士不要戴着帽子进餐。为了避免酒后失礼，饮酒应适度，不要边吃、边饮、边抽烟。

若遇到不能吃或不爱吃的菜，则当服务员或主人夹菜时，不可打手势或拒绝，应取少量放入盘中，并表示“谢谢，够了”。对于不合口味的菜，不要显出难堪的表情。作为主人宴请时，在席上不必说过分谦虚的话。对于来到中国时间较长的人，不必说哪些是中国的名酒名菜。在为宾客让菜时，要用公用餐具，切不可用自己的餐具。

在冷餐会或酒会中，当服务员上菜时，不可抢着取菜，应该等送至自己面前时再取菜。周围的人未取到第一份，不可急于取第二份。切勿围在菜台旁，取完菜后应立即离开，以便让其他人取菜。

用餐讲究文雅，要微闭着嘴咀嚼，不可发出声响，要将食物送进口中，不可伸口迎食物。在食物比较热时，可晾凉后再吃，切勿用嘴吹。鱼刺、骨头、菜渣等不可直接外吐，要

① 秦保红. 职场礼仪教程[M]. 北京：中国人民大学出版社，2016.

用餐巾掩嘴，用筷子取出，或者轻吐在叉匙上，放在装饰盘中。嘴里有食物时不可谈话。尽量不要剔牙，更不可一边走动，一边剔牙。吃剩的菜和用过的餐具等应放在装饰盘中，切勿放置在桌上。

6. 告辞致谢

正式宴会一般在吃完水果后宣告结束。此时，先由主人向主宾示意，请其做好离席的准备，然后主人从座位上站起，这是请全体起立的信号。一般以女主人的行动为准，由女主人邀请女主宾离席，退出宴会厅。宾客在告辞时，应礼貌地向主人道谢，在通常情况下，男宾先向男主人告辞，女宾先向女主人告辞，然后交叉，与其他人告辞。

席间一般不应提前退席。若宾客确实有事需要提前退席，则应向主人打招呼，并轻轻离去，也可事前先打招呼，到时再离去。退席时要有礼貌，退席理由应当尽量不让主人难堪或心中不悦。从宴会结束到告辞前，不可有任何不耐烦的表现。

对主人致谢，除了在宴会结束告辞时表达谢意，若是正式宴会，则还可在宴会结束后2～3 天内用印有“致谢”或“P.R”字样的名片、便函表示感谢。有时候，私人宴会也需要致谢。名片可寄送或亲自送达，先向女主人致谢，再向男主人致谢，不必说过谦的话。

【课堂训练】

以小组为单位，创设情景，模拟练习宴会的组织和赴宴的基本礼仪，注意相关细节。

四、西餐宴会礼仪

随着对外交往越来越频繁，西餐在我们的生活中越来越常见，有些人经常遇到吃西餐的机会。在西方用餐中，一是讲究吃饱，二是享受用餐的情趣和氛围。只有掌握必要的西餐礼仪，才不至于在一些场合中出洋相。

西餐是西式饭菜约定俗成的统称，大致可分为欧美式和俄式两种。西餐菜肴主料突出、营养丰富、讲究色彩、味道鲜香。其烹饪方法、食用方法与中餐有很大的不同，体现了西方文化。学习、了解西餐知识是十分有必要的。

1. 西餐宴会的席位排列

与中餐相比，西餐的席位排列既有许多相同之处，也有不少区别。人们往往对席位十分关注，在排列时要多加注意。

在绝大多数情况下，西餐宴会的席位排列主要是位次的问题。除了极其盛大的宴会，一般不涉及桌次。西餐宴会的席位排列规则包括以下内容。

女士优先。在西餐礼仪中，往往体现“女士优先”的原则。在排列用餐席位时，一般以女主人为第一主人，在主位就座，以男主人为第二主人，坐在第二主人的位置上。

距离定位。西餐桌上不同席位的尊卑，是根据其距离主位的远近来决定的。距离主位近的位置尊于距离主位远的位置。

以右为尊。在排列席位时，“以右为尊”是基本原则。就某一具体位置而言，按照礼仪规范，右侧尊于左侧。通常男主宾排在女主人的右侧，女主宾排在男主人的右侧，按此原则依次排列。

以面向门为尊。在餐厅内，以餐厅门为参照物，按照礼仪的要求，面对餐厅门的座位尊于背对餐厅门的座位。

交叉排列。在排列席位时，西餐礼仪遵循“交叉排列”的原则，即男女应当交叉排列，熟人和生人也应当交叉排列。用餐者的对面和两侧往往是异性或不熟悉的人，这样有利于广交朋友。

西餐宴会的具体席位排列如下。①男女主人在长桌的中央相对而坐，餐桌的两端既可以坐人，也可以不坐人，如图 6-23 所示。②男女主人分别坐在长桌的两端，如图 6-24 所示。③在用餐人数较多时，可以把长桌拼成其他形状，方便大家一起用餐，如图 6-25 所示。需要注意的是，在长桌两端应尽可能安排举办宴会方的男士就座。

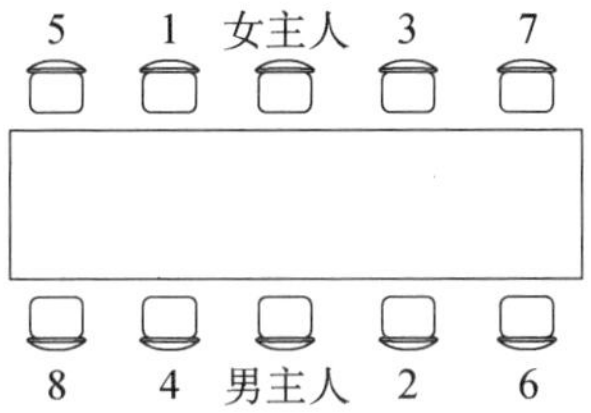

图 6-23　西餐宴会的具体席位排列 1

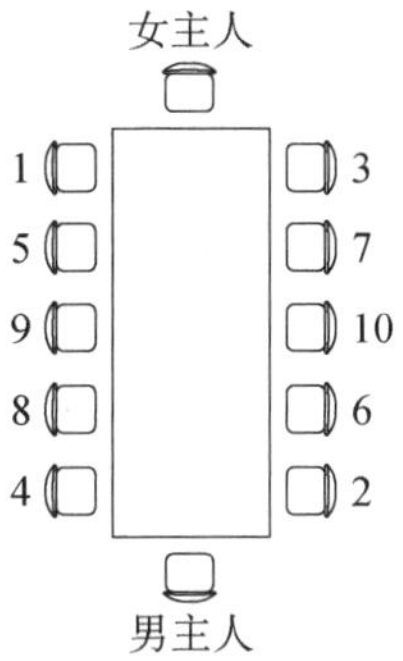

图 6-24　西餐宴会的具体席位排列 2

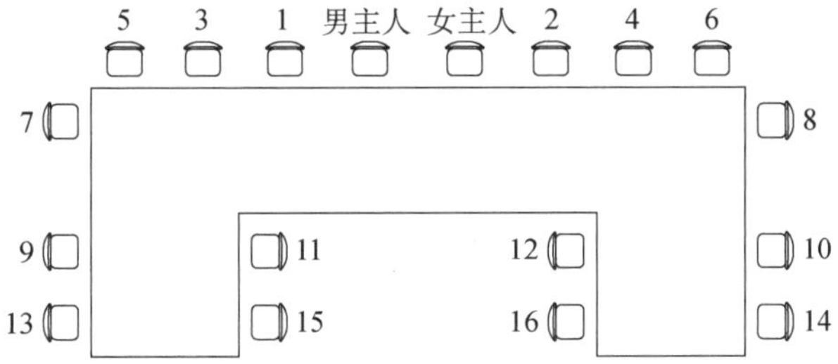

图 6-25　西餐宴会的具体席位排列 3

2. 西餐餐具的使用方法

在吃西餐时，需要特别注意西餐刀叉、餐匙、餐巾等餐具的使用方法。

（1）刀叉。用刀叉进餐是西餐的重要特征之一。要想正确使用刀叉，需要注意以下几点。

① 正确识别刀叉。正规的西餐宴会讲究吃一道菜换一副刀叉。吃每一道菜，都要使用专门的刀叉，既不能乱用，也不能从头到尾只用一副刀叉。在吃正餐的时候，摆在每一位用餐者面前的有吃黄油的刀叉、吃鱼的刀叉、吃肉的刀叉、吃甜点和水果的刀叉，用餐者要注意识别。

② 正确使用刀叉。刀叉的使用方法有两种。一种是英国式的使用方法，要求用餐者在用餐时始终右手持刀，左手持叉，一边切割食物，一边用叉食用，叉背朝着嘴的方向。这种方法比较文雅。另一种是美国式的使用方法，首先，右手持刀，左手持叉，把餐盘中的食物全部切割完毕，然后把右手的餐刀斜放在餐盘的前方，把左手的餐叉换到右手，品尝食物。这种方法比较省事。

③ 正确用手取食。西餐的食物一般是用刀叉进食的，小萝卜、橄榄、水果、点心、炸土豆片、田鸡腿和面包等食物可用手取食。用餐者在吃带骨头的肉时，可以用手拿着吃。若想吃得更优雅，则用刀叉比较好，先用叉子将整块肉固定（可将叉子朝上，用叉子背部压住

肉），再用刀沿骨头插入，把肉切开，最好边切边吃。在必须用手取食时，侍者会端上洗手水。当洗手水和带骨头的肉被一起端上来时，意味着“请用手吃”。用餐者用手指拿完东西后，将手指放在装洗手水的碗里洗净。在吃一般的菜时，如果用餐者把手指弄脏了，也可以请侍者端来洗手水，在洗手时要轻轻地洗。

④明确刀叉的暗示意义。如果在用餐的过程中，用餐者需要暂时离开或与人攀谈，那么应放下手中的刀叉，刀在右、叉在左，刀口向内、叉齿向下，刀刃朝向自身，呈“八”字形摆放在餐盘上，表示此菜尚未用毕，还要继续吃。如果用餐者用餐完毕或不想再吃，那么可以刀口向内、叉齿向上，刀在右、叉在左，并排放在餐盘上，表示不再吃了，侍者可以连餐盘一起收走。刀叉的暗示意义如图 6-26 所示。在不用刀时，用餐者也可以用右手持叉，如果需要做手势，那么应放下刀叉，千万不可手执刀叉在空中挥舞摇晃，也不要一只手拿刀或叉，另一只手用餐巾擦嘴，或者一只手拿酒杯，另一只手用叉取菜。用餐者应注意，不要将刀叉交叉摆成十字形，因为在西方人看来，这是晦气的图案。

图 6-26　刀叉的暗示意义

（2）餐匙。在吃西餐时，餐匙是一种不可缺少的餐具。其用途和注意事项如表 6-11 所示。

表 6-11　餐匙的用途和注意事项

形状	位置	用途	注意事项
外形较大	通常被摆放在用餐者右侧的最外端，与餐刀并列竖放	汤匙	除饮汤、吃甜品之外，绝对不可用餐匙直接舀取其他主食、菜肴
			已经使用过的餐匙，既不可放回原处，也不可将其插入菜肴、主食中，或者令其直立于甜品、汤盘或红茶杯之中
			使用餐匙，要尽量保持其周身的干净清洁，不要让餐匙“色彩缤纷”“浑身挂彩”
			用餐匙取食，不要过量，一旦入口，就要一次将食物用完，不要一餐匙的食物反复品尝好几次；在餐匙入口时，应以其前端入口，而不是将餐匙全部塞进嘴中
			不能直接用茶匙去舀取红茶饮用
外形较小	被横向摆放在吃甜品所用的刀叉正上方，并与它们并列	甜品匙，有时会被外形同样较小的茶匙取代	用餐匙取食，动作应干净利落，切勿在甜品等中搅来搅去

（3）餐巾。

① 餐巾的铺放。在正规的西式晚餐中，应等女士先将餐巾对折轻轻放在膝上后，男士再放餐巾。用餐者最好用双手打开餐巾，切忌来回抖动地打开餐巾，不要将餐巾别在领口或皮带上。

② 餐巾的用途。在西餐宴会中，餐巾是非常重要的餐具，有很多像信号一样的作用。在正式宴会上，女主人把餐巾铺在腿上是宴会开始的标志，这是餐巾的第一种作用。西方以女士为优先，在西餐宴会上，女主人是第一顺序，女主人不坐，其他人是不能坐的。女主人把

餐巾铺在腿上，说明大家可以开动。女主人把餐巾放在桌子上，则是宴会结束的标志。

需要注意的是，餐巾只能铺在腿上，不能放在其他地方。把餐巾铺在腿上，一般将其叠成长条形或三角形，避免吃饭时菜肴、汤汁把裙子或裤子弄脏。高档餐厅的餐巾往往叠得很漂亮，有些餐巾还会系上小缎带。注意，用餐者不能用餐巾擦鼻子或擦脸，如果弄脏嘴巴，那么一定要用餐巾擦拭，不要用自己的手帕。用餐巾内侧擦拭，而不是弄脏其正面，是用餐者应有的礼貌。手指洗过后也是用餐巾擦拭的。若餐巾脏得厉害，则应请侍者重新更换一条。

此外，餐巾还有暗示作用。在用餐期间，如果用餐者暂时离开座位，那么可以把餐巾放在椅子上。千万不要把餐巾放在桌上，这意味着用餐者不想再吃，让服务员不要再给自己上菜。万不得已需要中途离席时，用餐者最好在上菜的空档，先向同桌的人打一声招呼，把餐巾放在椅子上再走，不要打乱整个宴会的程序和气氛。在吃完饭后，用餐者将餐巾随意放在餐桌上即可，不必特意叠整齐。例如，王先生正在吃西餐，突然接到一通电话，这通电话很重要，不能不接，但是在餐桌上边吃边接不太合适。王先生如果要出去接电话，那么可以把餐巾放在座椅的椅面上。

3. 西餐的上菜顺序

在很大程度上，吃西餐讲究的是情调。大理石的壁炉、熠熠闪光的水晶灯、银色的烛台、香醇的美酒，加上人们优雅迷人的举止，这本身就是一幅动人的画面。

正式的西餐宴会，一般有 9～10 道菜点。按照上菜的顺序，吃什么菜，就用什么餐具，喝什么酒，就用什么酒杯，否则就是外行。

第一道：面包、黄油，面包撕成小块，抹黄油，吃一块抹一块。

第二道：冷小吃，用中刀叉。

第三道：汤，饮舍利酒，用舍利杯。

第四道：鱼，饮白葡萄酒，用白酒杯。

第五道：副菜（小盘），用中刀叉。

第六道：主菜（大菜），一般是整只熏烤动物（如烤火鸡）用大刀叉，饮红葡萄酒，用红酒杯。

第七道：甜点，用点心勺和中叉，饮香槟酒，用香槟杯。

第八道：水果。

第九道：咖啡。

第十道：利口酒（蜜酒），用利口杯。

【小贴士】

喝咖啡的礼仪

4. 西餐用餐的形象礼仪

在吃西餐时，必须掌握吃西餐的礼仪规范，塑造良好的礼仪形象。

（1）吃之得法。用餐者在吃第一道菜时开始食用面包，吃面包时，应先用左手撕下一块大小合适的面包，再用黄油刀涂上黄油或果酱，送入口中。用餐者不能拿着整块面包，全部涂上黄油，双手托着吃；既不能用叉子叉着面包吃，也不能用刀叉切开吃。在盘内剩余少量菜肴时，用餐者不要用叉子刮盘底，更不要用手指辅助食用，应以小块面包和叉子辅助食用。如果是烤面包，那么不要撕开吃。在甜食上桌后，最好就不要再吃面包了。吃面包可蘸调味汁，吃到连调味汁都不剩是对厨师的尊重。注意，用餐者不要把面包盘子吃得太干净，而要先用叉子叉住已撕成小块的面包，再蘸一点调味汁来吃。

用餐者在喝汤时不要啜吸，而要用右手拇指和食指持汤匙，从汤盘靠近自己的一侧伸入汤中，向外侧将汤舀起，不要端起盘子来喝；不要咂嘴发出声音；如果汤比较热，那么可以等晾凉后再喝，不要用嘴吹或用汤匙搅拌降温。在汤盘中的汤快喝完时，用餐者应用左手将汤盘的外侧稍稍端起，用汤匙舀净；喝完汤后，应将汤匙留在汤盘（碗）中，匙把指向自己。

肉、禽类菜肴是西餐的主菜，其中最有代表性的是牛肉或牛排。用餐者在切牛肉时，先用左手拿叉按住，右手执刀将其切割成小块，然后用叉子将其送入口中。切牛排的正确手法是从牛排左下角开始切，向右上角方向一块一块切。如果觉得麻烦，那么全切完再吃也可以，不过那样肉容易变冷。在吃鱼、肉等带刺或带骨的菜肴时，用餐者不要直接向外吐，可用餐巾捂嘴轻轻吐在叉上，放入装饰盘中。在吃鸡时，欧美人多以鸡胸脯肉为贵。在吃鸡腿时，用餐者应先将骨去掉，不要用手拿着吃。在吃鱼时，不要将鱼翻身，而要先吃完上层，用刀叉将鱼骨剔掉，再吃下层。在吃肉时，用餐者要切一块吃一块，不要切得过大，或者一次性将所有肉都切成块。

【小贴士】

牛排的“几成熟”

西餐的甜点是在主菜后食用的，包括主菜后的所有食物，如布丁、冰激凌、水果等。西餐中的布丁一般是流质的，用餐者不能直接用手取食，应以专用的餐匙取食。冰激凌通常被置于专用的高脚玻璃杯内，用餐者应以餐匙食之。高级餐厅在上甜点之前，会送上一个大托盘，摆满多种乳酪、饼干和水果，用餐者挑多少种都可以，但要以吃得下为限。

【小贴士】

西餐中水果的食用方法

在正式的西餐宴会上，酒水是主角，酒水与菜肴的搭配十分讲究。在一般情况下，每吃一道菜，就要换一种酒水。西餐宴会上所用的酒水可以分为餐前酒、佐餐酒和餐后酒 3 种，每一种酒水又有许多具体的种类。

餐前酒，也被称为开胃酒，在用餐前饮用或在吃开胃菜时搭配饮用。餐前酒有鸡尾酒、味美思、威士忌和香槟酒。

佐餐酒，即在正式用餐期间饮用的酒水，西餐的佐餐酒均为葡萄酒。选择佐餐酒的重要原则是“白酒配白肉，红酒配红肉”（白肉指的是鱼肉、海鲜，红肉指的是猪肉、牛肉、羊肉），也就是说，白葡萄酒配海鲜类，红葡萄酒配肉类、畜类。

餐后酒，即用来助消化的酒水。常用的餐后酒有利口酒、白兰地酒。

饮用不同的酒水，需要用不同的专用酒杯。在每一位用餐者的餐桌右边、餐刀的前方，都会横摆放着三四个酒水杯，它们分别为香槟酒杯、白葡萄酒杯、红葡萄酒杯和水杯。用餐者应按照“由外侧向内侧”的顺序依次取用，也可参考女主人的选择，紧随其后。

（2）服装得体。西餐（尤其是正式西餐）是非常注重礼节的，从穿衣戴帽到言谈举止，从尊重女士到要求男士，都有礼节要求。

① 礼服。西式礼服，男装为黑色燕尾服、系领结，女装为拖地、袒胸、露背长裙，并配长筒薄纱手套。其他国家的人士可身着本国的盛装，如我国的中山装、旗袍。目前，在隆重的宴会上，往往要求穿礼服。

② 正装。在普通的宴会上，通常要求穿正装。在一般情况下，正装指的是深色（特别是黑色或藏蓝色）的套装或套裙。需要注意的是，男装的色彩不要过淡、过艳，女装切勿过短、过小。

③ 便装。在一般的聚餐时，可以穿便装。对于便装，宴会礼仪是有严格规定的，男士可以穿浅色西装或仅穿单件的西装上衣，女士可以穿时装或以长西裤代替裙装，绝对不能随心所欲地乱穿。

无论穿什么服装，用餐者在用餐时都不允许当众整理衣饰，如换衣服、松领带、脱鞋子等。

（3）尊重女士。西方对女士的尊重体现在很多方面，在西餐中也能看到一些踪迹。

① 尊崇女主人。在西餐宴会活动中，女主人的地位倍受尊崇。例如，女主人坐主位，由女主人用行动“宣布”用餐开始或结束等。在吃西餐时，一般看不到女主人忙里忙外、到处张罗，甚至难以入席的情境。

② 礼待女宾客。在吃西餐时，无论是否相识，男士都应扮演“护花使者”的角色，积极主动地照顾女士。例如，在用餐前，男士要帮助女士存外衣或就座；在用餐期间，男士要帮助女士取菜、拿调味品，与其交谈等。

③ 不见女侍者。正规的西餐馆讲究“女尊男卑”，往往只能见到清一色的男侍者迎来送往、忙忙碌碌，却难以见到一名女侍者。根据传统，西餐馆是一概不用女侍者的。

（4）举止优雅。在享用西餐时，要想举止优雅，用餐者需要注意以下几个方面。

① 坐姿端正。在入座时，用餐者应从左侧入座，并使身体与餐桌保持两拳左右的距离；上身要呈挺拔之态，不要东倒西歪；双手不要支撑在桌上或藏于桌下，而应扶住桌沿，双腿切勿乱伸；不要随意摆弄餐桌上已摆好的餐具。

② 文明用餐。在吃西餐时，用餐者既不要把自己吃得“四处开花”，身上、脸上到处“痕迹斑斑”，嘴上“满嘴生辉”“五光十色”，也不要把餐盘、餐桌和地面弄得一塌糊涂，应该自觉维护环境卫生。切勿中途退席，若有事确实需要离开，则用餐者应向左右的宾客小声打招呼。在饮酒干杯时，即使不喝，也应该将杯口在唇上碰一碰，以示敬意。当他人为自己斟酒时，若不需要，则可简单地说一声“不，谢谢”或以手稍盖酒杯，表示谢绝。

③ 禁出声音。西方人认为，只有缺乏教养的人才会在进食时发出声响。无论是有意还是无意，是吃东西还是喝东西，都不要弄出声音，更不要叮当作响。在入座时，用餐者不要把座椅、餐桌弄出怪异的声音；在用餐时，若不懂怎样使用各种餐具，则可以现场观摩他人，

不要相互敲击餐具或指点他人。此外，用餐者应自觉控制体内的声响（如咳嗽、打喷嚏、打嗝等），不要当众出丑。

④ 尊重侍者。在一流餐厅里，客人除了吃食物，诸如倒酒、整理餐具、捡起掉在地上的刀叉等事，都应让侍者来做。在国外，侍者会在进餐时问“How is everything”。如果没有问题，那么用餐者可用“Good”来表示满意。侍者会密切关注客人的需要，若用餐者需要服务，则可用眼神向侍者示意或微微把手抬高，侍者会马上过来。如果用餐者对侍者的服务比较满意，想付小费，那么可用签账卡支付，即先在账单上写下含小费在内的总额，再签名，最后不要忘记口头致谢。

（5）礼貌交谈。在商务环境中吃西餐，用餐者应该主动与他人交流，特别是主动向主人致意，不要吃了就走，不把主人放在眼里。在用餐的过程中，用餐者不仅要与老朋友寒暄、交谈，还要借机多交一些新朋友。若不认识左右的客人，则可先自我介绍，再进行交流。在他人讲话时不宜插话；交谈时音量要小，维持在对方能听见的程度即可，不要影响邻桌的客人，切忌高声谈笑或旁若无人地大声喧哗，这是极其失礼的行为。

【小幽默】

纸上的交流

两个美国人在西班牙旅游。一天，他们走进一家小餐馆去吃午餐。两个美国人都不会说西班牙语，餐馆的服务员也不会说英语。他们想让服务员明白，他们要的是两份牛奶加三明治。

他们先把“牛奶”这个词说了好几遍，再把这个词的拼法说了一遍，不过那位服务员还是不懂。于是，一个美国人拿出了一张纸和一支铅笔，画了一头奶牛。他还没有画完，服务员就跑出了餐馆。

画奶牛的人对同伴说：“看到没有，在外国遇到困难的时候，一支小小的铅笔是多么有用啊!”

几分钟后，那位服务员回来了。他放到两位美国人面前的是两张观看斗牛比赛的入场券。

（6）妥善处置。在吃西餐的过程中，用餐者若遇到以下特殊情况，应妥善处置。

① 主人做感恩祷告。有些主人会在进餐前做感恩祷告，或坐或立。来宾应尊重主人的做法，在感恩祷告前，不要吃、喝任何东西，应该安静地低着头，直到祷告结束，把餐巾放在膝上，开始用餐。

② 塞牙或异物入口。如果牙缝里塞了蔬菜叶子或沙砾一样的东西，不要在餐桌上用牙签剔，可以喝口水试试看。如果还是不行，那么用餐者可以去洗手间，这样既可以用力地漱口，也可以用牙签。

如果遇到不好吃的食物或异物入口，那么必须注意，不能引起其他人的不快，不过也不必勉强吃下去。用餐者可以先用餐巾盖住嘴，快速把食物吐到餐巾上，再让侍者换一块新的餐巾。如果食物中有石子等异物，那么用餐者可用拇指和食指取出来，将异物放在盘子的一旁。

如果有一只虫子从沙拉里爬出来，用餐者只要向主人或侍者使个眼色就行，心平气和地要求换掉，切记不要大惊小怪，让所有人都知道，以至于不敢吃其他食物。这是表现勇气和风度的最佳时刻。

③在餐桌上弄洒了东西。如果用餐者在餐桌上并洒了东西，而且洒了很多，那么主人

会让侍者清理弄脏的地方。若不能清除干净，则侍者会先铺上一块新的餐巾，把脏东西盖住，再上下一道菜。如果是在家里，用清洁用品清除就行了。如果座位弄上了大量的污渍，那么用餐者可以向主人要一块餐巾，盖在弄脏的地方，同时向主人和其他宾客表示歉意。如果用餐者或用餐者的家人弄坏了主人的任何东西，那么用餐者应先安排侍者把弄坏的东西收在一起，清理干净或修好它们，在主人方便的时候再送回去。

④刀叉掉到地上。在用餐的时候，刀叉不小心掉到地上，如果弯腰去捡，那么不仅姿势不雅观，影响身边的人，还会弄脏手。这时，用餐者可以示意侍者来处理，并提出更换新的餐具。

【小贴士】

西餐文化的特色

西餐文化的特色可用“6M”来归纳，即 Menu（菜谱）、Music（音乐）、Mood（气氛）、Meeting（会面）、Manner（礼节）、Meal（食品）。

① 菜谱。西餐中的菜谱被视为餐厅的门面，通常采用最好的材料制作菜谱的封面，有些餐厅甚至在软羊皮上制作各种美丽的花纹，格外典雅精致。菜谱的重要性不必多说，看菜谱点菜已成为吃西餐必不可少的程序，这是一种优雅生活方式的表现。请宾客根据个人喜好自行点菜，是尊重对方的表现。

② 音乐。豪华高级的西餐厅或酒店通常会让乐队演奏一些柔和的音乐，一般的西餐厅也会播放一些美妙典雅的音乐。放音乐最讲究的是乐声的“可闻度”，声音要达到“似听到又似听不到”的程度，即用餐者在集中精力和友人谈话时听不到，在休息放松时听得到，这个“火候”要掌握好。

③ 气氛。西餐讲究环境雅致、气氛和谐。除了要有音乐相伴，桌面一定要整洁，所有餐具一定要洁净。若是晚餐，则灯光要昏暗，桌上要有红色蜡烛，以营造一种浪漫、迷人、淡雅的气氛。

④ 会面。选择用西餐方式进行商务宴请的前提是宾客对西餐有所了解或可以接受，以免因宾客不熟悉或不喜欢吃西餐而造成双方尴尬。吃西餐主要是为了联络感情，因此在餐桌上不应讨论过于严肃的话题，即使讨论商务话题，也应该以轻松的方式进行交谈，切勿争论。

⑤ 礼节。礼节是指吃相和吃态。西餐宴会应遵循西方的习俗，切勿有唐突之举。特别是西餐餐具与中餐餐具有较大的区别，使用的规矩、讲究很多，稍不留意就会失态。另外，在西餐宴会中，主人会安排男女相邻而坐，讲究“女士优先”，以表现出对女士的尊重。

⑥ 食品。一位美国美食家曾说：“日本人用眼睛‘吃饭’，料理的形式很美；我们的西餐是用鼻子‘吃’的，所以我们的鼻子很大；只有中国人才懂得用舌头吃饭。”中餐以“味”为核心，西餐则以营养为核心。

【课堂训练】

以小组为单位，分角色演示一次西餐宴会，其中的角色有总经理、营销经理、秘书和 3 位客人，演示内容为座次安排、餐具的使用和摆放方法等。

第四节　求职

现代社会在对每个人提出种种挑战的同时，也提供了各种各样的机遇。如何在竞争激烈的人才市场中力挫群雄，一举应聘成功，除了具备良好的专业素养，掌握必要的方法和技巧同样不容忽视。尤其是求职面试中的礼仪，往往起着举足轻重的作用。

一、求职的心理准备

1. 调整心态

求职前的准备首先是求职心态方面的准备。求职者要调整择业心态，端正择业态度，正确评价自己，理想值和期望值不要过高。特别是大学生，应先就业、再择业，自我定位不要过高。

【小案例】

不同的回答

在上海某公司组织的一次面试中，面试官先后向两位毕业生提出了同样的问题："我们公司是全国数一数二的大公司，旗下有很多子公司，所有被录用的人员都要到基层锻炼，基层条件比较艰苦，请问你有没有思想准备？"

毕业生 A 说："吃苦对我来说不是问题。我从小在农村长大，父亲早逝，母亲年迈，我很乐意到基层锻炼，只有在基层摸爬滚打才能积累丰富的工作经验，为今后的发展打下基础。"

毕业生 B 回答："到基层锻炼，我认为很有必要，我会尽一切努力克服困难，好好工作。不过，作为年轻人，更希望有发展的机会，不知贵公司安排我们去基层锻炼的时间有多长？还有可能回来吗？"

哪一位毕业生被录取了呢？结果显而易见，毕业生 A 被录取，毕业生 B 被淘汰。

【点评】在面试的过程中，回答问题的技巧非常重要。某些回答看似合情合理，实则令面试官很反感。面试官并不在乎求职者回答的内容有多少，主要是为了考察求职者对问题本身的态度，进而了解求职者对职业的态度。显然，毕业生 A 对下基层的态度非常端正、诚恳，面试官很欣赏；毕业生 B 在思想上明显有顾虑，虽然是人之常情，但是在这种场合提出来很不合时宜。

现在，一些大学生在求职时把自己看得很高，一味追求优厚的待遇，计较企业能给自己什么待遇，每月工资少于多少钱不去，有些人还挑岗位和专业。其实，站在企业的角度考虑一下，企业用人，也就是人力资源管理，是有成本的。劳动力的价格由什么决定？由劳动力的价值决定。毕业生刚刚毕业，谈不上有什么工作实践、工作经历，即使有一点实习经历，也很有限，主要是在课堂上学到的知识。企业不知道求职者有什么本事、有多大能耐，自然不可能给太高的工资。

2. 知己知彼

求职者大多希望在面试时给面试官留下一个好印象，从而增加被录取的可能性。《孙子兵法》说："知己知彼，百战不殆。"面试就像一场试探性的战斗，战斗的双方是用人单位的面试官和参加面试的求职者。求职者应事先了解用人单位的基本情况，好好研究面试官和自己，这样才能在求职中争取主动权。可以说，"知己知彼"是求职者迈向成功的第一步。

（1）了解用人单位。求职者应在求职前了解用人单位的规模、声誉、发展潜力、人员构成、业务范围、硬件设施、工作性质、岗位培训、晋升机会、福利待遇等，并在此基础上制定相应的求职策略。

（2）研究面试官。首先，求职者要注意，面试官可能会从以下几个方面来考察、评价求职者。

① 求职者的衣着、外表、仪态和行为举止。

② 求职者的专业知识、口才和谈话技巧。

③ 面试官可能会通过面谈来了解求职者的性格和人际关系，并在谈话的过程中了解求职者的情绪状况和人格的成熟程度。

④ 面试官会在面试时观察求职者对工作的热情程度和责任心，了解求职者的人生理想、抱负和上进心。

其次，面对不同类型的面试官，求职者应预先制定相应的求职策略。面试官不同，注重的能力也不同。如果面试官是技术干部，就会更注重求职者的专业和处世能力；如果面试官是人事干部，就会更注重求职者的社会意识和处世能力；如果面试官是领导干部，就会更注重求职者的合作精神、办事能力和处理紧急事件的应变能力。在面试时，求职者要学会察言观色，注意面试官更注重哪些方面的能力，在对方感兴趣的方面充分表现自己。

（3）研究自己。研究自己包括以下几个方面。

① 了解自己的长处、兴趣、人生目标、就业倾向等。许多学校会为毕业生的就业求职开设一些辅导课程，帮助毕业生分析个人的专业和志向。毕业生可以充分利用这一渠道，为求职做好准备。

② 听取家人和有社会经验的亲友的意见、建议，合理修正个人的志愿。

③ 求职者在参加面试时，一定要抱着谨慎的态度，不浪费每一次机会，并把每一次面试都当作重要的经验，积累起来。

④ 了解并演练必要的面试礼仪，这样有助于放松紧张的心情，在面试时表现得更加轻松自如。

【小贴士】

招聘的招数

用人单位为了招聘合适的人才，会在招聘的过程中使用各种招数。下面这个故事就介绍了一种用人单位考验求职者意志和毅力的招数，能够吃苦受累的求职者经受住了考验，成为笑到最后的人。

某企业招聘推销员，来了许多求职者。该企业的人事经理刚和大家见面便说：“对不起，电梯坏了。”于是，一部分人不慌不忙地待在1楼，等人修理电梯，另一部分人则拾级而上。可是，该企业位于32楼，的确太难上去了，一些人半途而废，只有少数求职者从1楼上到32楼。结果，这些不怕累的求职者被该企业聘用。

二、求职的材料准备

1. 求职信

求职信是求职者为了寻求比较理想的工作或谋求比较合适的职业，而向有关单位或领导集中介绍自己的实际才能、专长，表达自己就业愿望的专业文书。写好求职信是求职者求职成功的第一步，也是求职者与用人单位接触、联系的纽带。要想写好求职信，需要注意以下几个方面。

（1）写全求职信的结构。求职信是专用书信，为突出其目的性，一般要写明标题“求职信”，在成文日期下靠左处要写清求职者的联系方式（如地址、电话、电子邮箱等），以便用人单位与求职者本人联系。

此外，为了更好地展示自己，求职者还可以将有关证明材料（如学历证书、荣誉证书、技能证书等资料）的复印件附于求职信的后面，并在求职信的正文之后或结尾部分写明附件说明，说明求职信的附件数量和名称等。

（2）写准求职信的称谓。求职者和用人单位的人事主管（经理）之间是一种特殊的人际关系，这种人际关系不是建立在血缘或情缘基础上的人际交往，而是建立在机缘关系、平等基础上的人际往来，并且双方大多是初次接触，所以求职信的称谓多用“尊敬的×××”，而不用“亲爱的×××”。

（3）写好求职信的内容。求职者必须围绕岗位的需要，充分展示自己的职业知识、职业能力、职业素养、工作经历等，这是求职信的核心内容。

① 职业知识。职业知识是指在社会实践中，人们完成职业任务所必须具备的知识，一般包括基础知识和专业知识。

② 职业能力。职业能力是指人们从事某一职业或专业所需要的能力，它直接影响着工作的质量和效率。因此，用人单位往往对求职者的职业能力最为关注。

③ 职业素养。职业素养是指职业内在的规范和要求，是人们在职业过程中表现出来的综合品质，包含职业道德、职业技能、职业行为、职业作风和职业意识等方面，具体体现为责任心、敬业精神、团队意识、职业操守等。求职者应在求职信中对自己的职业素养进行介绍。

④ 工作经历。工作经历是指求职者的所有工作历史，无论是有偿的还是无偿的，是全职的还是兼职的。之所以提供工作经历，是为了证明求职者的能力及其具备的职业经验，从而进一步提升求职者的价值。如果是应届毕业生，没有工作经历，那么可以适当介绍自己的专业实习或实训经历、经验。

在求职信的正文结尾部分，求职者可提醒用人单位回复消息，并且对用人单位给出更为肯定的确认，如“您给我一个机会，我会给您无数个惊喜”。在结束语后面，可以写上表示敬意的话，如“此致”“敬礼”。

【小贴士】

求职信

尊敬的××货运公司领导：

您好！感谢您在百忙之中阅读我的求职信！

我从贵公司网站发布的招聘启事中得知，贵公司要招聘 4 名报关员。我学习的专业对口，所以很想应聘这一岗位。我叫张××，是一名 2022 届的专科毕业生，将于今年 6 月底从××职业学院经贸管理专业毕业。回首 3 年的大学生活，勤奋与收获同在，充实与快乐并存。在过去的 3 年里，我的学习成绩一直在本专业中位列前十，并且在大一时顺利通过普通话二级甲等考试，大二时通过全国计算机二级考试，大三时通过英语四级考试，能熟练使用英语，同时已取得报关员和报检员资格证书。学习成绩和各种证书以附件中的复印件为证。

我性格开朗、乐观向上、自信稳重、勤奋务实、待人真诚。大一、大二时，我在系学生会担任办公室主任的职务，工作认真负责，积极主动。这段经历培养了我吃苦耐劳、在高强度工作环境中的抗高压能力。大二下学期，我发起成立了×××志愿者协会。组织活动的过程锻炼了我的组织协调能力、实际动手能力和迅速适应环境的能力，培养了我的团队协作精神。在学校，我与同学关系融洽；在各类社会实践活动中（如家教、企业产品的销售和推广等工作），我与同事建立了良好的人际关系。这些社会实践工作培养了我敏锐的洞察力、独立的思考判断能力和果断的行事作风，让我学会了为人处世之道。

最后，再次感谢您对我的关注。真诚地希望我能成为贵公司的一员，为贵单位的繁荣发展贡献自己的绵薄之力。期待您的回复，盼望在面试中相见。

祝贵公司事业蒸蒸日上！

附件：① 大学 3 年学习成绩单。

② 普通话二级甲等证书、英语四级证书、计算机二级证书、报关员和报检员资格证书复印件。

联系方式（×××）

张××

2022 年 3 月 18 日

【点评】这是一封规范而不失个性的求职信。它格式规范，通顺流畅，简洁质朴，语气真诚而委婉。其个性体现在以下 3 个方面。①信息量丰富，除必要的“软硬件”之外，还将大学 3 年里取得的成绩按照时间顺序列举出来，让人感觉这是一位勤奋学习、吃苦耐劳的好学生。②自我分析不卑不亢，有理有据，没有套话、空话，显得真实可信。③礼仪周全，表达贴切，有问候、有致谢、有祝愿，达到了以诚感人的效果。这种知道对方“要什么”、自己能“给什么”的求职信，无疑会获得用人单位的青睐。[②]

（4）写求职信的注意事项。求职者在写求职信时，最好选用署有毕业学校校名的信封、信纸，避免选用带有外单位名称的信封、信纸。字迹要清晰工整，如果能写一手漂亮的好字，那么手写求职信是很不错的选择，因为很多人相信“字如其人”。如果字写得不太好看，那么宜用打印件。篇幅要适中，不宜过长，1000 字左右较为合适。

求职信是求职者与用人单位的第一次沟通，文笔应该自然流畅，既不要过高评价自己，也不要过于谦虚。行文可带有鲜明的个人风格，这样容易给用人单位留下深刻的印象。

【小故事】

达•芬奇的求职信

2. 简历

简历是求职者经过分析整理，将自己与求职岗位紧密相关的信息清晰简要地表述出来的书面求职资料。求职者到用人单位后要做的第一件事情就是投递简历，因而简历成为用人单

② 赵玉柱. 写出好的求职信需“三思”[J]. 应用写作，2015（4）：29-31.

位了解求职者的最初载体。一份优秀的简历，往往可以从众多简历中脱颖而出，给用人单位的人力资源部门或人员（以下简称“HR”）留下深刻的印象，帮助求职者成功获得职位。

（1）形式赏心悦目。“赏心悦目”是简历在形式上的设计目标。在传统的表格式简历中，信息散落于表格各处，不宜让 HR 立即发现求职者的闪光点，并且线条过多，不够简洁明了。建议将传统表格中的线条去除，改散点式表格为模块式简历，这样信息更集中，HR 更容易找到关注点。去除表格后的简历更加简洁、新颖、大气，可以达到传统的表格式简历达不到的效果。

模块式简历，即根据简历的内容，将简历划分为若干块状结构进行信息描述。设计模块式简历，首先要考虑的是布局和框架。一份简历大致包括姓名、性别、年龄、籍贯、照片、联系方式、自我评价、求职意向、教育背景、个人技能和所获奖项、在校和社会工作经历或项目经历等内容。从逻辑关系的角度来看，简历中的姓名、性别、年龄、籍贯、照片、联系方式等一般可归入基本信息的范畴。弄清楚这种逻辑关系后，求职者就可以把基本信息和其他模块切割开，即将基本信息作为首部，将其他模块作为主体来设计。在设计时，求职者可以将基本信息置于简历的上部，或者分栏后放于简历的左边或右边，有时为了突出其他模块，也可将基本信息放在尾部。这种模块式结构，不但让简历在视觉上更加鲜明，重要信息更加突出，布局更加合理，而且减少了阅读障碍。

【小贴士】

加入个性化因素的简历

个性突出、特征鲜明的简历往往会散发出独有的光芒，从而吸引 HR 的目光。个性化简历可从以下几个方面来构思。

从用人单位的角度构思。求职者事先要对用人单位有所了解，设计新产品、企业标识、企业名称等企业识别元素，引起 HR 的好感和注意，如将简历设计成新产品说明书的形式来应聘某制药企业。

从求职岗位的角度构思。求职者可以根据岗位特征设计带有岗位元素的简历形式，如针对人力资源管理岗位，求职者可将简历设计成人才档案，内容可以是人才引进原因和人才的主要成绩等。

从专业的角度构思。求职者可以根据专业特征设计带有专业色彩的简历形式，如针对广告专业，求职者可将简历设计成一份精美的广告。不过，创新应有“度”，不可使形式淹没内容，过于花哨反而会带来负面效果。

（2）内容简洁明了。形式只是外表，简历的内容才是关键，求职者在描述简历内容时务必简洁明了。HR 每天可能会浏览上百份简历，一般没有时间把每一份简历都仔细看完，如果写得繁芜冗长、词不达意、空洞无物，反而会导致简历的亮点被忽视。下面分别介绍简历中各个模块的写法。

① 基本信息。基本信息主要包括姓名、性别、年龄、籍贯、照片、联系方式等。

照片：照片宜采用穿正装的证件照，给 HR 一种正式、严肃之感，不宜采用大头照或生活照。照片往往具有文字无法比拟的优势，在网上投递简历的求职者更要加以重视。

联系方式：一般可以依次注明手机号码和电子邮箱，邮箱不宜选择 QQ 邮箱，应选择比较正式的网易邮箱、新浪邮箱等。

② 自我评价。自我评价主要包括爱好、特长、性格、能力等，求职者要根据自己的专业

特点和求职岗位，有针对性地介绍。

③ 求职意向。求职意向应适当宽泛一些，采用岗位群的形式（核心岗位与相关岗位相结合）描述会比较好，特别是参加招聘会的大学毕业生，其简历更应如此。不过，如果求职者已确定岗位，那么求职意向应该明确一些。

④ 教育背景。教育背景一般包括最高学历、专业、毕业学校，对于所学课程，求职者可以只列出核心或特色专业课，公共课、基础课等可不列。

⑤ 个人技能和所获奖项。个人技能主要从语言能力、计算机应用能力、专业能力 3 个方面来介绍。语言能力包括中文、外语等，计算机应用能力包括各类计算机软件的使用技能等，专业能力包括与专业相关的各项能力或相关证书等。对于所获奖项，求职者应列举级别较高、分量较重的奖项，为了突出自己的能力，还可以在奖项后注明奖项级别、获奖名次或参赛人数等。

⑥ 在校和社会工作经历或项目经历。大学毕业生的经历一般包括在校工作经历、课外活动、义务工作、参加过的社团、勤工俭学、实习经历等，社会人员应强调社会工作经历或项目经历等。为了简洁一些，每一部分只要列出最重要、最具代表性的 3～4 条经历即可，数量不宜过多。

求职者在描述经历时，宜用动宾结构的分句，按照“由近到远”的顺序分条列举。求职者可按照 4W 法则（When、Where、What、How）或 STAR 法则（Situation、Task、Action、Result）来描述，即用一句话概括时间段、单位、担任的职位、做了什么、如何做的和结果如何，确保描述的清晰性、条理性和逻辑性，让人一目了然。其模式为“时间段+单位+职位+工作内容+能力的提高+评价或成绩”，如以下示例。

2017.6—2018.7：××自动化股份有限公司。技术人员。负责生产流水线的现场监控。适应能力更强，工作效率更高。实习成绩为优。

社会人员还要特别注意对项目经历的描述，其模式为“时间段+单位+项目名称+职位+工作内容+工作业绩”，如以下示例。

2017.7—2018.8：××单位。农业农村部农产品加工与贮藏重点实验室项目（北京）。研究助理。制定工作进度表，参与采样测定鸭梨果肉和种子经过不同处理的各种酶指标，初步判断“早采收、急降温”为防止黑心病的有效方案，创造性地提出“微波处理钝化酶活力”的方法，得到了教授和博士的认可。提高了办事能力、科研能力，增强了团队合作意识。

（3）注重细节。

① 求职者应仔细对照求职岗位的要求，突出自己的能力，增强简历的针对性、目的性。

② 求职者应多使用数字语言提高简历的含金量，在强调工作经历或与之相关的技能时，尽量将自己的经历具体化、数字化，增强简历的说服力。

③ 简历要精益求精，不断修改，确保没有语法错误、字词错误和标点错误等。

④ 简历的语体应使用事务语体，准确平实、简明扼要。

⑤ 简历要多用名词性短语和动宾结构的短语，少用修辞。

⑥ 简历要注意编辑排版，注意字体、字号、行距和颜色的搭配，做到疏密有致、主次分明。

⑦ 简历字体宜选择黑体，需要引起注意的地方可以加粗。在网上投递简历时，求职者应制作 PDF 文件，连同 Word 文件一起投递，以免因版本或字体不同造成格式上的改变，影响

阅读效果。

⑧ 简历要用 A4 纸制作，页数不宜过多。专科毕业生的简历一般以 1 页 A4 纸为宜，本科毕业生或社会人员的简历宜控制在 2 页 A4 纸之内。

【小贴士】

HR 筛选简历的过程

HR 筛选简历包括两个过程。首先是初选，这个过程很快，对于每一份简历，HR 只看几个关键词，10～20 秒就能看完一份简历，大概选出 20%的简历。然后是复选，对于每一份简历，HR 会看得比较仔细，主要是为了进一步了解每一位求职者，在简历中找出有针对性的面试问题，这个过程的淘汰率不会太高，基本上每一位求职者都能得到面试机会。

【课堂训练】

以小组为单位，现场快速设计一封求职信或一份简历，并互相点评。

三、面试的仪表礼仪

1. 妆容适度

求职者在面试时，妆容应简洁、大方、淡雅、自然，给人一种庄重感。对刚毕业的大学生而言，充满朝气的青春之美是任何化妆品都无法取代的。当然，也可以在此基础上适当进行一些修饰，增加美感。

女士的妆容要有“度”，宜化淡妆，追求一种雅致的感觉，妆容不要过分艳丽，化妆过度的效果会适得其反。例如，口红涂得太红，指甲油的颜色太刺眼，香水味刺鼻，都会让人反感。虽然女性求职者“浓妆艳抹”去面试不可取，但是“素面朝天”容易给面试官留下一种为人不拘小节甚至懒散的印象，也是不可取的。

男士要剃须，保证面部清爽。男女求职者都要注意保持手部卫生，尤其是女性求职者，不能留长指甲或染指甲。

2. 发式适宜

发式是仪表的重要方面。求职者应保持头发的清洁，并加以修饰，充分展示自己的生机和活力。

男士的头发，前面不可遮住眉毛，不可过于凌乱，应保证头发整洁、无头皮屑。发式要大方而有朝气，不可求新、求怪，更不能染发。

女士要保证头发柔顺，不毛躁，不凌乱，不染夸张的颜色，发式美观大方，不要太过新潮、前卫。如果有职业要求，那么最好将头发束起。

3. 服装得体

服装得体是指面试服装要简洁、大方、雅致。男士面试以西装、衬衫、皮鞋为主，可以穿一套深色的西装。西装颜色不要过于艳丽，以藏青、深蓝、深灰等冷色调为主，过于艳丽的颜色会给人轻浮之感，以做工精细、质量考究的套装为佳。女士面试以得体大方的职业套装和连衣裙为主，如果穿裙子，那么不可过短或过长，过短的裙子容易显得轻浮，过长的裙子容易显得邋遢，最好在膝盖上下。女士可以穿颜色较为鲜艳、款式较为时尚的服装，不过不能穿奇装异服，追求所谓的“前卫、新潮、另类”。

求职者的服装应与自己的个性相符。女性求职者若拥有一张“娃娃脸”，则应选择颜色沉稳的套装，给人一种稳重的感觉；若相貌老成，则应选择色调柔和的套装，显得充满活力，以免给人一种跟不上时代节奏的感觉。

此外，服装还要与面试的行业相适应。求职者在面试与艺术有关的行业时（如广告设计、室内装饰或化妆品等），服装应尽量时尚而富有创意，以凸显个性；面试企业文化比较传统保守的行业（如金融、保险、国际贸易、法律等），应该穿可以展示权威和能力的传统而保守的服装，西装和套装是面试这类行业的首选。

4. 配饰得当

配饰在人的整体装束中很重要，如果配饰用得好，就能像画龙点睛一样，让人更加潇洒飘逸；反之，则如画蛇添足，会破坏求职者的整体形象。领带在男性求职者的所有配饰中占重要地位，在选择领带颜色时，应考虑与西装颜色是否搭配，领带的质地、图案应与西装颜色，以及个人的身材、体型相协调。求职者还要注意对鞋袜的处理，如果是皮鞋，那么应擦得干净、光亮，鞋带要系好。女性的皮鞋款式要简单、大方，鞋跟高度以 3～5 厘米为佳，注意不要穿走路时会发出太大声音的鞋子。袜子颜色应与上衣颜色接近，不要过于鲜亮，一般以肉色为佳。在面试的时候，求职者可以多准备一双袜子，以防袜子被钩破的尴尬。

在一般情况下，除手表以外，求职者不应佩戴过多饰品，尤其是过于炫目、怪异的首饰。求职者的配饰既要衬托出自身的青春朝气，又不能过于浮华浅薄。

【课堂训练】

以小组为单位，创设情景，模拟练习面试时的仪容仪表装扮，并在小组之间互相点评。

四、面试过程中的礼仪

1. 提前到达

一方面，求职者在参加面试时应按照事先约定的时间、地点准时到达，最好留出一定的余地，至少提前 15 分钟到达，以表示自己的诚意，给用人单位以信任感，增加对用人单位的感性了解；同时，这有利于求职者做好充分的个人准备，简单修整仪容仪表，调整可能出现的紧张心态。如果求职者迟到了，那么很可能给用人单位留下不好的印象。尤其是比较有吸引力的用人单位，组织一次面试往往会安排很多人，求职者迟到几分钟，可能就会失去面试的机会。

另一方面，求职者要允许和原谅面试官迟到。如果面试官迟到了，那么无论出于什么原因，求职者都不能流露出不满情绪，要表现得大度、开朗、宽容，否则面试官对求职者的第一印象会大打折扣。尤其是当面试官出于某种目的而故意迟到时，求职者更应该警惕。

【小案例】

面试迟到

张杰第二天要去某公司面试秘书一职。他本打算今天早点休息，第二天早点过去面试。谁知晚上几个同学约他出去吃饭，吃完饭又一起去唱歌，很晚才回来睡觉。第二天早上，张杰没有被闹钟叫醒，等他醒来时，距离约定的面试时间已经不到 1 小时了。他慌慌张张地穿衣、洗漱，匆匆忙忙地赶往该公司。等他赶到的时候，已经迟到了将近 20 分钟。他急忙向面试官道歉，开始了自己的面试。

2. 耐心等待

在等待面试的过程中，求职者应注意以下几点。

（1）到了办公大楼，最好径直去用人单位，不要四处张望，甚至被保安盯上。

（2）在走进用人单位之前，把口香糖和香烟收起来。大多数面试官不喜欢求职者在办公场所嚼口香糖或吸烟，更何况公共场所是禁烟的。

（3）最好不要开手机，以免在面试时造成尴尬的局面，并且开着手机容易分散求职者的精力，影响面试成绩。

（4）求职者走进用人单位，若有前台，则应开门见山地说明来意，报上来访的目的、有无约定、被访者的名字和自己的名字，经指引后到指定区域入座；若无前台，则应向工作人员求助，要注意用语文明，开始的“你好”和得到指引后的“谢谢”是必须要说的，这体现了求职者的教养。

（5）求职者到达面试地点后，应在等候室耐心等候，并保持安静和正确的坐姿。一些用人单位为了尽快进入实质性面试阶段，准备了本单位的介绍材料，求职者应该仔细阅读，以了解单位情况。求职者也可以重温一些自带的试题，既不要来回走动，表现得浮躁不安，也不要与其他求职者聊天，他们可能是求职者未来的同事，甚至是决定求职者是否称职的人。这些谈话对周围的影响是求职者难以把握的，也许会导致求职者面试失败。还有一种行为更要坚决杜绝，那就是在等候室恰巧遇到朋友或熟人，旁若无人地大声说话或笑闹。

（6）若一些小企业没有等候室，则求职者应在面试办公室的门外等候。当办公室的门打开时，首先，求职者应有礼貌地说一声“打扰了”，然后向面试官表明自己是来面试的，绝对不可贸然闯入。如果工作人员告诉了求职者面试地点和时间，那么求职者应当对其表示感谢；不要驻足观看其他工作人员的工作，不要向其询问单位情况或索要材料，不要对单位加以品评，以免给人留下肤浅、嘴快的印象。

3. 礼貌入场

求职者进入面试场合要礼貌得体，不要紧张焦虑。如果没有人通知，那么即使前一个人已经面试结束，求职者也应该在门外耐心等待，不要擅自走进面试房间。

当自己的名字被喊到时，求职者可以先有力地回答一声“是”，再敲门进入。即使面试房间的门是虚掩着的，求职者也应该敲门。在敲门时，求职者要注意敲门声的大小和敲门的频率，正确的方法是用右手的手指关节（主要是食指和中指的手指关节）轻轻地敲 3 下，不可敲得太用劲，千万不要用巴掌拍门，以房间里面的人听得见的力度为准。听到里面的人说“请进”后，求职者应先回答“打扰了”，再进入房间。

求职者开门、关门要尽量轻一些，进门后不要随手将门关上，而应转过身正对着门，用手轻轻将门合上。回过身后，求职者应将上半身前倾 30 度左右向面试官鞠躬行礼，面带微笑地问候一声“你好”，彬彬有礼，大方得体，不要过于殷勤、拘谨或谦让。

等面试官示意坐下，求职者才可入座，并应道一声“谢谢”。如果有指定座位，那么求职者可以坐在指定座位上；若无指定座位，则求职者可以选择面试官对面的座位，这样方便与面试官面对面交谈。求职者在坐下后要保持良好的体态，正襟危坐，双手自然地放在膝盖上，千万不要大大咧咧、满不在乎。

求职者在入场后应与面试官打招呼，并正确称呼对方。如果面试官有职务，那么一般采用“姓氏+职务”的称呼形式，如“张部长”“刘经理”等；如果面试官职务较低，那么可以不采用职务称呼，而以“老师”相称；如果面试官的职务是副职，那么应按照“就高不就低”的习惯，略去“副”字，以正职相称。

4. 自我介绍

求职者自我介绍的根本目的，是让面试官对自己有一个初步、大概的了解，并且尽可能给面试官留下良好的印象，以便使面试深入进行下去，最终获得面试的成功。求职面试的自我介绍必须讲究技巧，成功的自我介绍往往能给面试官留下深刻的印象，求职也就成功了一半。在人们的思想观念中，往往存在一个误区，即认为最了解自己的人一定是自己，把介绍自己当成一件很容易的事。其实不然，“说人易，说己难”。在求职面试中，介绍自己恰恰是最难的部分。要想成功地进行自我介绍，求职者可以从以下几个方面着手。

（1）礼貌问候。在进行自我介绍之前，求职者首先要向面试主考官问好，这是起码的礼貌。例如，“××经理，您好，谢谢您给我这个机会，现在，我向您做一个简单的自我介绍……”自我介绍完毕，求职者应向面试主考官致谢，并且向在场的其他面试官致谢。

（2）主题鲜明。求职面试中的自我介绍一般包括以下基本要素，即姓名、年龄、籍贯、学历、学业情况、性格、特长、爱好、工作能力和工作经验等。在自我介绍时，不必面面俱到，而应主题鲜明、直截了当、切入正题，不拖泥带水，对材料的组织要合理，做到详略得当、重点突出。在一般情况下，求职者应按照用人单位的要求来组织材料，围绕中心说话。如果用人单位比较重视求职者的工作能力和工作经验，那么求职者应该对自己的工作能力和工作经验进行详细的叙述，整个自我介绍应该始终以它们为中心。

【小案例】

某工艺品总公司招聘业务员的一段对话

面试官：我司主要经营有地方特色或民族特色的工艺品，如北京的景泰蓝、景德镇的陶瓷和潮州的抽纱等。这次招聘的对象主要是能够开拓海内外业务的潮州抽纱业务员。现在，请你介绍一下自己的情况。

求职者：我叫××，今年 24 岁，是潮州市人，毕业于潮州商校市场营销专业。我一直在潮州生活，小时候经常帮妈妈和奶奶做抽纱工作，比较了解传统的抽纱工艺。在商校学习的 3 年中，我掌握了市场营销方面的专业知识，这是我做好业务工作的基础。我的口才比较好，曾参加省属中专学校的求职口才竞赛，获得了二等奖，并且具备一定的英语口语能力。我的优点是头脑灵活、反应快，平时喜欢看报纸，对国内外的经济发展动态很感兴趣，喜欢从事具有挑战性的工作。

求职者一般应从最高学历说起，只要面试官不问，就没有必要谈及小学、中学学历。求职者在介绍所学的专业、课程时，不必说明成绩；介绍求职的经历，不要漫无边际、东拉西扯，最好在 1～3 分钟内完成自我介绍，力求简洁、明快、干脆、有力。

（3）用事实说话。在面试时，有些求职者为了给面试官留下深刻的印象，往往喜欢对自己进行过度的包装，动辄就说“我的业务水平是很高的”“我的成绩是全年级最好的”。其实，这样反而会给面试官留下不好的印象。现在，很多用人单位往往更注重求职者的真本事。“事实胜于雄辩”，虽然面试的时间有限，不能完全展示出求职者的才能，但是求职者可以通过真实的事例来证明自己的能力，把自己的才华尽可能多地展示给面试官。

【小案例】

小刘的独到之处

某大学中文系学生小刘，在毕业后到某报社应聘记者一职。面对上百个新闻专业出身的求职者，小刘并没有什么优势。不过，小刘对此早有准备。在向面试官介绍自己时，他是这样说的："我叫刘××，山西人，毕业于××大学中文系。虽然我不是新闻专业出身，但是我对记者这个职业十分感兴趣。在大学期间，我是学校校报的记者。4 年间，我进行了多次较为重大的校内外采访，积累了一定的采访经验，加上我的中文功底，我相信自己可以胜任贵报社的记者工作。这是我在大学期间发表过的报道稿，请各位编辑领导批评指正。"

面试官们看了小刘的报道稿后，觉得他眼光独到、语言深刻，对他很满意。结果，小刘击败了众多竞争对手，收到了录用通知。

（4）留一条退路。求职面试中的自我介绍既要坦诚，又要有所保留；既要介绍自己的能力，又不能把自己说成面面俱到的高手，让自己进退维谷。在自我介绍时，求职者要尽可能客观地展示自己的实力，避免使用保证式或绝对式的语言，如"我非常熟悉这项业务，我保证让××部门改变面貌"等。这些话往往没有具体内容，反而会引起面试官的反感。如果遇到较为平和、内敛的面试官，也许不会为难求职者；如果遇到个性较强的面试官继续追问，那么求职者可能会因无法回答而张口结舌、尴尬万分。

5. 谈吐文雅

求职者在与面试官交谈的过程中，一定要重视自己的语言、语气、语调等，力求标准和礼貌。求职者回答问题要完整准确，不要东拉西扯；要讲普通话，不要说方言土语，少用虚词、感叹词等；注意说话连贯有序、一气呵成，不要吞吞吐吐，前言不搭后语。无论是自我介绍还是回答问题，都力求简明扼要，不要拖泥带水，不说废话，不多说话，不说重复的话，并且使用必要的谦辞敬语。

6. 学会倾听

倾听是求职者与面试官有效交流的前提，尤其是在回答面试官提出的问题时，只有专心致志地倾听，才能抓住问题的实质，同时无声地表达出对面试官的尊重。在倾听的过程中，求职者要做到以下几点。

（1）抓住重点。求职者应集中精力，认真倾听面试官的每一句话，抓住对方的内容重点。

（2）目光专注。求职者应有礼貌地注视面试官并与其进行眼神交流，既不要目光游离，也不要死盯着面试官。

（3）面带笑意。微笑是最好的表情，具有打动人心的力量，过于严肃的表情同样不适合面试场合。

（4）适当回应。求职者可以用点头、微笑等对面试官的话做出反应，并适时辅以"对""是的"等简短而肯定的话语。

（5）察言观色。求职者应根据面试官的目光、表情等体态语的变化，揣摩面试官对自己的态度，力争掌握主动权。

7. 应答技巧

应答往往是面试中的重头戏。求职者除了注意紧扣问题、重点突出、观点鲜明、论据充分、见解独到、分析透彻、论证有力、有的放矢、简洁回答、多用数据和事实说话等基本要求，还要特别注意以下禁忌：①滔滔不绝，即在面试官面前口若悬河、喋喋不休，让对方没有开口的机会；②打断对方，即不等面试官把话说完就插嘴抢答，害怕失去表现自己的机会；③贬低他人，即试图以贬低以前的上司、同事或其他人的方式来博得面试官的好感；④不懂装懂，即试图掩盖某些不懂的问题，往往欲盖弥彰；⑤随声附和，即一味讨好面试官，反而会失去独立的个性；⑥争强好胜，即当自己的意见与面试官不一致时，直接反驳面试官，说话不讲技巧。

【小贴士】

面试经典问题解答

【小贴士】

谈薪酬典型问题及其辅导

8. 举止得体

某医疗机构为了招聘护士长，组织了一次面试。一位求职者在笔试中是佼佼者，但在面试的过程中，她不仅拍桌子、脚不断地踢地板，还时不时地扭动身体。她认为自己很有希望，结果却落选了。她为什么会落选呢？因为她缺乏职业化的举止。一些求职者往往只注重衣着和话语，却忽略了胜过有声语言的形体语言。要想举止得体，求职者应注意以下几个方面。

（1）站姿。站姿给人的印象非常重要。然而，人们往往认为站姿无足轻重，因而忽略它的重要性。在站立时，身体应当挺直、舒展、收腹，眼睛平视前方，手臂自然下垂，这样的站姿可以给人端正、庄重、稳定、朝气蓬勃的感觉。如果在站立时歪头、扭腰、斜伸着腿，那么很容易给人留下轻浮、缺乏教养的印象。

（2）坐姿。进入面试房间之后，求职者在面试官示意坐下时才可入座。若有指定座位，则求职者应坐在指定座位上，如果觉得座位不舒服或光线正好直射眼睛，那么可以对面试官说："有较强的光线直接照射我的眼睛，我感觉不太舒服，如果面试官不介意，我能否换个座位？"若无指定座位，则求职者可以选择面试官对面的座位，这样方便与面试官面对面交谈。

面试时的坐姿不要贪图舒服，一些人养成了瘫坐的习惯，在无意中就会表现出来。正确的坐姿是从入座开始的，入座的动作要轻而缓，不要随意拖拉椅子，身体不要前后左右晃动，背部要与椅背平行，沉着安静地坐下。在入座后，上身要保持直立状态，既不前倾，也不后仰，双手自然下垂，肩部放松，五指并拢。男女的坐姿有一定的区别，男士可以双腿微分，这样可以给人自信、豁达的感觉，双手可以随意放置；女士一般要并拢双膝，或者小腿交叉端坐，这样可以给人端庄、矜持的感觉，双手一般要放在膝盖上。

【小贴士】

面试中应该避免的坐法

拖拉椅子，发出很大的声音；一屁股坐在椅子上；耷拉着肩膀，含胸驼背，给人萎靡不振的感觉；半躺半坐，男士跷着二郎腿，女士的双膝分开、叉开腿等，给人放肆和缺乏教养的感觉；腿脚自觉或不自觉地颤动、晃动。

（3）走姿。走姿是在站姿的基础上展示人体动态美的绝佳方式。在求职面试中，展现走姿主要是指求职者从进入面试房间到入座或站定，以及面试结束后离开房间的两个过程。求职者应注意，在进入面试房间前要先轻轻敲门，听见“请进”后，再轻轻推开门，并主动向房间内的人打招呼，神态自然、步履稳健、面带微笑地走进房间。在面试结束后，无论求职者对面试结果的预感是怎样的，步履都应该自信从容，在走到门口时轻轻地把门带一下，切记既不能失去常态，慌慌张张地快步走出房间，也不能漫不经心、一步三晃地出去，这样可能会让面试官对求职者失去好感。

面试时最重要的是自信。求职者的自信可以通过走姿表现出来。自信的走姿应该是身体重心稍微前倾，挺胸收腹，上身保持正直，双手自然地前后摆动，脚步轻而稳，两眼平视前方，步伐稳健，步履自然，有节奏感。

（4）手势。求职者在运用手势时要注意紧密配合有声语言，做到协调一致，否则容易给人胆小拘谨之感。手势要大方自然，幅度适中。手势过大，会让人觉得性格不稳重，无节制地挥手或无规律地乱摆容易让人觉得说话者轻浮、狂妄；手势过小，会显得呆板，缺少风度。

一些下意识的举动（如揉眼睛、玩手指、拉耳朵、扯衣服、挠头发、双手交叉在胸前、无意识地抖腿等），往往反映出求职者内心的不安、慌张、窘迫，不仅会分散求职者的注意力，还会给面试官留下不好的印象。求职者一定要在面试中杜绝上述举动。

【小案例】

手插裤兜，帅小伙与名校失之交臂

沈阳某师范大学的小军英俊帅气，并且口才很好，有较强的人际沟通能力。

小军的心气很高，他准备去南方的高薪私立学校应聘，于是向广州某私立高中学校毛遂自荐。该学校领导很重视这位从东北过来的求职者，5 位校领导亲自参与面试。在面试中，无论是知识结构还是语言表达能力，小军都很出色。唯一让 5 位校领导都觉得不舒服的是，小军在站着时喜欢双手插在裤兜里，或者大拇指插在裤兜里，其余 4 个手指放在外面。

手插裤兜，既会给人傲慢、自负的感觉，也会让人觉得这样的人难以服从领导。小军千里迢迢赶到了广州，却因为手势不当，没有得到想要的工作，实在遗憾。

（5）眼神。在求职面试中，求职者要敢于、善于与面试官进行眼神接触。这既是一种礼貌，也有助于维持联系，令谈话在适当的眼神接触中持续下去。在一般情况下，眼神接触的范围应该是双眼与嘴部之间的三角形区域，这样既能保持眼神接触，又能避免因直盯着对方而引起对方的不快。正确运用眼神，目视对方，体现了求职者的礼貌，说明求职者对话题感兴趣且不惧挑战。有一些求职者习惯于低着头看地板，几乎不看面试官，或者左顾右盼，还有一些求职者喜欢窥探面试官的桌子、稿纸或笔记本。这些行为会传递出求职者性格不稳重、不诚实、怯懦、缺乏自信心等信息，非常不利于面试成功。

此外，求职者在面试时还要注意微笑，这样既能显得亲切自然，又是充满自信心的一种表现。

【小案例】

不看面试官，高才生失去在大银行工作的机会

辽宁某大学的小强面试大银行的某个职位，参与面试的有 1 位行长、2 位副行长和人事部主任。小强在面试中亮出了许多获奖证书，如美文大赛一等奖、三好学生、优秀学生干部等。小强又高又帅，口才也比较好。可是，他没有看着面试官说话。在面试现场，他的眼睛时而向下看，时而向上看，时而左右看，就是不看面试官。

通常情况下，在面试时喜欢向下看、看地面的人有自卑心理，喜欢向上看、看房顶的人有傲慢的缺点，喜欢左右看的人容易给人焦虑和惶恐的感觉。

银行行长很惋惜地对小强说："你很优秀，可是你一直不看我，我以为你不喜欢我。我希望你以后无论和谁说话，都要看着对方的眼睛。"

太可惜了，高才生就这样失去了在大银行工作的机会。

在面试时，求职者一定要看着面试官的眼睛说话。如果有很多面试官，那么求职者应微笑着与每一个面试官对视 3 秒，这样会给人自信和稳定的感觉。

总之，求职者应通过无声的、职业化的举止，向面试官表明自己是最适合的人选。

【小贴士】

网络视频面试礼仪

网络视频面试是求职面试的常用方式之一，可以为外地求职者提供更为便捷的信息平台，让用人单位和外地求职者以比较低廉的成本、比较快捷的方式实现实时沟通。

与传统面试相比，在网络视频面试中，求职者与面试官之间主要是一种平等的交流，没有面试官高高在上的压力感。因此，网络视频面试相对比较轻松。要想从众多的竞争对手中脱颖而出，求职者应掌握网络视频面试的相关技巧。

① 调整摄像头。这有助于把求职者最具风采的一面展示给面试官。求职者在使用相关设备的过程中，注意不要把麦克风对着音箱，那样会产生杂音；不要让强光直接对着摄像头，应该使用柔和明亮的灯光，以便让求职者的面容呈现出更好的效果。

② 服饰。服饰应尽量干净整洁、朴素大方，符合大学毕业生的身份，这是给面试官留下好印象的开始。

③ 谈吐。求职者应口齿清晰，逻辑思维有条理。另外，由于网络可能不稳定，偶尔会出现听不清楚或视频突然中断的情况。这时，求职者应非常有礼貌地解释清楚，并且请面试官复述一次。面试官会通过这些小意外来判断求职者的应变能力。

④ 细节。面试官可能会通过言行举止来判断求职者的个人素质。即使面试官很年轻，非常幽默、健谈，求职者也不能放松警惕，不要将整个身体靠在椅子上，不要摇头晃脑，面试官很擅长捕捉这些小动作。另外，求职者可以准备一份履历表，用来提示自己各项成绩或经历的细节。

⑤ 个人介绍。个人介绍要突出重点、有的放矢，用事实说话，多用动词（如参加、组织、从事、担任等），少用副词或形容词（如很、非常、丰富等）。网络视频面试的时间有严格规定，求职者要注意语言精练，把握好自我介绍的时间。如果求职者有别具一格的才艺，那么可以通过视频形式进行简单的展示，以引起面试官的兴趣。

⑥ 微笑。不要吝啬自己的微笑，微笑是职场制胜的法宝，它能将怀疑变为信任，将疏远

变为亲近。不过，求职者要注意，该笑则笑，不能哈哈大笑。

⑦ 投其所好。面试成功的秘诀在于让面试官满意，面试官喜欢什么，求职者就展示什么，用人单位需要什么，求职者就提供什么。这也是用人单位决定是否录用求职者的重要因素。

9. 面试后的礼仪

在求职面试时，一些求职者只留意面试过程中的礼仪，而忽略了面试后的礼仪。事实上，用人单位决定录用人选的过程相当复杂。如果求职者在面试后注意跟进，那么完全有可能改写面试结果。为此，求职者要注意以下几点。

（1）及时总结。在面试结束后，求职者应该仔细记录整个面试经过。面试成功与否并不是最重要的，最重要的是从面试中总结经验、吸取教训，这样下一次面试才会表现得更好。

（2）调整情绪。在一般情况下，一位求职者会同时向几家用人单位求职。当第一次面试结束后，求职者要及时调整自己的情绪，全身心投入第二家用人单位的面试。在接到录用通知之前的时间内，面试结果始终是一个未知数，求职者不应该放弃其他机会。

（3）耐心等待。从面试结束到最终确定录用人选，这个阶段可能需要三五天的时间。求职者在这段时间内一定要耐心等待消息，不要过早打听面试结果。

（4）主动联系。如果过了一两个星期或已经过了用人单位承诺的答复期，那么求职者应该主动与用人单位联系，询问录用结果。也许用人单位难以取舍，求职者的主动联系会让自己获得被录用的主动权。另外，主动联系还可以有效避免用人单位没有通知到或忘了通知的情形。

（5）做好再冲刺的准备。求职面试的过程是很艰辛的，不可能人人都快速获得成功的机会，每一个求职者都要坚信“道路是曲折的，前途是光明的”。困难是暂时的，关键是找出失败的原因和差距，并积极准备下一次面试。

【课堂训练】

以小组为单位，创设情景，模拟练习求职面试的礼仪，注意相关细节。

课后练习

1. 案例分析。

成功的开业典礼

2022 年 5 月 8 日是××大酒店隆重开业的日子，整个酒店沉浸在喜庆的气氛之中。当天上午 11:00 左右，应邀前来参加开业典礼的有关领导、各界友人、新闻记者陆续到齐。剪彩进行之际，天空突然下起了大雨，典礼只好移至大厅内。仪式在音乐声和雨声中隆重举行，整个大厅内灯光齐亮，使典礼别具一番特色。

仪式完毕，雨仍在下着，厅内还有避雨的行人，短时间内无法离去。于是，酒店经理当众宣布：“今天能聚集到敝店的都是我们的嘉宾，这是天意，希望大家能与敝店共享今天的喜庆。我代表敝店真诚邀请诸位到餐厅共进午餐，当然，一切免费。”霎时间，大厅内响起雷鸣般的掌声。

虽然额外支出了一笔午餐费，但是该酒店的名字在新闻媒体和众多顾客的宣传下迅速传播开来。后来，该酒店的生意格外红火。

【思考与讨论】

在上述案例中，××大酒店开业成功的原因是什么？

狼狈不堪的签约仪式

××××年1月，宏达公司与美国戴维斯公司经过多轮磋商，达成了合作意向，双方决定于××××年1月16日上午10:00在嘉元宾馆举办正式的签约仪式。签约仪式的准备工作由宏达公司总经理秘书王芳负责。由于最近工作比较忙，因此王芳在准备签约仪式的时候比较紧张。当天，她提前半小时到达签约现场，突然发现合同文本忘在办公室了。她赶快请办公室文员小李拿上合同，从后勤处借了一辆车火速赶往签约现场。幸好当天交通状况比较好，没有堵车，合同在签约仪式开始前5分钟送到了，王芳悬着的心终于落下来了。可是，就在主持人宣布签约仪式开始时，王芳发现她忘记安排助签人了，只能自己临时上阵担任助签人。但她的着装与签约仪式的气氛不太协调，导致场面有些尴尬。

【思考与讨论】

（1）举行签约仪式应做好哪些准备？

（2）签约仪式对助签人有何要求？

没有效率的会议

某商贸集团公司总经理告知秘书小周，1月18日下午2:00在一楼会议室召开各部门经理会议，讨论下个月的工作安排，协调各部门的工作。小周立即打开邮件发送窗口，在窗口中编辑会议通知，内容如下："各部门经理：兹订于1月18日下午2:00在一楼会议室召开各部门经理会议，请务必准时出席。"发送完毕，为确保通知到位，小周又打电话通知各部门经理，告知开会的时间和地点，具体情况请他们查阅邮件。

会议开始后，总经理要求各部门经理汇报本部门下个月的工作安排。各部门经理因为事先不清楚会议议题，所以没有做准备。总经理非常恼火，责备秘书小周为什么在发送通知时没有写上会议内容，并指责各部门经理安排工作没有超前意识。

1小时的会议只是泛泛而谈。最终，会议在沉闷的气氛中结束。

【思考与讨论】

（1）在上述案例中，是什么原因影响了会议的效率？

（2）为确保会议成功、高效，应该提前做好哪些准备工作？

嘉宾们即将到来

五湖四海公司的新产品发布会即将开始。总经理秘书小叶正站在会议大厅的入口处，她一边进行着最后的检查，一边等待着嘉宾的到来。在检查主席台上放置的名签时，小叶发现了问题。一位嘉宾因故不能前来，其名签却没有被撤掉，另一位嘉宾刚才打电话说要来参加新产品发布会，却没有准备该嘉宾的名签。这时，她的手机响了，原来是接电视台记者的汽车在路上抛锚，重新派车已经来不及了。同时，会议秘书组的人员来报，宣传材料不够。此时，嘉宾已经陆续到来。

【思考与讨论】

（1）如何有条不紊地做好各项会务工作？

（2）本案例对你有哪些启示？

尴尬的宴会

D城市某公司接待了一位外商。这位外商是美国人，他来这座城市进行投资考察。考察进行得比较顺利，双方达成了初步的合作意向。某一天，接待方设宴款待这位外商。宴会的菜肴很丰盛，主客双方交谈得也比较愉快。这时，服务员端上来了一道特色菜。为了表示接待方的热情，一位接待方的领导为这位外商夹了一筷子菜，并放到了对方的碟子里。这位外商当即露出了不悦的神色，不再继续用餐，双方都很尴尬。

【思考与讨论】

（1）在上述案例中，这位外商为什么露出不悦的神色？

（2）接待方应该怎样表示热情？

南茜的安排

南茜在一家著名跨国公司的北京总部担任总经理秘书。某一天中午，她要随总经理和市场总监参加一个工作午餐会，主要研究未来一年市场推广工作的计划。这不是一个特别正式的会议，主要是利用午餐时间彼此沟通一下。南茜知道公司在晚上要正式宴请国内最大的客户张总裁一行人，答谢他们一年来给予的支持，她已经提前安排了酒店和菜单。午餐是自助餐的形式，和总经理一起吃饭，南茜可不想出错。在安排食物时，她特意选择了一些一口就能吃下去的食物，放弃了自己平时喜爱的大虾等需要用手帮忙才能吃掉的美食。她知道自己随时需要记录总经理的指示，没有时间补妆，而总经理是法国人，十分讲究。

下午回到办公室后，南茜再次落实了酒店的宴会厅和菜单，为晚上的正式宴会做准备。南茜算了算，宾主双方共有 8 人，便安排了桌卡。因为是熟人，并且只有几个客户，所以没有送请柬。她还是不放心，于是打电话给对方的公关部李经理，详细说明了晚宴的地点和时间，并认真询问了张总裁的饮食习惯。李经理告诉南茜，张总裁是山西人，不太喜欢吃海鲜，非常爱吃面食。南茜听后，给酒店打电话，重新调整了晚宴的菜单。

南茜决定提前半小时到酒店，看一看晚宴的安排情况，并在现场做一些准备工作。到了酒店后，南茜找到领班经理，再次说明重点事项，和他共同检查了宴会的准备工作。宴会厅分内外两间，外间是会客厅，是主人接待客人小坐的地方，已经准备了鲜花和茶点；里间是宴会的房间，在中式宴会的圆桌上已经摆放了各种餐具。

南茜知道对着门口的桌子上方的位子是主人位，不过为慎重起见，她还是征求了领班经理的意见。南茜先从带来的桌卡中挑出写有总经理名字的桌卡，放在主人位上，再将张总裁的桌卡放在主人位的右边。想到客户公司的“二把手”也很重要，南茜将他的桌卡放在主人位的左边。接下来，南茜将市场总监的桌卡放在桌子的下首正位上，并将客户公司两位业务主管的桌卡分别放在市场总监的左右两边。为了便于沟通，南茜将自己的位置与对方公关部李经理的位置安排在同一个方向。

晚宴的一切准备工作都已经就绪。南茜看了看时间，距离晚宴开始还有 15 分钟，她来到酒店的大堂内等候。过了 5 分钟，南茜看到总经理一行人到了酒店门口。在送他们到宴会厅的途中，南茜简单地汇报了晚宴安排。随即，南茜返回酒店大堂，等待张总裁一行人。几乎分秒不差，客户们准时到达。

晚宴按照南茜的精心安排顺利进行，宾主双方笑逐颜开，客户不断夸奖菜的味道不错，正合他们的胃口。这时，领班经理带领服务员像表演节目一样端上了山西刀削面。客户看到后立即哈哈大笑起来，高兴地说道：“你们的工作做得真细致！”南茜的总经理也很高兴地说，这是南茜的功劳。

看到宾主都很满意，南茜心里暗自总结经验：“下午根据客户的口味调整菜单，去掉了鲍鱼等名贵菜肴，不仅省钱，还获得了客户的好感。”

【思考与讨论】

（1）南茜对宴会的准备和安排有哪些成功之处？

（2）本案例有哪些成功经验值得你学习？

面试是从什么时候开始的？

以下是某公司的人力资源经理对求职者的忠告。

面试从求职者接到电话通知的那一刻就已经开始了。也许是等待就业的心情比较迫切，我在通知有资格参加面试的求职者时，从电话另一头听到的通常是一些浮躁的声音。下面是我和求职者的一些对话，供大家参考。

“喂！”

“喂，您好，请问是×××吗？”

“你是谁啊？”（这时，我的心里已经不高兴了，不过不会表露出来。）

“我是××公司的人力资源经理，请问您应聘了我们公司吗？”

“哪个公司？”（肯定是广撒网了。）

“我们把您的面试时间安排在了×××，地点在×××。”

“我记一下，你们是什么公司？”（我的天……）

在这种情况下，我会把我的看法写在该求职者的简历上，供面试官参考。

【思考与讨论】

（1）你认为应该怎样接通知自己参加面试的电话？

（2）你认为面试是从什么时候开始的？为什么？

诚实有助于应聘成功

某大公司招聘总经理助理，由总经理亲自面试。求职者小张来到总经理办公室，总经理一见到小张就说：“咱们好像在一次研讨会上见过，我还读过你发表的文章，很赞赏你提出的关于拓展市场的观点。”小张一愣，知道总经理认错人了，转念一想，既然总经理对那个人那么有好感，不如将错就错，对自己肯定有好处。于是，小张接着总经理的话说：“对，对。我对那次研讨会也记忆犹新，我提出的观点能对贵公司有帮助，我感到很高兴。”

第二个来应聘的求职者是小高，总经理对他说了同样的话。小高想：“真是天助我也，他认错人了。”于是小高说：“我对您也非常敬佩，您在那次研讨会上是最受大家关注的人。”

第三个来应聘的求职者是小孙，总经理又说了同样的话。但是小孙一听就站起来说：“总经理先生，对不起，您认错人了。我从来没有参加过那样的研讨会，也没有提出过拓展市场的观点。”总经理一听就笑了，说：“小伙子，请坐下。我要招聘的就是像你这样诚实的人，你被录用了。”

【思考与讨论】

（1）小孙为什么会应聘成功？

（2）求职者为什么需要遵循“做人要诚实”的基本原则？

2. 五湖四海商贸公司准备召开客户联欢会，你准备怎样开好这次客户联欢会？

3. 某职业技术学院为推荐毕业生就业，专门邀请了 10 家企业的领导进行会谈。请模拟演示会谈程序，并且安排企业领导与师生合影。

4. 在班级内举办一次企业标识展览会，5～6 名学生为一组，分组准备。经过一周的准备后，分组展示，每一组各有一块展板，安排一名学生进行讲解。

5. 你所在的单位要举办 10 周年庆典活动。如果负责人把庆典活动的组织工作交给你，那么你该如何来做呢？

6. 某班级刚刚组建班委会，准备召开“发布会”。在发布会上，班委会将发布“工作手册”，并接受班级同学的提问。请进行发布会演练，如果有条件，那么还可以对发布会录像，发布会结束后在班级里播放，由同学进行评价。

7. 博大公司拟举办回馈新老客户的茶话会，时间定在周六上午 9:00，地点定在 D 宾馆的 999 厅。假设你是该茶话会的负责人，请进行相关工作的安排。

8. 中国五湖四海饮料公司将迎来一批来自美国华尔集团的商务考察团，五湖四海饮料公司准备向华尔集团订购两套先进的罐装流水线设备。在这次考察活动中，需要开展谈判、签订合同、举行签字仪式。请模拟演练签字仪式。

9. 某车展即将开幕，邀请了许多知名宾客（以演员、歌手为主，可以让一些同学来扮演）进行参观。你作为车展的解说员，将为这些知名宾客解说。你会如何开展工作呢？

10. 五湖实业公司总经理让其助理郑小姐安排一次中餐接待宴会，宴请公司的重要合作伙伴四海公司王总经理一行 5 人。郑小姐应该怎样安排这次宴请呢？

11. 如果你是一位宴请者，那么根据本地的风俗习惯，你需要在宴会前后注意哪些礼仪规范？请列表详细说明。

12. 请你的好朋友协助，指正你进餐的姿势、动作。

13. 准备几份饭店菜单，让学生分组进行点菜、配菜练习，并由老师和学生一起对色、香、味、营养、价格等方面进行评价，评出班级中的“点菜营养师”。

14. 在某个重要节日或纪念日，酌情组织一次宴会，让学生学习和掌握宴会礼仪。活动参考主题包括毕业聚餐、到新岗位后宴请新同事、公司在年终慰劳员工。

15. 在方便的时候，约几个好友一起去西餐厅用餐，感受环境氛围，品尝美味佳肴，观察他人的用餐习惯，寻找不符合西餐用餐礼仪的地方，并进行总结。

16. 如果用人单位通知你明天来面试，那么你需要做哪些准备？

17. 针对两家用人单位的招聘广告，给自己写两份侧重点不同的简历。

18. 关于面试的基本程序你都清楚了吗？请找一个机会，把面试过程中的礼仪悉数演习一遍。

19. 假设你是一位即将到某酒店应聘大堂经理的大学毕业生，请设计一段简短的自我介绍。

20. 请结合个人的实际情况回答下列面试问题。

（1）你为什么应聘本公司？

（2）你如何评价自己的大学生活？

（3）哪一位老师对你的影响最大？

（4）你最崇拜谁？

（5）你的座右铭是什么？

（6）在与上级意见不一致时，你会怎么办？

（7）你对工资有什么期望？

（8）恐怕我们不能录用你，你对此有什么想法？

实践课堂

实践课堂一　模拟商界洽谈会

A 公司和 B 公司即将签订合同，双方商定在 A 公司协商合同内容。假设你是东道主 A 公司的员工，请你组织一场主座洽谈的洽谈会（桌子横放）。

1. 请同学们自行分组（每组不超过 10 人），并如实填写分组信息。

（1）小组人数＿＿＿＿＿＿＿＿＿＿＿＿＿＿＿＿＿＿＿＿＿＿＿＿＿＿＿＿＿＿＿＿＿。

（2）小组组长＿＿＿＿＿＿＿＿＿＿＿＿＿＿＿＿＿＿＿＿＿＿＿＿＿＿＿＿＿＿＿＿＿。

（3）小组成员＿＿＿＿＿＿＿＿＿＿＿＿＿＿＿＿＿＿＿＿＿＿＿＿＿＿＿＿＿＿＿＿＿。

2. 每个小组确定人员的分工和在会议中扮演的角色，包括主方、客方、主要谈判人员、第二谈判人员、工作人员等。

＿＿＿＿＿＿＿＿＿＿＿＿＿＿＿＿＿＿＿＿＿＿＿＿＿＿＿＿＿＿＿＿＿＿＿＿＿＿。

＿＿＿＿＿＿＿＿＿＿＿＿＿＿＿＿＿＿＿＿＿＿＿＿＿＿＿＿＿＿＿＿＿＿＿＿＿＿。

＿＿＿＿＿＿＿＿＿＿＿＿＿＿＿＿＿＿＿＿＿＿＿＿＿＿＿＿＿＿＿＿＿＿＿＿＿＿。

3. 每个小组根据具体分工，进行相应活动的展示。

4. 在会议结束后，各小组之间先按照如表 6-12 所示的会议礼仪评分表互相评价打分，再由老师评价打分。

表 6-12　会议礼仪评分表

序号	评分标准	分值	得分	备注
1	会前准备，收集双方的主要谈判信息、法人基本信息、公司诚信情况、对手基本情况等	25		
2	合理安排洽谈地点	25		
3	座次安排合理，按照职位高低摆放座牌	25		
4	介绍得体，在洽谈的过程中用语得当、交谈文明、表情自然	25		
最终得分：				

实践课堂二　模拟求职面试

某室内装饰设计公司需要招聘会计专业员工和设计专业员工。经过对求职面试礼仪相关知识的学习，请以小组为单位，模拟练习求职面试礼仪。

1. 请同学们自行分组（每组不超过 10 人），并如实填写分组信息。

（1）小组人数＿＿＿＿＿＿＿＿＿＿＿＿＿＿＿＿＿＿＿＿＿＿＿＿＿＿＿＿＿＿＿＿＿。

（2）小组组长＿＿＿＿＿＿＿＿＿＿＿＿＿＿＿＿＿＿＿＿＿＿＿＿＿＿＿＿＿＿＿＿＿。

（3）小组成员＿＿＿＿＿＿＿＿＿＿＿＿＿＿＿＿＿＿＿＿＿＿＿＿＿＿＿＿＿＿＿＿＿。

2. 每个小组自行选择一项面试内容，进行现场模拟展示。

3. 每个小组确定人员的分工和在面试的过程中扮演的角色，包括求职者、面试官、工作人员等。

＿＿＿＿＿＿＿＿＿＿＿＿＿＿＿＿＿＿＿＿＿＿＿＿＿＿＿＿＿＿＿＿＿＿＿＿＿＿。

＿＿＿＿＿＿＿＿＿＿＿＿＿＿＿＿＿＿＿＿＿＿＿＿＿＿＿＿＿＿＿＿＿＿＿＿＿＿。

＿＿＿＿＿＿＿＿＿＿＿＿＿＿＿＿＿＿＿＿＿＿＿＿＿＿＿＿＿＿＿＿＿＿＿＿＿＿。

4. 每个小组根据具体分工，进行相应活动的展示。

5. 在面试结束后，各小组之间先按照如表 6-13 所示的面试礼仪评分表互相评价打分，再由老师评价打分。

表 6-13　面试礼仪评分表

序号	评分标准	分值	得分	备注
1	礼貌入场：敲门、关门、入座、坐姿、问候等符合规范	20		
2	自我介绍：主题鲜明、突出优势	20		
3	仪容仪表：服饰得体、妆容整洁、干净干练	20		
4	应答技巧：紧扣问题、重点突出、观点鲜明、论据充分、见解独到、分析透彻、论证有力、有的放矢、简洁回答、多用数据和事实说话	20		
5	举止得体：站姿、坐姿、走姿、手势得体	20		
最终得分：				

第七章　跨文化礼仪

入境而问禁，入国而问俗，入门而问讳。

——《礼记·曲礼上》

企业管理过去是沟通，现在是沟通，未来还是沟通。

——[日]松下幸之助

学习目标

了解文化的含义及其构成；掌握跨文化与跨文化沟通的含义。

了解跨文化沟通的主要障碍；掌握克服跨文化沟通障碍的方法。

了解不同国家的行为习惯、思维方式和做事方式等，争取与不同国家的人自如沟通。

案例导入

电影《刮痧》演绎的文化冲突

故事发生在美国中部密西西比河畔的城市圣路易斯。许大同来美 8 年，事业有成，家庭幸福。在年度行业颁奖大会上，他激动地告诉大家："我爱美国，我的美国梦终于实现了！"但是，不久后发生的一次意外让许大同如梦初醒。

许大同 5 岁的儿子丹尼斯闹肚子发烧，爷爷看不懂药品上的英文说明，便用中国民间流传的刮痧疗法给丹尼斯治病。这成为丹尼斯发生一次意外事故后许大同虐待孩子的证据。

法庭上，一个个意想不到的证人和一份份证词，让许大同百口莫辩。以解剖学为基础的西医理论无法解释口耳相传的经验中医学。面对控方律师对中国传统文化和道德规范的"全新解释"，许大同失去了冷静和理智。法官当庭宣布剥夺许大同的监护权，不准他与儿子见面。

恼怒的许大同与朋友昆兰之间产生了误解、冲突。为了让儿子能够留在家里得到妻子的照顾，许大同搬出了家。许大同的父亲也决定回国，为了让老人在临行前见孙子一面，许大同从儿童监护所"偷"出丹尼斯，赶到机场送别。受到通缉的许大同带着儿子逃逸，和大动干戈、围追堵截的警察兜圈子，玩了一场追车游戏，"从容"地在逃亡中享受父子团聚的片刻快乐。

父子分离，夫妻分居，朋友决裂，工作丢失……接连不断的灾难噩梦般降临，一个原本美好、幸福的家庭转眼间变得支离破碎。许大同努力多年，自以为已经实现了"美国梦"，却被这场从天而降的官司彻底粉碎。在贫民区的破旧公寓里，偷偷相聚的许大同夫妇借酒消愁，抱头痛哭。

圣诞之夜，许大同思家团圆、盼子心切，只能铤而走险，装扮成“圣诞老人”，从公寓大厦楼外的水管向自己家的窗户悄悄爬去，结果引得警车呼啸而至……

问题：导致许大同沟通失败的主要原因是什么？什么是跨文化沟通？

随着世界经济的全球化，我们必然面临跨文化沟通的问题。无论是在进入中国国内市场的外资企业内，还是在寻求市场多元化、开拓国际市场的跨国企业内，各级人员都必须掌握跨文化沟通的技能。虽然地球已经变成一个“村落”，加之现代通信技术和交通的快速发展，“村民”之间的交往变得越来越容易，但是沟通障碍和冲突仍然时有发生。原因很简单，在全球范围内，信息和技术可以共享，文化却各不相同。各民族的文化迥异，家庭、习俗、思维、价值观等也存在差异，在沟通时难免产生困难和误解。因此，学习跨文化沟通技巧，对于不断走向国际化的中国人来说，显得异常重要和迫切。

第一节　文化与跨文化沟通

一、文化的含义及其构成

1. 文化的含义

“文化”一词，在德文中为 Kultur，在英文中为 Culture，它们都源于拉丁文 Cultura，意为“耕作、培养、教育、发展、尊重”。在 18 世纪以后，其含义逐步演化为“个人素养，整个社会的知识、思想方面的素养，艺术、学术作品的汇集”，并且被引申为“一定时代、一定地区的全部社会生活内容”。最早给“文化”下定义的是英国人类学家爱德华·泰勒，他认为“文化或文明，就其广泛的民族学而言，是一个复杂的整体，包括知识、信仰、道德、习俗，以及作为社会成员的人所获得的才能、习惯”。

到了现代，对“文化”的定义更加多样化。据学者们统计，到 21 世纪初，仅用英语对“文化”下定义的说法就达 160 多种。对于“文化”，许多管理学家比较一致的看法是“文化是人们的生活方式和认识世界的方式”。人们往往遵循已经习惯了的行为方式，这些方式决定了人们生活中特定规则的内涵和模型，社会的不同就在于文化模式的不同。从一般意义上讲，文化可以被定义为人们的态度和行为，它是对存在、价值和行动代代相传的共识。

2. 文化的构成

美国著名组织行为学家薛恩在其名著《组织文化与领导》中，将文化分解为 3 个由表象至基础的层面。在创建组织文化时，人们是从基础向顶层构筑的；在认识组织文化时，却是从可见的表层，逐层深挖到组织文化隐含的基础中的。①表层：包括一些可见的事实（如社会成员的行为模式），许多有形却具有象征性标示意义的事物（如企业使命说明、口号标语、礼仪典章规范等可以感知的软件和硬件）；②中层：包括群体或组织共同信奉和提倡的精神、原则等，是对表层所含内容的解释和说明；③基础（核心）层：这是人们外显行为的基本假设和理念。

许多跨文化专家从文化的上述 3 个层次出发，把文化比喻成“冰山的尖顶”，它们处于某些不可见的支撑物之上。支撑物隐藏在表面之下，也就是价值和假设。

价值是某种文化中的人们所认可的得体和不得体的准则。换句话说，价值指明了哪些行为是合适的，哪些行为是不合适的。文化的价值由上一代传递给下一代，人们从出生之时起就开始学习文化的价值。随着时间的推移，人们不断通过父母、老师、同伴、媒体等来强化价值。

价值起源于社会成员对生活的假设。人类学家认为，社会具有的假设来自其适应周围世界的尝试。随着时间的推移，通过实验性地分化为哲学、方法和观念，有关生活的基本假设出现了。当我们与文化背景不同的人相处时，引发各种问题的诱因多为文化中被深藏的一面，如价值观、信仰、思考和沟通模式等。这些看不见的文化差异，往往会在跨文化沟通中表现出来。

二、跨文化与跨文化沟通

按照层次的不同，文化可分为国家文化、组织文化和个人文化。其中，国家文化还可细化为民族文化、地域文化等。

跨文化又被称为交叉文化，是指具有两种及两种以上不同文化背景的群体之间的相互作用。在一般情况下，跨文化沟通问题是国家文化、组织文化、个人文化等文化元综合作用的结果，往往有一个文化元居主导地位。当双方企业有自身的组织文化时，企业文化很可能是造成跨文化沟通障碍的主导文化元，因为它是其他文化元的缩影。当双方企业没有自身的组织文化时，民族文化、地域文化、个人文化等可能是跨文化沟通障碍的主要形成因素，至于到底是哪一种文化，需要具体情况具体分析。

当同一国家的不同企业开展合作经营时，构成文化的文化元主要是地域文化、组织文化。当不同国家的企业开展合作经营时，构成跨文化的文化元主要是国家文化、民族文化。

跨文化沟通是指在不同文化背景下人们之间的信息和情感互相传递、交流、融合的过程。文化在很大程度上影响、决定了人们如何将信息编码、如何赋予信息意义，以及能否发出、接收、驾驭各种信息。在跨文化沟通中，由于信息的发送者和接收者是不同文化中的社会成员，一种文化中的编码需要在另一种文化中解码，因此整个沟通过程会受到不同文化的影响。

【小案例】

双语商标

作为北美最大的棉质服装进口商，多伦多北方服装公司急需从中国进口男式衬衫。该公司副总裁彼得·马丁了解到长青服装厂是中国广州一家很大的服装生产商，专门向美国市场供货。

经过大量的联系工作，彼得乘坐飞机到广州，想和长青服装厂签订一份购买 9.6 万件衬衫的合同。彼得和长青服装厂的人员花了一个星期的时间，商讨布质构造、型号、颜色、包装、发货、价格、支付条件和其他细节问题。冗长的谈判令彼得很疲惫，他盼望尽快签约。就在这时，彼得突然想起来长青服装厂没有向加拿大出口过产品，可能对加拿大的商标要求不太熟悉。于是，他向对方解释，向加拿大出售的所有服装的商标都必须有英文和法文的双语商标。这个消息令中方有些担心，因为他们当中没有懂法语的人，所以非常希望采用中英双语商标。长青服装厂的王经理说道："彼得先生，提供英法双语商标恐怕有一点困难，这个问题我们还要研究一下。"彼得说："请您理解，我们确实没有其他选择，这是法律的规定。"在和谈判小组的其他人简单商量了一下之后，王经理又说："彼得先生，我们会仔细考虑您的要求。确实很困难，不过我们会尽力的。"解决了这个细节问题，彼得松了一口气，签订了购买合同，和王经理正式告别。几个月之后，彼得接到了库房质量控制经理的电话："彼得先生，出了一点问题。我们从中国进口的 9.6 万件衬衫上虽然有双语商标，却是中英文的商标！"彼得愣住了，他一直认为长青服装厂已经同意提供英法双语商标。

【点评】产生上述问题的原因并不是中国人不讲诚信，而是双方对对方文化的误解，中国人没有真正理解英法双语商标对加拿大人的重要性，而加拿大人无法理解中国文化里的"尽力"并不是一种真正的承诺，而是一种委婉的拒绝。

第二节　跨文化沟通障碍及其克服方法

一、跨文化沟通障碍

1. 认知层面

来自不同文化背景的人们在沟通时，常常从各自的认知层面出发。正是这些看似合理的认知，导致了跨文化沟通障碍。

（1）类我效应。从沟通的角度来看，人们无论文化、情景如何，往往假定他人与自己有相似的思维、行为。这种常常以自己的文化规范和标准为参考系，来评估另一种文化中人们的思维方式和行为习惯的做法非常普遍。其实，人与人之间是存在差异的。

（2）首因效应。第一印象固然重要，不过在跨文化背景下，它可能会成为沟通障碍的主要原因。人们之所以重视第一印象，是因为在自己熟悉的环境中，经验的重复出现和人们具有某些规则性的行为表现，为人们的判断提供了可借鉴的先例。然而，在跨文化环境中，如果只相信自己的第一印象，就会产生先入为主的错觉。

2. 语言层面

不同的语言源于不同的文化，每一种语言都有独特的文化内涵。在跨文化沟通中，语言的多样性和复杂性常常是造成沟通障碍的主要原因。跨文化沟通中的语言障碍通常表现在语义和语用两个方面。

（1）语义方面。我国某生产"白象"牌电池的企业在进军国际市场时，将其品牌名直接翻译为"WHITE ELEPHANT"，致使该产品在国际市场中无人问津。"白象"在英语中是"无用"的意思。这个例子告诉我们，即使语言的字面含义相同，在不同的文化中也可能有不同的语义。

（2）语用方面。不同的语言有不同的语用规则，如果忽视规则的差异性，那么在跨文化沟通中同样会导致沟通障碍，产生不必要的误会和矛盾。

3. 非语言层面

在跨文化沟通中，人们主要使用非语言沟通形式。不同文化背景的国家对非语言沟通形式的使用偏好不同。在高情景文化的国家，沟通双方往往非常重视非语言沟通。而在低情景文化的国家，人们较常使用直接性的沟通形式，运用大量明确、清晰的语言来传递信息。

不同文化背景的人对相同的非语言沟通形式的理解也存在差异。例如，掌心向下的招手动作，在中国主要是“招呼他人过来”的意思，在美国则是“叫宠物过来”的意思；OK 的手势在美国表示“同意”“顺利”“很好”的意思，而在法国表示“零”或“毫无价值”，在日本表示“钱”，在泰国表示“没问题”，在巴西则表示“粗俗下流”。绝大多数国家以点头表示赞成，在印度、尼泊尔等国家，则以摇头表示肯定，即一边摇头，一边微笑，以表示赞成、肯定之意。可见，如果沟通双方缺乏对对方文化背景的了解，就会造成沟通障碍。

4. 沟通风格层面

虽然不同文化背景下人们的沟通过程基本上是相同的，但是沟通风格具有很大的差异。沟通风格是指人们在沟通的过程中将自己展现给对方的方式，包括喜欢谈论的话题，喜欢的交往方式（如礼仪、应答方式、辩论、自我表白和双方希望达到的沟通深度等），双方对同一沟通渠道（语言或非语言）的依赖程度，以及对相同意思的理解主要是靠信息的实际内容还是靠情感的内容等。

跨文化沟通是一个双向互动的过程，如果彼此之间的沟通风格不同，就可能给沟通带来问题。例如，对于强烈情绪的表露，美国人喜欢通过交谈、辩论来发泄心中的不满或澄清事实；地中海地区许多国家的人倾向于使用肢体语言，如用哭来表达强烈的情绪；另一些国家的人（如日本人）则不喜欢向他人表露自己的情绪。

【小案例】

海尔在美国的成功

海尔之所以能在美国南卡罗来纳州成功开厂，很大程度上得益于跨文化团队建设的成功。海尔在南卡罗来纳州工厂的大多数员工为美国人，只有总经理、1 名助手和 6 名工程师来自中国。美国《财富》杂志曾这样报道海尔在南卡罗来纳州的工厂：“中国管理团队的特点是依靠领导，而美国人习惯的团队风格是双向沟通，即领导和团队成员不断交换意见、信息、建议，彼此建立高度信任。融合这两种看似很不相同的管理风格，虽然困难，但是可以达成。海尔形成了自己的风格，愿意根据美国员工的特点和需求对原有风格加以调整，从而化解文化冲突，将跨文化团队有效地建立起来。”

5. 价值观层面

价值观代表着基本的信仰，它是指个人、社会接受某种特定的行为或终极存在方式，摒弃与其相反的行为或终极存在方式。价值观是文化的重要内容，它既是反映民族性格的基础，也是民族的文化核心。价值观会对人的沟通产生深刻影响，不同文化背景的人具有不同的价值观。即使在同一文化背景下，人的价值观也不尽相同。如果不了解对方的价值观，那么很容易造成跨文化沟通障碍。格特·霍夫斯泰德基于 4 个维度，对多个国家和地区的个人主义、集体主义价值观进行比较排序，其结论是“亚洲国家更崇尚集体主义，强调集体和社会的紧密联系。欧洲和北美等国家个人主义指数偏高，集体和社会关系松散。这些差别对企业的跨文化商务沟通具有很大的影响”。

6. 民族优越感

当某个国家的人们相信本国的某项条件最优时，往往会出现民族优越感。在不同的文化中，大多数人会无意识地形成民族优越感。民族优越感之所以会对跨文化沟通造成障碍，主要是由于以下原因。①对本国文化的民族优越感会形成狭隘和防御性的社会认同感；②具有民族优越感的人会以某种定型观念来感知其他文化；③在将自己的文化与其他文化进行对比时，民族优越感会使沟通者认为自己的文化是正常、自然的，其他文化是不正常、不自然的，其结果往往是吹捧自己的文化，贬低其他文化。

7. 文化成见

文化成见表现的是某个群体的思维特征。作为一种区分文化差异的手段，它为人们了解不同的文化提供了便捷的方法。不过，文化成见最大的缺点是过度简化和类化，往往造成以点概面、以偏概全的刻板印象。文化成见之所以会阻碍跨文化沟通，主要是由于以下原因。①它假设某个群体中的所有成员都具有相同的特征，忽视了个体的特点和差异性；②由于过度地简化、类化和人为地夸大、缩小，导致沟通者之间很难进行成功的交流；③不断重复和强调，容易使某种定型观念变为“真理”，从而阻碍跨文化沟通。

【小案例】

日本公司的成见

20 世纪 30 年代，一家日本公司从美国进口了一台工业机床。一个月后，美国厂商收到了日本公司发来的电报：“机床无法使用，请速派一位调试人员协助调试。”

美国厂商马上派一位专家去日本公司帮助调试。日本公司很快又发来一封电报：“贵方派来的调试人员太年轻，请重新派遣一位有丰富经验的调试人员。”

美国厂商的回复出人意料：“请贵公司放心接受该调试人员的服务，该调试人员是贵公司所购机床的发明人。”

这就是日本公司的成见。在事实面前，日本公司的人哑口无言。

二、跨文化沟通障碍的克服方法

1. 加强学习，合理预期

加强关于跨文化沟通对象的语言学习和非语言学习，对其他文化背景形成合理的预期，有助于我们正确认识其他文化的特点。

在语言学习方面，首先，能够流畅地运用其他文化的语言来沟通（主要是英语），消除不同的语言给沟通带来的障碍；其次，学习其他语言的语义和正确用法，了解语言在其他文化背景下所代表的特殊含义，这样才不会弄错语境，避免因错误的语义带来不必要的误解和损失。

非语言学习包括肢体语言和国际商务的基本礼仪。我们应该了解常用的问候方式，如握手、鞠躬、双手合十等的正确含义。

除此之外，我们还要学习不同民族的文化、历史、人文等社会知识，全方位了解其他文化的丰富内涵，这样才能与其他文化背景的人沟通自如。

2. 加深理解，排除成见

要想理解其他文化，首先，我们要承认不同的个体和不同的文化之间存在许多差异，只有认识到差异的存在及其特性，并积极接受差异，才能加深对其他文化的理解；其次，正确认识自己，消除民族优越感的偏见，消除自我与环境之间的分离状态，明确文化没有高低贵贱之分，应该尊重对方的文化，不要以自身的文化标准评判他人的行为；再次，站在他人的立场上看问题，树立换位思考的意识，排除对异质文化各种成见的干扰，设身处地地站在他人的角度理解文化现象。只有客观、公正、全面地认识和理解异质文化，尽量使不同的文化相融合，才能消除跨文化沟通过程中种种文化因素的障碍，促进沟通双方的交流和协作，减少由于文化冲突而造成的组织关系的不和谐。

3. 求同存异，弱化冲突

在跨文化沟通中，各种文化之间的差异是客观存在的，这是我们进行跨文化沟通的前提。为了有效进行跨文化沟通，避免无谓的价值冲突、无效沟通或沟通误会，正确对待文化差异是基本要求。要想正视差异、求同存异，首先，我们应该准确判断产生文化冲突的原因；其次，洞悉文化的差异和文化多样性所带来冲突的表现状态；最后，在明确冲突原因、个人偏好和环境的前提下，选择合适的跨文化沟通方法和途径。

具体来讲，在沟通开始前，沟通双方至少应当了解双方之间的文化差异，并做好相关的心理准备，了解得越多、越详细越好。在沟通的过程中，双方应尽可能采取灵活的沟通措施，准确找出沟通障碍，并且尽可能地把原则性和灵活性统一起来。在沟通结束后，双方应尽力总结沟通过程中的经验和教训，探讨相关的沟通规律。

4. 取长补短，开放包容

坚持“属地原则”，即入乡随俗，以开放包容的心态，迎合沟通属地的文化习惯。我们在进行跨文化沟通时，可以从有利于沟通的角度出发，有选择地在饮食、着装、礼仪等方面迎合属地文化。迎合属地文化，应使对方产生亲切感，有利于建立友谊和合作关系；同时，坚持“适度原则”，即在跨文化沟通的过程中，既不完全固守本土文化，也不完全放弃，力求在本土文化和属地文化之间找到平衡点，把握好“度”，“过”和“不及”都将给跨文化沟通造成障碍。

5. 认真倾听，讲究方法

认真倾听是有效沟通的前提。文化背景不同的人们在进行沟通时，如果能够认真倾听对方，那么不但可以表现出对对方的尊重，而且有助于准确把握、了解对方的意思和态度。我们可以采用以下方法强化跨文化沟通的倾听技能，改善跨文化沟通的效果。

（1）沟通双方彼此尊重，特别是尊重对方的文化和特殊的思想、情感表达方式。

（2）在沟通的过程中要有耐心。

（3）以友好和坦率的方式向对方提出问题，并充分考虑对方的文化特点。

（4）合理使用各种非语言的表达形式。

（5）在沟通的过程中应当注重对信息的描述，而不是解释和评价。

【小贴士】

自我文化意识评估

我们可以对自我文化意识进行评估，了解跨文化沟通的相关知识，具体内容如表 7-1 所示。（请给出下列 10 个问题的定性评价，在最后一列的“答案”中填上最能代表自身情况的选项。）

表 7-1 自我文化意识评估表

序号	问题	答案
1	当来自其他文化的人告诉我，我所在的文化怎样影响他们时，我能倾听他们的诉说	
2	我意识到来自其他文化的人有能够带入我的生活和工作场所的新观点、新看法	
3	我能向来自其他文化的人提供如何在我所在的文化中获得成功的建议	
4	即使在我所在文化中的其他人反对时，我也能为来自其他文化的人提供支持	
5	我意识到我所在的文化之外的人可能会被我的行为冒犯，我问过他们我所做或所说的事是否冒犯了他们，并在有必要的时候向他们道了歉	
6	我意识到当我承受压力时，我的自我意识行动可能会和企业文化产生冲突，从而造成部分行为失当	
7	我尊重上级，无论何时，我都不会尝试用自己的办法越过上级，与所在领域的其他领导交流	
8	当我处于混合的公司之中时，我能与每个人融合，而不只是与我所在文化的人在一起，或者只与来自主流文化的人在一起	
9	我不局限于用固有方式与主流文化之外的人共同工作，并招聘、选择、培训或提升他们	
10	当我所在文化中的人开其他文化群体的玩笑，或者以否定的语气谈论他们时，我能让他们知道我并不喜欢那样	

注：“5”代表很符合，“4”代表较符合，“3”代表基本符合，“2”代表偶尔符合，“1”代表基本不符合。

自评答案和评分标准：对选择的答案分数进行统计，分数为 10～30 分表示自我文化意识较弱，分数为 30～40 分表示自我文化意识一般，分数在 40 分以上表示自我文化意识较强。

第三节　与不同国家的人沟通

【小案例】

善于沟通的船长

一群商人在一条船上谈生意。船在途中出了故障，必须让一部分人跳下去，船才能不下沉。船长命令大副赶快通知各位商人穿好救生衣，从甲板上跳下去，可是谁也不愿意跳。

怎样才能说服这些商人跳船呢？老于世故的船长深知他们的文化背景，先对一名英国商人说：“跳水是一项体育运动。”英国商人听罢，纵身跳入水中，因为英国人一向喜爱体育运动。

他又对法国商人说：“跳水是一种时髦，你没看见英国人已经跳下去了吗？”法国商人爱赶时髦，随之跳进水中。

接着，船长面向德国商人，表情非常严肃地说：“我是船长，现在你必须跳水，这是命令！”德国人一向遵守纪律，便服从了船长的命令，也跳进了水中。

接下来，船长走到了逆反心理较强的意大利商人面前，大声地说：“乘坐其他船遇险可以跳水，但你乘坐的是我的船，我不允许你跳水！”对于意大利商人来说，不让他跳，他非跳不可，于是纵身跳进水中。

还剩下一个美国商人和一个中国商人。船长对美国商人说：“我的船已经办理了保险，跳吧，你不会吃亏的！”美国商人非常现实，听罢跳进水中。

最后，船长向中国商人说：“先生，听说你家里有一位 80 岁的老母亲，你不逃命，对得起她老人家吗？”中国商人听罢，也跳进了水中。

【点评】这位船长是多么善于与不同国家的人进行沟通啊！正因为他了解他们的不同文化背景，懂得他们的不同需要，才进行了成功的沟通。

我们应时刻牢记“入国问禁，入乡随俗”；花一点时间，学习一点沟通对象的母语；按照对方的习惯，正确称呼对方；在每一次与外商沟通前，都要考虑其文化背景、价值观及其对沟通问题的心理期待。

一、与法国人沟通

法国人大多重视个人的力量，很少出现集体决策的情况。这是由于法国人的组织机构明确、简单，实行个人负责制，个人权力较大。在商务谈判中，法国人多由个人负责决策，谈判效率较高。即使开展专业性较强的谈判，法国人也能一人决策。

法国人喜欢建立个人之间的友谊。谈判专家认为，如果与法国公司的负责人或谈判人员建立了十分友好、相互信任的个人关系，那么很容易和他们建立牢固的生意关系。同时，法国人是非常容易共事的伙伴。在实际业务中，许多人发现，不要只与法国人谈生意上的事，在适当的情况下，与法国人聊一聊社会新闻、文化、娱乐等方面的话题，更能融洽双方的关系，创造良好的会谈气氛。

法国人坚持使用法语。法国人有一个特点，那就是坚持在谈判中使用法语。即使他们的英语讲得很好，也是如此，法国人在这一点上很少让步。

法国人喜欢严格区分工作时间和休息时间。在法国，八月是度假的季节。在此期间，全国上下各行各业的职员都会休假，如果想在这个时候和法国人做生意，那么往往是徒劳的。法国人很注重生活情调，他们把在优美的环境中会面小酌、喝咖啡看作交友的美好时光，以及一种令人舒心的享受，此时谈生意是非常不合时宜的。

法国人不像中国人那样，习惯于在餐桌上谈生意，这种做法在法国会碰壁。

法国人的自我感觉很好。不过，一味奉承法国人反而会被看不起。无论是对人还是对事，有理有据地指出其缺点、不足，反而能够获得法国人的尊敬。

法国人要求他人赴约一定要准时，自己却常常迟到。如果有求于法国人，那么应及时赴约；如果法国人迟到，那么不必感到意外，因为这种坏习惯已经被大多数法国人广泛接受。需要注意的是，在法国，越是有身份的人，在参加活动时越晚出现，以此表明其身份。

与法国人交往应注意穿衣，根据不同的场合、活动选择合适的衣服。如果始终穿同一套衣服参加很多活动，就会被小觑。

法国人喜欢追求完美，所以爱抱怨、发牢骚。对于法国人精益求精的要求，我们可以表示理解，如果真的不能做得更好，就随他们去吧。抱怨之后，法国人会忘记一切。

需要强调的是，美国人表示“OK”的手势在法国表示“一文不值”，千万不要误解。

【小案例】

法国上司

康尼曾在一家法国制药公司担任人力资源经理。法国上司对前台小姐罗斯总是迟到颇有微词，他找到康尼，要求她想办法处罚一下罗斯。接到命令的康尼制定了一份详细而严格的上下班时间规章制度。可是，在把规章制度交到上司手中时，法国上司连连摆手："不行！不行！这是管理幼儿园小孩的方法，怎么能对员工用这种方法？"

康尼奇怪地说道："既然要管理迟到，就需要统一的标准。没有标准，如何判断、管理和处罚？你的助手凯文迟到得比罗斯厉害得多，没有制度，总不能随意对一部分人抡起大棒，对另一部分人视而不见吧？"

法国上司回答得非常干脆："你不能处罚凯文，他是我的得力助手。"

遇到一个来自崇尚自由、随意的国度，不喜欢条条框框的上司，康尼的上下班时间规章制度只能静静地躺在抽屉里了。

二、与英国人沟通

英国人不轻易与对方建立个人关系。英国人对个人之间的交往比较谨慎，很难一见如故，他们不轻易相信、依靠他人。这种保守、传统的个性，在某种程度上反映了英国人的民族优越感。不过，一旦与英国人建立了友谊，他们就会十分珍惜，长期信任对方，生意关系也会十分融洽。

英国人注重身份。虽然英国是老牌的资本主义国家，但是"平等"和"自由"主要表现在形式上。在英国人的观念中，等级制度依然存在。在社交场合中，"平民"和"贵族"仍然是不同的。例如，在英国的上流社会，人们喜欢阅读《金融时报》，中产阶层的人大多阅读《每日电讯报》，普通人则读《太阳报》或《每日镜报》。相应地，在对外交往中，英国人比较注重对方的身份、经历、业绩，而不是像美国人那样更看重对手在谈判中的表现。所以，在必要的情况下，与英国人谈判，派身份、地位较高的人作为代表，有一定的积极作用。

不事先约定而直接登门拜访，对英国人来说是非常失礼之举。

英国人酷爱动物。在英国，虐待动物是犯法的，碰到英国人养猫、狗之类的宠物，平等友好地对待是良策，切勿表现出讨厌之情，更不可动手打。不过，英国人唯独忌讳大象，在商品包装上出现"象"字及其图案，绝对是下下策。

英国人认为"7"是一个能够带来好运的幸运数字，"13"是一个不吉利的数字。商务活动既要避免 13 人参加，也不要安排在 13 日或 13:00。

和英国人握手，不能越过两人正在握的手和第三人握手，英国人认为交叉握手会带来不幸。在点烟时也不能连续点 3 根烟，应该在点完 2 根烟后重新点火，为第三人点烟，否则英国人也会认为这样会给其中某一人带来不幸。

英国人最怕自己被他人称"老"，这一点与我国截然不同。我们可以说"老张""老何"，倒过来的"张老""何老"更显尊敬之意，特别适用于称呼德高望重的老前辈。这一思维定式已经多次导致国人在对外交往中遭遇麻烦和尴尬。例如，20 世纪 80 年代，一批中国留学生在英国格拉斯哥大学举办隆重的聚会，特别邀请了大学校长的母亲。当主持人为了感激老夫人光临聚会而称其为"老太太"时，校长的母亲吓得脸色刷白，夺路而逃。

英国人得到馈赠的礼品必定当面打开，无论礼品是否贵重，英国人都会热情赞美，同时表达谢意。其他国家的人出访英国，务必入乡随俗，在客人走后细看礼品是何物，是不妥当的行为。

慎用“聪明”一词，英国人常把它作为贬义词。如果英国人用它评论你，那么你需要自省有何不妥之处；同样，不要随便用它来夸奖英国人，这样可能会引起误解。

英国的民族个性中有保守的一面，不易接受新事物。例如，英国商人一旦习惯了某种品牌的商品，如果对其包装稍加改进，他们就可能坚决不接受。

与英国人交往，一些人可能觉得他们矜持傲慢、寡言少语。其实，这只是“硬币的一面”。我们应该消除这层顾虑，主动与其交往。内向而含蓄的英国人之所以寡言少语，是出于对他人的尊重，害怕自己影响他人。

企业的经营管理人员在与英国人的商务往来中还应注意，不要佩戴条纹领带；免谈政治，天气是最安全的话题；向英国出口商品，忌用大象、人像等作为商标、图案。

三、与德国人沟通

与德国人沟通要注重效率。德国人在世界范围内享有“高效率”的声誉。他们信奉的座右铭是“马上解决”，不喜欢对方支支吾吾，不喜欢“研究研究”“考虑考虑”等拖拖拉拉的谈判语言，具有极为认真负责的工作态度和高效率的工作方式。德国人认为，判断谈判者是否有能力，只要看一看他经手的事情能否得到快速有效的处理就清楚了。

与德国人沟通要准备充分。德国人的沟通方式比较特别，他们的准备工作往往做得十分充分，希望一切都尽量做到完美无缺。这与他们的民族性格是相符的。对于交易、谈判的实质问题和中心议题，以及实现什么样的目标，德国人会详细考虑，并拟定完备的计划表，在谈判的过程中按照计划表一步步推进。

与德国人沟通要重合同、守信用。德国人很善于开展商业谈判，他们的讨价还价，与其说是为了争取更多的利益，不如说是工作认真、一丝不苟。他们严守信用，认真研究、推敲合同中的每一句话和各项具体条款。德国人一旦达成协定，就很少出现毁约行为，合同履约率较高，在国际贸易中具有良好的信誉。

四、与美国人沟通

与美国人交往，准时赴约至关重要，早到要在门外等，晚到要说明原因并致歉。某些国家的人通过故意迟到来彰显身份的做法，在美国是行不通的。

美国人讲究实际，注重利益。美国人在做生意时，主要考虑生意带来的实际利益，而不是生意人之间的私人交情。美国人谈生意就是直接谈生意，不注重在洽谈中培养双方的友谊和感情，而且力求把生意和友谊清楚地区分开，所以显得比较生硬。美国人一旦签订了合同，就非常重视合同的法律性，合同履约率较高。在他们看来，如果签订了合同却不能履约，就要严格按照合同的违约条款支付赔偿金和违约金，没有再次协商的余地。所以，美国人十分注重对违约条款的洽谈和执行。

美国是世界强国，美国人的自信心很强，在谈判桌上往往比较强势，经常令谈判气氛比较紧张。在美国人面前过分谦虚，往往只能让对方怀疑自己水平、能力、实力不够，不能让谦虚这一传统美德成为被美国人小觑的原因。

与中国不同，小费在美国非常盛行。大多数服务行业的工作人员工资较低，他们主要靠小费谋生。向他们支付一定金额的小费，既是对其劳动的尊重，也是有教养的体现。

美国人性格外向，他们的喜怒哀乐大多通过言行举止表现出来。在谈判中，他们精力充沛、热情洋溢，无论是陈述己方观点，还是表明对对方的立场、态度，都比较直接、坦率。如果不能接受对方提出的建议，那么美国人会毫不隐讳地直言相告。

美国人比较开朗、直率，很容易结交。在首次见面时，可称呼对方“先生”“夫人”“女士”“小姐”，认识之后一般可直呼其名，无论其地位、职称、年龄的高低，有些美国人还会主动要求对方用昵称称呼自己。如果我们套用国内“王总”“李主任”“老张”之类的称呼，那么美国人可能会认为我们不愿意和他们建立友谊。

与美国人一起用餐，千万不要浪费食物。

在国内，询问其他人的年龄、收入、婚姻等往往是表示关心的行为。在美国，这些属于个人隐私，回避才是上策。

与东方人交往，一般应建立长期相互信任的个人关系。与美国人交往若也如此，则美国人会认为对方的产品、技术等有问题，试图通过拉拢关系做生意。所以，不必追求与美国人建立过于密切的私人关系，还是公事公办为妙。

【小案例】

美国上司

美国上司汤姆给中国下属李延打电话：“今天上午 10:30 我有时间，请你到我的办公室来，我给你半个小时谈加薪的问题。”

上午 10:25，李延来到了汤姆的办公室，敲门进去，汤姆正在打电话。汤姆在 10:30 挂掉了电话。

汤姆说：“我让你 10:30 来的，你来早了。”

李延心想：“我早来 5 分钟是为了表示礼貌。”

李延在谈加薪问题前汇报了 10 分钟的工作。在他准备多讲 5 分钟的时候，汤姆打断了他：“今天让你过来是来谈加薪的，你汇报的工作与加薪有关吗？如果无关，就请别说了。”

李延心想：“这不是顺便吗？这样也避免了一上来就谈钱啊！”

在上午 11:00 的时候，汤姆结束了谈话：“今天没有谈完加薪的问题，只能后续找时间。你打乱了我的工作时间安排，我很不高兴。”

李延心想：“我才不高兴呢，这么没有人情味儿。”

五、与日本人沟通

世界上大多数国家流行握手礼仪。不过，在日本，如果一见到日本人就紧握其手行见面礼，只会让日本人在生理上产生厌恶感，日本人更希望外国人向自己行鞠躬之礼。在鞠躬时，弯腰深浅有讲究，男女亦有别，男士要双手下垂紧贴两腿，女士则要一手压着另一手下垂置于身前。

在一般情况下，以下 3 个要素有助于获得日本人的尊敬，即地位、年龄和英语。中国人到日本出差，如果在本国公司有较高的地位，那么办事会比较顺利；如果出差人员级别过低，那么往往得不到重视。日本是一个尊老的社会，年长者会受到尊敬，出差人员年龄较大，也能帮上大忙，年龄较小会给日本人一种办事不牢靠的感觉。日本人的英语普遍比较差，一口流利的英语可以让日本人刮目相看。

日本社会等级森严。如果一群人在一起交换名片，那么应让职务高的人先交换。在交换名片时，应说出对方的名字，并加上“先生”，千万不能在接到名片后直接将名片塞入口袋，这意味着你认为对方很不重要。在接名片时应鞠躬，接到名片后查看内容需要再次鞠躬。西方人一般在会谈结束时交换名片，日本人则在会谈之初交换。如果在首次交换名片后再次与对方见面，却忘记其姓名，那么日本人会认为这是一种侮辱。此外，送礼也要根据职务高低将礼品分成不同等级，如果常务董事和董事收到同样的礼物，那么前者会觉得这是对自己的侮辱，后者则会觉得尴尬不已。

日本人颇以烹饪技术为傲。与日本人吃饭，如果能从色、香、味等不同的角度表示欣赏之意，那么日本人会对对方产生较大的好感；如果喜欢吃生鱼片、寿司等典型的日本饭菜，那么将非常有利于宾主关系。

日本人聚会喜欢唱歌，其他国家的人参加聚会可大胆助兴表演，不会有因跑调而被耻笑之虞，置身事外反而很不合适。日本人的笑未必表示快乐，如果一位日本女侍者在客人面前不小心打碎了一个杯子，她就会一直对客人笑，这表示她不好意思。

日本人很爱面子。其他国家的人如果做了有损其面子的事，或者说了不该说的话，甚至因不满而斥责日本人，那么无异于彻底断交。

性别角色在日本社会中很重要。如果其他国家的人当着日本人夫人的面谈生意，就会让日本人很尴尬。日本人来到其他国家，如果由女经理出面迎接会谈，那么同样会让日本人不知如何是好。

与日本商人交往，重在建立长期的信赖关系，就事论事、操之过急会得不偿失。对日本人来说，真诚友好的关系远胜过单笔交易。

中国人在对外谈判时，为了确保生意成功，往往喜欢略微让步，以表诚意。与日本人交往，这样做往往会事与愿违。在日本人的眼中，首先做出让步，既是弱者的行为，也没有诚意。针锋相对，甚至近乎固执的谈判策略，反而能赢得日本人的尊重。

【小案例】

“我们不明白”

六、与阿拉伯人沟通

在与阿拉伯人进行沟通时，我们应当了解，阿拉伯人主要生活在沙漠之中，喜欢结成紧密稳定的群体，其性格豪爽粗犷，待人热情。遇到谈得投机的人，他们会很快将其视为朋友。阿拉伯人一般好客而不拘泥，最好能和他们打成一片。

阿拉伯人的时间观念不是很强，他们不像欧洲人那样有精确的时间表，每一分钟都有该干的事情。他们做事的态度通常由情绪决定，有时热情得令人不知所措，有时冷漠得令人难以招架。

在阿拉伯人的眼里，最重要的是名誉和忠诚。他们认为，名誉是人生的大事，名誉差的人无论走到哪里，都会受人鄙视、遭人白眼。一旦名声败坏，要想补救，势必要付出巨大的代价。因此，与阿拉伯人打交道，一定不要做出格的事情，应该赢得他们的信任，这样相当于为谈判“开了绿灯”。

在谈判的开始阶段，给阿拉伯人留下良好的印象十分重要。这是制造良好气氛的开端，有助于使谈判气氛更加融洽。有了良好的开端，接下来会顺利许多。谈判者可以在制造良好气氛、获取阿拉伯人信任的开始阶段，进行一些试探性的提问，看一看双方达成协议的可能性有多大。当然，提问要有技术含量，不能太露骨，否则会得不偿失。经过一段时间的努力，双方增进了了解、融洽了感情，在不知不觉中，一笔生意就做成了。

与阿拉伯人打交道，必须要有谈判随时会被打断的心理准备。一些外国谈判者往往对阿拉伯人的这一特点感到沮丧，却又无可奈何，只好重新创造机会。不过，也不必对这一点过于担心。阿拉伯人的情绪是很容易被点燃的，要想恢复良好的谈判气氛，并不会太困难，毕竟谈判者在阿拉伯人眼中是客人。

绝大部分阿拉伯人信奉伊斯兰教，伊斯兰教有很多规矩。初次与阿拉伯人进行谈判的人必须特别注意，要尊重他们的信仰，即使自己十分虔诚地信仰其他宗教，也不要在阿拉伯人面前表现出来。不尊重阿拉伯人的宗教信仰，其后果是不可想象的。

另外，最好不要对阿拉伯人的私生活表示好奇。虽然阿拉伯人热情好客，但是阿拉伯人信仰的伊斯兰教规矩很严，他们的日常生活带有明显的宗教色彩，稍有不慎，就会伤害他们的宗教感情。

从谈判的沟通中，我们看到了不同文化背景的人们不同的沟通方式，了解了不同国家和民族的特点。这样，我们就能知道在与不同国家的人沟通时，哪些话能说，哪些话不能说，哪些话可以多说，以及哪些话是话题的禁区。这对我们在与不同文化背景的人沟通时把握分寸是十分重要的，千万不能忽视不同的文化习俗，讲一些不合场合、令人难堪，甚至伤人感情的话。否则，在与各国友人沟通时，必然会出现我们不希望出现的结果。

【小案例】

来自迪拜的代表团

【课堂训练】

观看中国电影《喜宴》、法国电影《天使爱美丽》、美国电影《辛普森一家》等不同国家电影的片段，体会不同国家的典型文化特征。

课后练习

1. 案例分析。

“伊朗办公室”的故事

中国某公司（以下简称“A 公司”）为了在伊朗开展业务，在当地成立分公司。分公司共聘用了 15 名伊朗员工，派遣李经理主持工作。“伊朗办公室”正式开始运营，在这里发生了一个又一个小故事。

分公司总经理李经理原为国内 A 公司的中层领导，具有多年的团队管理经验，工作作风过硬，决策果断，言出必行，深受领导赏识。李经理第一次到海外工作，上任后便着手规章建制、招聘人员，分公司很快运作起来。15 名伊朗员工就职于不同的部门，都具有良好的教育背景，并且都是第一次在中资公司工作。其中，3 名员工有在西方公司工作的经历。

故事一：玛利亚姆的丈夫是伊朗政府部门的工作人员，与其他伊朗员工相比，玛利亚姆更为保守。她着装传统，尤其是头巾戴得特别正规。在她入职第二天，她的丈夫随其来到办公室，考察办公室的环境布置和玛利亚姆的同事，尤其关注男同事们是否穿着整齐、言行文明。此外，他还对男女员工是否在独立的办公室办公，相互之间的距离是否合适等颇为在意。经过考察，玛利亚姆的丈夫比较满意，便放心地让妻子在这里工作。

故事二：在分公司的午餐时间，一般中方员工坐在一起，伊朗员工坐在一起。中方员工在吃饭时欢声笑语，大家谈论最多的话题往往是伊朗员工。中方员工认为他们不懂中文，听不懂谈话内容，因此没有任何回避，并且经常提到伊朗员工的名字。在一旁就餐的伊朗员工每当听到自己的名字时，明白中方员工在谈论自己，却不知详情，心里感到很不舒服。

故事三：利扎是分公司行政部的工作人员，主要负责办公用品的采购和其他日常行政管理工作。分公司最初没有专用车，员工外出办事打出租车，并凭车票到财务管理部报销。中方财务人员每一次审核利扎的票据，都会以怀疑的口吻问："怎么这么多票？"利扎每一次都要一一进行解释，深感自己不被信任，人格受到了侮辱，不久后辞职。

故事四：一天，在管理体制部工作的罗亚因母亲病故而告假。李经理听闻后，立刻指示行政部经理联系罗亚，询问其母的下葬时间，并让罗亚放下工作，全心处理母亲的丧事。在罗亚母亲下葬的当天，分公司派车辆帮忙接送亲人。李经理还带着所有员工到达下葬地点，慰问罗亚的亲人，并为罗亚的母亲送上花圈。葬礼进行得很顺利，罗亚的亲友们对李经理等人非常感谢，认为中国人注重情意，讲究礼节。此后，罗亚一直将此事当作公司和同事对他的巨大帮助，工作十分敬业。

故事五：在分公司办公基地建设初期，因中方人员刚到伊朗，人生地不熟，负责装修的承包商及其家人便热心地帮忙选家具、买东西、处理琐碎事务，极大地提高了中方人员的工作效率。李经理非常感动，向他们赠送了从国内带来的礼物，再三表示感谢。可是没过两天，承包商拿来了账单，索要服务费用。李经理感到很不悦，本来是人情帮忙，怎么突然成了交易？

【思考与讨论】

（1）"伊朗办公室"的故事折射出哪些文化元素和文化理念？

（2）李经理的跨文化沟通理念是什么样的？

（3）李经理应在哪些方面加强跨文化沟通工作？

2. 以某国家为例，谈一谈该国家的风俗习惯及其对跨文化沟通的影响。

3. 比较一下不同文化对老年人的不同态度及其对跨文化沟通的影响。

4. 请你身边的外国人谈一谈，他们最认同中国文化中的哪些习俗，最不认同哪些习俗，原因是什么，并请他们谈一谈自身的文化特征。

实践课堂

实践课堂一　举办模拟联合国大会活动，自选主题进行圆桌讨论

模拟联合国（Model United Nations，MUN），简称“模联”，是对联合国大会和其他多边机构的仿真学术模拟，是为青年人组织的公民教育活动。在该活动中，青年学生们扮演不同国家或其他政治实体的外交代表，参与围绕国际热点问题召开的会议。外交代表们遵循议事规则，在会议主席团的主持下，通过演讲来阐述观点，与其他国家沟通协作、解决冲突，通过写作决议草案和投票表决来推动国际问题的解决。

1. 请同学们自主收集相关资料，通过网络资源了解模拟联合国大会活动的参与国家、活动形式、活动流程、热点主题，以及需要注意的跨文化沟通事项等信息，并填写资料收集卡。

（1）列举活动的参与国家：____。

（2）活动形式：____。

（3）活动流程：____。

（4）热点主题：____。

（5）需要注意的跨文化沟通事项：____。

2. 请同学们自行分组（每组不超过 6 人），每一位组员都要选定在本组中代表的国家，并如实填写分组信息。

（1）小组人数：____。

（2）小组组长：____。

（3）小组成员：____。

3. 请确定本组探讨的主题，并对组内各国代表的主要观点和沟通技巧进行记录。

（1）本组探讨的主题：____。

（2）国别 A：____。

（3）国别 A 代表的主要观点和沟通技巧：____。

（4）国别 B：____。

（5）国别 B 代表的主要观点和沟通技巧：____。

（6）国别 C：____。

（7）国别 C 代表的主要观点和沟通技巧：____。

（8）国别 D：____。

（9）国别 D 代表的主要观点和沟通技巧：____。

（10）国别 E：____。

（11）国别 E 代表的主要观点和沟通技巧：____。

（12）国别 F：____。

（13）国别 F 代表的主要观点和沟通技巧：____。

4. 圆桌讨论展示。每个小组分别到讲台上分享本组探讨的主题，并就该主题展示讨论过程，每一组的时长不超过 25 分钟。其他同学对展示组探讨的主题和各国代表的主要观点进行

记录。

（1）组别 1：____。

（2）组别 1 探讨的主题，各国代表的主要观点和使用的跨文化沟通技巧：

____。

（3）组别 2：____。

（4）组别 2 探讨的主题，各国代表的主要观点和使用的跨文化沟通技巧：

____。

（5）组别 3：____。

（6）组别 3 探讨的主题，各国代表的主要观点和使用的跨文化沟通技巧：

____。

5.教师和同学共同设计评分表，并基于该评分表，对每一组中各国代表的主要观点、沟通技巧、文化礼仪进行评分，评出综合成绩最佳的前五名代表。

（1）设计评分表。

（2）各组评分。

实践课堂二　举办探究式调研活动，调研跨文化交际中的文化差异和解决途径

作为新时代的大学生，除了掌握跨文化沟通的基础知识，还要发挥学习的主动性和积极性，运用知识解决实际问题，从而拓宽国际视野，锻炼思辨能力和应用能力。

本活动旨在引导学生发现并总结问题，通过协作学习，了解各国文化交际礼仪的特点，理解跨文化交际中的沟通原则，运用相关知识解决实际问题。

注意事项：

（1）在问卷访谈的过程中，学生需要注意跨文化沟通礼仪，避免产生跨文化交际问题。

（2）在调研的过程中，需要小组协作，每一位同学都要参与其中，明确分工。

（3）在汇报的过程中，教师和同学需要设计评分表，对其他组别的汇报成果进行评价反馈，促进组别之间的互动交流。

活动一

借助网络、书籍，选定 5 个不同大洲的国家，搜集这些国家的交际礼仪和特色文化，并说明这些国家与中国的文化差异，总结与这些国家的人交际时的沟通礼仪。

（1）活动类型：小组活动。

（2）小组人数：每个小组 3~5 人。

（3）活动场地：机房、图书馆。

（4）活动规则：各小组自行商定调研国家，确定调研涉及的内容条目，既可通过问卷的方式搜集信息，也可通过网络文章、视频、书籍等方式搜集信息。各小组在讨论后汇总信息，并进行小组汇报，由教师和同学共同点评。

活动二

以小组为单位设计调查问卷，对在中国生活过的外国人进行问卷、访谈调研，了解外国人来到中国后遇到的文化差异，是否出现过“文化休克”现象，在文化方面“水土不服”的原因和解决办法。

（1）活动类型：小组活动。

（2）小组人数：每个小组 3~5 人。

（3）活动场地：学校内、网络空间，或者其他有组织、可开展问卷和访谈的地点。

（4）活动规则：学生自行进行问卷和访谈内容设计，通过网络、协作探究的方式联系可访谈的对象，对问卷情况和访谈内容进行记录，总结、分析得到的数据内容，并形成汇报文档。教师统一组织各组进行汇报展示。

参考文献

[1]王玉苓. 商务礼仪：案例与实践[M]. 北京：人民邮电出版社，2018.

[2]王芳. 公关礼仪与口才[M]. 北京：人民邮电出版社，2017.

[3]孙玲，江美丽. 商务礼仪实务与操作[M]. 3 版. 北京：对外经济贸易大学出版社，2017.

[4]高琳. 人际沟通与礼仪[M]. 北京：人民邮电出版社，2017.

[5]张永红，王茜. 商务礼仪实战[M]. 北京：北京理工大学出版社，2017.

[6]张铭. 现代实用社交礼仪[M]. 北京：人民邮电出版社，2017.

[7]孙淑艳，兰福. 商务礼仪[M]. 北京：北京理工大学出版社，2017.

[8]刘桂华，王琳. 大学生实用口才训练教程[M]. 北京：人民邮电出版社，2018.

[9]王建华，徐飚. 沟通技巧[M]. 2 版. 北京：电子工业出版社，2017.

[10]张岩松. 知书达礼：现代交际礼仪畅讲[M]. 北京：清华大学出版社，2016.

[11]张再欣. 现代商务礼仪[M]. 2 版. 北京：中国人民大学出版社，2016.

[12]杨再春，陈方丽. 商务礼仪实训教程[M]. 2 版. 北京：清华大学出版社，2016.

[13]陆玉慧，唐玉藏. 商务礼仪实训[M]. 北京：机械工业出版社，2016.

[14]李慧茹，王瑞春. 商务礼仪[M]. 北京：清华大学出版社，2016.

[15]杨贺，杨娟，马静静. 商务礼仪[M]. 2 版. 北京：北京理工大学出版社，2016.

[16]黄琳. 商务礼仪[M]. 3 版. 北京：机械工业出版社，2016.

[17]龙璇. 人际关系与沟通技巧[M]. 北京：人民邮电出版社，2016.